LES VISAGES ET LES MASQUES

DU MÊME AUTEUR

A la Librairie Plon

Les Veines ouvertes de l'Amérique latine. Collection Terre Humaine, 1981.

Mémoire du Feu, 1. *Les Naissances,* 1985. Nouvelle édition, 1993.

Mémoire du Feu, 3. *Le Siècle du vent,* 1988. Epuisé

Aux Éditions Albin Michel

La chanson que nous chantons, 1977.

Jours et nuits d'amour et de guerre, 1987.

Aux Éditions La Différence

Le livre des étreintes, 1993.

Aux Éditions Actes Sud

Vagamundo, 1985.

Aux Éditions Messidor

La découverte qui n'a pas eu lieu, 1992.

Eduardo Galeano

MÉMOIRE DU FEU

2. Les Visages et les Masques

Traduit de l'espagnol par
VÉRA BINARD

FEUX CROISÉS

Plon
76, rue Bonaparte
Paris

Titre original
MEMORIA DEL FUEGO

2. Las Caras y las Máscaras

ISBN Édition originale : 84-323-0439-5 (O.C.) et 84-323-0479-4 (T. II)
Siglo Veintiuno de España Editores, Madrid.

ISBN 2-259-122-X

Au seuil de cette lecture

J'ai été un piètre élève d'histoire. Les cours d'histoire ressemblaient à une visite à la Galerie des figures de cire ou au Royaume des morts. Le passé y apparaissait tranquille, creux, muet. Le passé, on nous l'enseignait de façon que, consciences vidées, nous nous résigniions au temps présent. Pas pour faire l'histoire — elle était déjà faite — mais pour l'accepter. Pauvre histoire ! Elle avait cessé de respirer ; trahie dans les textes académiques, défigurée dans les salles de classe, endormie dans les discours commémoratifs, on l'avait emprisonnée dans les musées et ensevelie, avec offrandes de fleurs, sous le bronze des statues et le marbre des monuments.

Puisse « Mémoire du feu » aider à rendre à l'histoire le souffle, la liberté et la parole. Tout au long des siècles, l'Amérique latine a été dépouillée non seulement de l'or et de l'argent, du salpêtre et du caoutchouc, du cuivre et du pétrole, mais aussi de sa mémoire qu'on lui a usurpée. Elle a été, de très bonne heure, condamnée à l'amnésie par ceux qui l'ont empêchée d'exister.

L'histoire officielle latino-américaine se réduit à un défilé militaire de grands personnages dont les uniformes ont encore l'odeur de la teinturerie. Je ne suis pas historien. Je suis un écrivain qui voudrait contribuer à la délivrance de la mémoire séquestrée de toute l'Amérique, mais surtout de l'Amérique latine, terre dépréciée et qui m'est chère. Je voudrais m'entretenir avec elle, partager ses secrets, lui demander quelles argiles diverses l'ont modelée, de quels actes d'amour et de quels viols elle est issue.

J'ignore à quel genre littéraire appartient cette voix des voix.

« Mémoire du feu » n'est pas une anthologie, c'est évident ; mais j'ignore si c'est un roman, un essai, un poème épique, un témoignage, une chronique, ou... Je ne m'en soucie guère et cela ne m'empêche pas de dormir. Je ne crois pas aux frontières qui, selon les douaniers de la littérature, séparent les genres.

Je n'ai pas voulu écrire une œuvre objective. Je ne l'ai pas voulu et je ne pourrais pas le faire. Ce récit de l'histoire n'est absolument pas neutre. Incapable de distance, je prends parti ; je l'avoue et n'en ai nul regret. Cependant, chaque fragment de cette vaste mosaïque repose sur une base documentaire rigoureuse. Tout ce que je raconte est arrivé, mais je le raconte à ma façon et à mon gré.

Ce livre

« Visages et Masques » est le deuxième de la trilogie « Mémoire du feu ». Il embrasse les XVIIIe et XIXe siècles. Le troisième volume ira jusqu'à nos jours.

Après chaque texte, les chiffres figurant entre parenthèses signalent les principaux ouvrages consultés par l'auteur pour sa documentation et l'établissement des cadres référentiels. On trouvera à la fin du livre la liste de ces sources numérotées.

En tête de chaque épisode historique sont indiqués la date et l'endroit où il a eu lieu.

Les transcriptions littérales figurent en italique.

Eduardo Galeano a modernisé, en totalité ou en partie, l'orthographe des documents anciens qu'il cite.

L'auteur

Eduardo Hughes Galeano est né à Montevideo, Uruguay, en 1940. Il a débuté comme journaliste à l'hebdomadaire *El Sol*, en publiant des dessins et des caricatures politiques signés *Gius* en raison de la difficile prononciation de son premier nom en espagnol. Il a été, ensuite, rédacteur en chef de l'hebdomadaire *Marcha* et directeur du quotidien *Época* et de quelques autres périodiques de Montevideo. En 1973, il a dû s'exiler en Argentine où il a fondé et dirigé la revue *Crisis.* A dater de la fin de l'année 1976, il a vécu en Espagne, où il a écrit les deux premiers volumes de *Mémoire du feu,* jusqu'au mois de mars de cette année 1985, date à laquelle il est retourné dans son pays. Il vit actuellement à Montevideo.

Il a publié plusieurs livres, parmi lesquels *les Veines ouvertes de l'Amérique latine* (1971 ; traduit en français par Claude Couffon, éd. Plon, coll. Terre Humaine, 1981). Deux de ses romans : *la Chanson que nous chantons* (1975 ; traduit en français par Régine Mellac et Annie Morvan, éd. Albin Michel, 1977) et *Jours et Nuits d'amour et de guerre* (éd. Albin Michel, 1978) ont obtenu à La Havane le prix Casa de las Américas en 1975 et 1978.

Nous remercions :

outre les amis dont le nom figure dans *les Naissances,* et dont la collaboration s'est poursuivie tout au long de ce second volume, les nombreux autres qui ont facilité à l'auteur l'accès à la bibliographie qui lui était nécessaire. Parmi eux : Mariano Baptista Gumucio, Olga Behar, Claudia Canales, Hugo Chumbita, Galeno de Freitas, Horacio de Marsilio, Bud Flakoll, Piruncha et Jorge Galeano, Javier Lentini, Alejandro Losada, Paco Moncloa, Lucho Nieto, Rigoberto Paredes, Rius, Lincoln Silva, Cintio Vitier et René Zavaleta Mercado.

Cette fois-ci, ce sont Jorge Enrique Adoum, Mario Benedetti, Edgardo Carvalho, Antonio Doñate, Juan Guelman, María Elena Martínez, Ramírez Contreras, Lina Rodríguez, Miguel Rojas-Mix, Nicole Rouan, Pilar Royo, César Salsamendi, José María Valverde et Federico Vogelius qui ont bien voulu s'imposer la lecture du brouillon de ce volume. Quelques-uns des changements qu'ils nous ont suggérés nous ont permis d'éviter erreurs et excès.

Ce livre

est dédié à Tómas Borge, au Nicaragua.

Cette fois encore, Helena Villagra a suivi pas à pas ce travail, en a partagé les élans et les à-coups avec une mystérieuse patience.

Je ne sais pas où je suis né
ni ne sais qui je suis.
Je ne sais pas d'où je suis venu
Ni ne sais où je vais.

Suis branche d'un arbre détachée
qui ne sait où elle est tombée.
Où peuvent bien être mes racines ?
De quel tronc suis-je un rameau ?

(Chanson populaire de Boyacá, Colombie)

Prophétie d'Amérique

Le tigre bleu détruira le monde.

Une autre terre, la Terre sans Mal, la Terre sans Mort, naîtra de l'anéantissement de cette terre-ci. Et c'est bien là ce qu'elle demande. Elle demande à mourir, elle demande à naître, cette vieille terre blessée. Elle est très lasse et aveugle déjà d'avoir versé tant de larmes du plus profond de ses yeux. Moribonde, elle se traîne tout au long des jours, déchets du temps, et la nuit, les étoiles la prennent en pitié. Bientôt, le Père originel entendra les supplications du monde, les supplications de cette terre qui aspire à être autre, et alors surgira le tigre bleu qui dort sous son hamac.

En attendant ce moment, les Indiens guarani cheminent sur cette terre condamnée.

— *As-tu quelque chose à nous communiquer, colibri ?*

Ils dansent, toujours plus légers, ou plutôt ils volent et entonnent les chants sacrés qui célèbrent la naissance de l'autre terre.

— *Étincelle, colibri, étincelle !*

En quête du paradis, ils sont arrivés jusqu'aux rives de la mer et presque jusqu'au centre de l'Amérique. Ils ont parcouru des forêts, des montagnes et des fleuves, à la recherche de cette terre nouvelle qui sera conçue sans vieillesse ni maladie ni rien qui puisse interrompre l'éternelle fête de la vie. Les chants annoncent aussi que le maïs poussera de lui-même et que les flèches partiront toutes seules dans l'ombre des forêts ; le châtiment et le pardon n'auront plus de raison d'être, car il n'y aura ni interdit ni faute.

*(72 et 232)**

* Ces chiffres indiquent la source consultée par l'auteur et renvoient à la bibliographie publiée à la fin du volume, p. 334.

1701

Vallée de Salinas

La peau de Dieu

Il y a des années, des siècles, peut-être, les Indiens chiriguanos, du peuple guarani, naviguèrent sur le Pilcomayo et parvinrent jusqu'à la frontière de l'empire des Incas. Ils sont restés là, face aux premiers sommets des Andes, dans l'attente de la Terre sans Mal et sans Mort. Et c'est là que chantent et dansent ces chercheurs de paradis.

Les Chiriguanos ne connaissaient pas le papier. Ils ont découvert la parole écrite, la parole imprimée quand les moines franciscains sont arrivés, après une longue marche, apportant dans leurs besaces des livres saints.

Comme ils ne connaissaient pas le papier et ne savaient pas qu'ils en avaient besoin, les Indiens n'avaient aucun mot pour le désigner. Aujourd'hui, ils l'appellent *la peau de Dieu* parce qu'il sert à envoyer des messages aux amis qui sont loin.

(233 et 252)

1701

San Salvador de Bahia

Paroles d'Amérique

Le père Antonio Vieira est mort à l'aube de ce siècle, mais pas sa voix qui réconforte encore le désarroi. Dans ces terres du Brésil, les paroles du missionnaire des malheureux et des pauvres paraissent toujours neuves, immortelles.

Un soir, le père Vieira parla des prophètes les plus anciens. Ils ne se trompaient pas, dit-il, quand ils lisaient l'avenir dans les entrailles des animaux qu'ils sacrifiaient. Dans les entrailles, dit-il, et non pas dans la tête, car le meilleur prophète est celui qui est capable d'aimer et non pas celui qui est capable de raisonner.

(351)

1701
Paris

Attrait de l'Amérique

Dans son cabinet, à Paris, un savant géographe hésite. Guillaume Deslile dessine des cartes exactes de la terre et du ciel. Inscrira-t-il l'El Dorado dans la carte de l'Amérique ? Représentera-t-il ce mystérieux lac, comme on a maintenant l'habitude de le faire, quelque part dans le haut Orénoque ? Deslile se demande si ces eaux mordorées que Walter Raleigh affirme être d'une étendue égale à celle de la mer Caspienne existent vraiment. Sont-ils ou ont-ils jamais été de chair et d'os ces princes qui plongent et qui nagent, ondulants poissons d'or, à la lumière des flambeaux ?

Le lac figure sur toutes les cartes dessinées jusqu'à maintenant. Il porte tantôt le nom d'El Dorado, tantôt celui de Parima. Mais Deslile a connaissance, par ouï-dire ou à travers ses lectures, de témoignages qui le font douter. Nombreux sont les soldats de fortune partis à la recherche de l'El Dorado qui ont pénétré dans ce lointain nouveau monde, là-bas où se croisent les quatre vents et où toutes couleurs et douleurs se confondent, et qui n'ont rien trouvé. Espagnols, Portugais, Anglais, Français et Allemands ont traversé des abîmes que les dieux américains avaient creusés de leurs ongles et de leurs dents, ils ont violé les forêts réchauffées par la fumée de tabac qu'y soufflent les dieux, navigué sur des cours d'eau nés des arbres géants déracinés par les dieux, et ils ont tourmenté ou tué des Indiens nés de la salive, de l'haleine ou du rêve des dieux. Mais l'or fugitif s'est évaporé et s'évapore toujours et le lac devant lequel nul n'arrive jamais s'évanouit. El Dorado semble être le nom d'une tombe sans suaire ni cercueil.

Il y a deux siècles que le monde s'est agrandi et est devenu rond. Depuis lors, les chasseurs d'hallucinations s'en vont de tous les ports vers les terres d'Amérique. Sous l'égide d'un dieu navigateur et conquérant, ils traversent, entassés dans des navires, la mer immense. A côté des bergers et des paysans que l'Europe n'a pas tués à la guerre, par la peste ou par la famine, voyagent des capitaines, des marchands, des truands, des mystiques et des aventuriers. Tous cherchent le miracle. De l'autre côté de la mer, mer magique qui lave le sang et transfigure les destinées, s'ouvre, offerte, la grande promesse de tous les temps. Là-bas, les mendiants prendront leur revanche, les crève-la-faim deviendront des marquis, les coquins, des saints, les condamnés au gibet, des fondateurs. Et les marchandes d'amour se transformeront en pucelles richement dotées.

(326)

Sentinelle de l'Amérique

Les Indiens, les très anciens Indiens, vivaient jadis dans la nuit noire sur la cordillère des Andes. Le condor leur apporta le soleil. Le condor, le plus ancien de ceux qui volent, laissa tomber une petite boule d'or entre les montagnes. Les Indiens la ramassèrent et se mirent à souffler de toute la force de leurs poumons et ils soufflèrent si bien l'or vers le ciel qu'il y resta accroché à jamais. Le soleil suait de l'or et avec l'or de ses rayons les Indiens modelèrent les animaux et les plantes qui peuplent la terre.

Une nuit, la lune brilla sur les sommets, enveloppée de trois halos : un halo de sang, annonciateur de guerre, un autre de feu, annonciateur d'incendie et un noir halo de ruine. Alors, les Indiens s'enfuirent vers les terres froides et désertiques, emportant avec eux l'or sacré et ils se laissèrent tomber avec lui au fond des lagunes et des volcans.

Le condor, celui qui apporta le soleil aux Andins, est le gardien de ces trésors. De ses grandes ailes immobiles il survole les pics enneigés, les eaux et les cratères fumants. L'or le prévient quand il voit poindre la cupidité : l'or se met à glapir, à siffler et à crier. Alors, le condor s'élance à la verticale et de son bec il arrache les yeux des voleurs et leur lacère la chair de ses griffes.

Le soleil est le seul qui puisse voir le dos du condor, sa tête chauve et son cou sillonné de rides. Il est le seul à connaître sa solitude. Vu de la terre, en vol, il apparaît invulnérable.

(11)

1701
Ouro Preto

Arts de l'escamotage

La montagne d'argent de Potosí n'est pas un mirage, les grottes profondes du Mexique abritent autre chose que délires et ténèbres ; et les fleuves du centre du Brésil dorment réellement dans des lits d'or.

L'or du Brésil s'adjuge par tirage au sort ou à coups de poignard, au sort ou à mort. Ceux qui n'y perdent pas la vie gagnent d'immenses fortunes bien qu'un cinquième de tout soit prélevé par le roi du Portugal. Un cinquième, finalement, c'est une façon de parler. Beaucoup, beaucoup d'or sort en contrebande. On ne peut rien à cela, même en postant autant de gardes qu'il y a d'arbres dans les épaisses forêts du pays.

Les moines des mines brésiliennes consacrent plus de temps à faire du trafic d'or qu'à sauver des âmes. Des saints en bois creux servent de récipients à cet usage. Au loin, sur la côte, le moine Roberto fabrique de fausses estampilles comme on récite le rosaire et c'est ainsi qu'on peut voir briller le sceau de la couronne sur les lingots d'or mal acquis. Roberto, moine bénédictin du couvent de Sorocaba, a également fabriqué une clé toute-puissante à laquelle aucune serrure ne résiste.

(11)

1703
Lisbonne

L'or, passager en transit

Il y a un couple d'années, le gouvernement général du Brésil avait fait des prédictions aussi exactes qu'inutiles. De Bahía, João de Lencastre avait prévenu le roi du Portugal que les bandes d'aventuriers feraient bientôt de la région minière un repère de criminels et de vagabonds et surtout, il avait annoncé un danger bien plus grave encore, c'est que le Portugal risquait de connaître avec l'or les mêmes déboires que l'Espagne avec l'argent auquel elle doit dire adieu, les larmes aux yeux, dès qu'elle le reçoit d'Amérique. L'or brésilien pourrait bien, lui aussi, entrer par la baie de Lisbonne et poursuivre sa route par le Tage sans s'arrêter en terre portugaise, pour s'en aller vers l'Angleterre, la France, la Hollande, l'Allemagne...

Comme faisant écho à la voix du gouverneur, voici qu'est signé le traité de Methuen. Le Portugal paiera avec l'or du Brésil les tissus anglais. Avec l'or du Brésil, colonie étrangère, l'Angleterre donnera un formidable essor à son développement industriel.

(11, 48 et 226)

1709

Iles de Juan Fernández

Robinson Crusoé

Le guetteur annonce des feux dans le lointain. Pour aller à leur rencontre, les flibustiers du *Duke* changent de direction et mettent le cap sur les côtes du Chili.

Le navire s'approche des îles de Juan Fernández. Dans une bande d'écume, un canot vient à leur rencontre depuis une rangée de feux. A son bord, sur le pont, un tas de poils en broussaille, crasseux et tremblant de fièvre, émet des sons par la bouche.

Quelques jours plus tard, le capitaine Rogers se renseigne. Le naufragé a nom Alexander Selkirk et c'est un collègue écossais expert en voiles, vents et pillages. Il vient des côtes de Valparaiso et fait partie de l'expédition du pirate William Dampier. Grâce à la Bible, au couteau et au fusil, Selkirk a survécu plus de quatre ans sur une de ces îles, inhabitée. Avec des tripes de chevreau il a réussi à confectionner des instruments de pêche ; il faisait la cuisine avec le sel cristallisé sur les rochers et s'éclairait avec de l'huile de phoque. Il avait construit une cabane sur la hauteur et un enclos pour les chèvres. Il marquait le temps qui s'écoulait sur le tronc d'un arbre. La tempête lui amena les restes d'un naufrage ainsi qu'un Indien à moitié noyé. A cet Indien il donna le nom de Vendredi car ce jour-là était un vendredi. De lui, il apprit le secret des plantes. Quand arriva le grand navire, Vendredi préféra rester. Selkirk lui promit de revenir et Vendredi le crut.

Dix ans plus tard, Daniel Defoe publiera à Londres les aventures d'un naufragé. Dans son roman, Selkirk sera Robinson Crusoé, né à York. L'expédition du pirate Dampier qui avait pillé les côtes du Pérou et du Chili deviendra une respectable entreprise de commerce. La petite île déserte et sans histoire se situera à l'embouchure de l'Orénoque et non dans l'océan Pacifique, et le naufragé y vivra vingt-huit ans. Robinson sauvera, lui aussi, la vie à un sauvage cannibale. *Master*, « maître » sera le premier mot de la langue anglaise qu'il lui apprendra. Selkirk marquait, de la pointe de son couteau, les oreilles de chaque chèvre qu'il attrapait. Robinson formera le projet de fractionner l'île, son royaume, pour la vendre par lots ; il estimera la valeur de chacun des objets qu'il recueillera dans le bateau naufragé, tiendra la comptabilité de tout ce que produit l'île et fera la balance de chaque situation, le *Droit* des malheurs, l'*Avoir* des coups de chance. Il passera, comme Selkirk, par les dures épreuves de la solitude, de l'effroi et de la folie ; mais, à l'heure du sauvetage, Alexander Selkirk est un peureux épouvantail agité de tremblements qui ne sait plus parler. Robinson Crusoé, par contre, invincible dompteur de la nature, reviendra en Angleterre avec son fidèle Vendredi, faisant des comptes et formant des projets d'aventures.

(92, 149 et 259)

1711
Paramaribo

Elles se sont tues

Les Hollandais coupent le tendon d'Achille aux esclaves qui s'enfuient pour la première fois et amputent de la jambe droite ceux qui récidivent et pourtant, il n'y a pas moyen d'empêcher que le fléau de la liberté ne se répande au Surinam.

Le capitaine Molinay descend le fleuve jusqu'à Paramaribo. Il revient de son expédition avec deux têtes. Il a dû décapiter les prisonnières parce qu'elles ne pouvaient plus déplacer leurs corps disloqués à travers la forêt. L'une d'elles se nommait Flora, l'autre Sery. Elles ont encore les yeux tournés vers le ciel. Elles n'ont pas ouvert la bouche en dépit du fouet, du feu et des tenailles chauffées à blanc, muettes obstinément, comme si elles n'avaient plus prononcé un mot depuis le jour lointain où elles furent engraissées et barbouillées d'huile et qu'on leur rasa la tête en y dessinant des étoiles ou des demi-lunes pour mieux les vendre au marché de Paramaribo. Elles sont demeurées muettes tout le temps, Flora et Sery, tandis que les soldats leur demandaient où se trouvaient les nègres fugitifs; elles regardaient le ciel, sans remuer les paupières, suivant du regard les nuages massifs comme des montagnes qui s'en allaient là-bas, à la dérive.

(173)

Elles transportent la vie dans leur chevelure

Malgré les nombreux nègres crucifiés ou pendus par un crochet de fer leur traversant les côtes, des fuites ne cessent de se produire dans les quatre cents plantations du Surinam. Au cœur de la selva un lion noir flotte sur le drapeau jaune des nègres marrons. A défaut de balles, les armes lancent de petites pierres ou des boutons en os; mais l'épaisseur impénétrable de la forêt est leur meilleure alliée contre les colons hollandais.

Avant de s'échapper, les femmes esclaves volent des grains de riz et de maïs, des semences de blé, des haricots et des graines de citrouille. Leur épaisse chevelure leur sert de grenier. Quand elles arrivent dans les refuges taillés dans la jungle, les femmes secouent leur tête et ensemencent ainsi la terre libre.

(173)

Le nègre marron

Le caïman, déguisé en tronc d'arbre, profite du soleil. L'escargot tourne les yeux à la pointe de ses cornes. L'oiseau fait la cour à l'oiselle avec des acrobaties de cirque. L'araignée mâle s'englue à la dangereuse toile tissée par la femelle, drap et linceul où elle l'étreindra et où il sera dévoré. Un peuple de singes se lance dans les branchages, à l'assaut des fruits de la forêt. Leurs cris assourdissent la frondaison et empêchent d'entendre les litanies des cigales et les questions des oiseaux. Mais que résonnent sur les tapis de feuilles des pas inhabituels, la forêt soudain se tait, paralysée ; repliée sur elle-même, elle attend. Et quand part le premier coup de feu, la forêt tout entière file comme un trait.

Le tir annonce une chasse aux nègres marrons. *Cimarrón*, mot antillais qui signifie « flèche qui cherche la liberté ». C'est le nom que les Espagnols avaient donné au taureau qui s'enfuyait dans la montagne et par la suite, le mot est passé dans d'autres langues : *chimarrão, maroon, marron*, pour désigner l'esclave qui, dans tous les pays d'Amérique, cherche refuge dans les forêts, les marécages, les gorges profondes et qui, loin du maître, construit une maison libre et la défend en traçant de fausses routes et en tendant des pièges mortels.

Le nègre marron gangrène la société coloniale.

(264)

1711
Murrí

Ils ne sont jamais seuls

Il existe aussi des Indiens marrons. Pour les enfermer sous le contrôle des moines et des capitaines, on a instauré des prisons comme celle du village de Murrí, récemment fondé, dans la région du Chocó.

Il y a quelque temps sont arrivés là d'immenses canots aux voiles blanches venus chercher les fleuves d'or qui descendent de la cordillère ; et depuis, les Indiens prennent la fuite. Une infinité d'esprits les accompagnent, cheminant avec eux dans la forêt et sur les rivières.

Le sorcier connaît les langages qui font venir les esprits. Pour soigner les malades, il souffle dans sa coquille d'escargot en direction des frondaisons où demeurent le pécari, l'oiseau de paradis et le poisson qui chante. Pour rendre malades les gens bien portants il leur met dans le poumon le papillon de la mort. Le sorcier sait bien qu'il n'est pas de terre, d'eau ou d'air qui ne soit peuplé d'esprits dans les régions du Chocó.

(121)

1711
Communauté marronne de Saint-Basile

Le roi nègre, le saint blanc et sa femme

Il y a de cela plus d'un siècle, le nègre Domingo Bioho s'est enfui des galères de Carthagène des Indes et est devenu roi guerrier des marécages. Des troupes de chiens et d'arquebusiers lui ont donné la chasse et Domingo a été plusieurs fois pendu. Certains jours de liesse, on l'a traîné dans les rues de Carthagène, attaché à la queue d'une mule et plusieurs fois on lui a tranché le pénis et on l'a cloué à un grand mât. Ses poursuivants ont plusieurs fois reçu des terres comme salaire, certains même, ont été gratifiés du titre de marquis. Pourtant, dans les communautés marronnes du canal de Dique et du bas Cauca, Domingo Bioho règne encore et rit de toute sa face peinte reconnaissable entre toutes.

Les nègres libres vivent en état d'alerte, entraînés au combat dès leur naissance, protégés par des ravins, des précipices et des fossés hérissés de pointes empoisonnées. La plus importante des communautés de cette région qui existe et résiste depuis un siècle prendra le nom d'un saint. Elle s'appellera Saint-Basile, parce que l'image de ce dernier y arrivera bientôt du fleuve Magdalena. Saint Basile sera le premier Blanc autorisé à y pénétrer. Il arrivera avec mitre et bâton de commandement, apportant une petite église en bois toute pleine de miracles. Le scandale de la nudité ne lui fera pas peur et jamais il ne parlera sur le ton d'un maître. Les nègres marrons lui offriront une case et une femme. On lui trouvera une sainte femme, Catalina, afin que Dieu, dans l'autre monde, ne lui fasse pas épouser une bourrique et pour qu'ensemble ils connaissent de douces joies sur cette terre pendant qu'ils y sont.

(108 et 120)

La mante religieuse

Il y a beaucoup d'animaux dans la contrée où Domingo Bioho règne à tout jamais sur les communautés des nègres marrons. Les plus redoutés sont le jaguar, le boa constrictor et le serpent qui s'enroule autour des lianes et se glisse dans les cabanes. Les plus fascinants sont le poisson mayupa qui chie par la tête et la mante religieuse.

Comme l'araignée, elle dévore ses amants. Tandis que le mâle la saisit par le dos, elle tourne vers lui sa tête sans menton, elle le toise de ses grands yeux globuleux, y enfonce ses dents et, tout calmement, elle en déjeune jusqu'à ce qu'il n'en reste plus rien.

La mante religieuse est d'une grande piété. Elle tient toujours ses pattes de devant jointes et c'est en priant qu'elle mange.

(108)

1712
Santa Marta

De la piraterie à la contrebande

Entre les jambes vertes de la sierra Nevada qui trempe ses pieds dans la mer se dresse un clocher entouré de maisons de bois et de chaume. C'est là que vivent les trente familles blanches du port de Santa Marta. Tout autour, dans des huttes de terre et de roseaux, à l'abri des palmiers, vivent des nègres, des Indiens et des sang-mêlé que personne n'a jamais pris la peine de compter.

Les pirates ont toujours été la hantise de cette côte. Il y a quinze ans, l'évêque de Santa Marta a été obligé d'éventrer l'orgue de l'église pour improviser des munitions. Il y a une semaine, les navires anglais ont passé à travers les canonnades des fortins de la côte qui surveillent la baie et au matin, ils mouillaient sur la plage.

Tout le monde s'est enfui dans la montagne. Les pirates ont attendu. Ils n'ont rien volé, pas même un mouchoir ni incendié la moindre maison.

Les habitants, méfiants, se sont approchés petit à petit et maintenant Santa Marta s'est transformé en un joyeux marché. Les pirates, armés jusqu'aux dents, sont venus vendre et acheter. Ils marchandent, mais sont très corrects pour le paiement.

Là-bas, très loin, les ateliers britanniques s'agrandissent et ont besoin de marchés. Nombreux sont les pirates qui deviennent contrebandiers, bien qu'aucun d'eux ne sache ce que diable peut bien signifier l'accumulation du capital.

(36)

1714
Ouro Preto

Le médecin des mines

Ce médecin ne croit ni aux drogues ni aux poudres très coûteuses venues du Portugal. Il se méfie des saignées et des purges et fait peu de cas de Galien et de ses lois. Luis Gomes Ferreira conseille à ses malades de prendre un bain tous les jours, ce qui, en Europe, passerait pour un signe évident d'hérésie ou de folie ; il leur prescrit des herbes et des racines de la région. Le docteur Ferreira a sauvé de nombreuses vies grâce à la vieille expérience des Indiens et aussi avec l'aide de la *moza blanca,* eau-de-vie de canne à sucre capable de ressusciter des moribonds.

On ne peut pas grand-chose ou rien du tout contre cette habitude qu'ont les mineurs de prendre plaisir à s'étriper à coups de feu ou à coups de couteau. Ici toute fortune est un feu de paille et la ruse a plus de valeur que le courage. Il n'est pas de science qui vaille dans la guerre implacable pour la conquête de l'argile noire qui recèle des soleils. Le capitaine Tomás de Souza, trésorier du roi, était parti à la recherche d'or, il a trouvé du plomb, et le médecin n'a rien pu faire d'autre que le signe de croix. Tout le monde croyait que le capitaine avait mis de côté une tonne d'or, mais ses créanciers n'ont trouvé à se partager que quelques esclaves.

Il est rare que le médecin ait à soigner un malade noir. Dans les mines du Brésil, on se sert de l'esclave et on le jette. C'est en vain que le docteur Ferreira recommande aux maîtres un traitement plus attentif car c'est pécher contre Dieu et contre leurs propres intérêts. Dans les lavoirs d'or et dans les galeries souterraines, il n'y a pas un nègre qui résiste plus de dix ans, mais pour une poignée d'or on achète un autre gars, ça ne coûte pas plus cher qu'une poignée de sel ou un porc entier.

(48)

1714

Vila Nova do Principe

Jacinta

Elle consacre la terre qu'elle foule. Jacinta de Siqueira, Africaine du Brésil, est la fondatrice de cette ville du Prince et des mines d'or des ravins de Quatro Vintens. Femme noire, femme verte, Jacinta s'ouvre et se referme telle une plante carnivore, avalant des hommes et mettant au monde des enfants de toutes les couleurs, dans ce pays dont il n'existe encore aucune carte. Jacinta avance, taillant dans la *selva,* à la tête de malandrins qui suivent à dos de mule, nu-pieds, armés de vieux fusils et qui, en entrant dans la mine, laissent leur conscience accrochée à une branche ou enfouie dans les marécages. Jacinta, née en Angola, esclave de Bahía, mère de l'or de Minas Gerais.

(89)

1716
Potosí

Holguín

Le vice-roi de Lima, Don Diego Rubio Morcillo de Auñón, entre dans Potosí en passant sous cent vingt arcs de triomphe faits d'argent ciselé, tout le long d'un tunnel de tableaux représentant Icare et Éros, Mercure, Endimon, le colosse de Rhodes et Énée fuyant Troie.

Hélas ! Potosí n'est plus ce qu'elle était. Sa population a diminué de moitié. La ville reçoit le vice-roi dans une rue pavée de bois et non plus d'argent. Mais, comme au temps des munificences, trompettes et tambours résonnent et des pages aux livrées élégantes, portant des torches de cire, éclairent la voie des capitaines à cheval, des gouverneurs, des corregidores, des ambassadeurs... A la nuit, arrive, resplendissante, la mascarade. La ville offre au visiteur poudré l'hommage des douze héros de l'Espagne, des douze pairs de France et des douze sibylles. Dans de somptueux costumes, le Cid Campeador, l'empereur Charles, toutes les nymphes, les princes arabes et les rois éthiopiens ayant existé dans le monde ou en rêve le saluent.

Melchior Pérez Holguín fait un tableau de cette journée fabuleuse. Il peint les mille personnages, un à un, la ville de Potosí et la montagne la plus généreuse de l'univers, avec des couleurs de sang, de terre et de fumée, avec des lueurs d'argent. Et il peint sa propre image au pied de l'immense tableau : Holguín, le métis quinquagénaire au nez aquilin, aux longs cheveux tombant de son chapeau, tenant sa palette dans sa main levée. Il peint aussi un couple de petits vieux appuyés sur leur canne et il écrit les mots qui sortent de leur bouche :

— As-tu jamais vu autant de merveilles à la fois, ma poule ?

— Depuis cent ans et même plus je n'ai jamais vu si grande magnificence, mon Loulou.

Peut-être Holguín ne sait-il pas que la merveille, c'est celle qu'il crée en croyant la copier ; il ne sait pas non plus que son œuvre survivra alors que les pompes de Potosí auront disparu de la face de la terre et que personne ne se souviendra plus d'un quelconque vice-roi.

(16 et 215)

1716
Cuzco

Les imagiers

Diego Quispe Tito, le maître d'Holguín, est mort peu de temps après que ses yeux se sont éteints. Dans les premières brumes de sa cécité, il avait réussi à peindre son portrait en route vers le paradis, avec au front le gland impérial des Incas. Quispe fut le plus talentueux des artistes indiens de Cuzco. Dans son œuvre on voit des perroquets voler au milieu des anges et se poser sur saint Sébastien criblé de flèches. Des visages, des oiseaux et des fruits d'ici apparaissent à la sauvette dans ses paysages d'Europe et du ciel.

Alors que les Espagnols brûlent *quenas* et ponchos sur la grand-place, les imagiers de Cuzco s'ingénient à peindre des plats d'avocats, de piments, d'anones, de frutilles et de coings sur la table de la dernière scène ; ils représentent l'Enfant Jésus jaillissant du ventre de la Vierge, et la Vierge et saint Joseph dormant enlacés dans un lit d'or.

Le peuple dresse des croix de maïs ornées de guirlandes de pommes de terre ; au pied des autels on peut voir des offrandes de courges et de pastèques.

(138 et 300)

Marie mère-terre

Dans les églises de ces contrées, on voit habituellement la Vierge couronnée de plumes ou abritée par des parasols comme une princesse indienne et Dieu le père sous la forme d'un soleil, au milieu de singes grimpés sur des colonnes et des moulures qui supportent des fruits, des poissons et des oiseaux des Tropiques.

Un tableau anonyme montre la Vierge Marie sur la montagne d'argent de Potosí, entre le soleil et la lune. A côté d'elle, on voit, d'une part, le pape de Rome, et de l'autre, le roi d'Espagne. Seulement Marie n'est pas sur la montagne, elle est *au-dedans,* elle *est* la montagne, une montagne à visage de femme et aux mains d'offrande. Marie-montagne Marie-pierre, fécondée par Dieu comme la terre fécondée par le soleil.

(137)

La Pachamama

Dans l'Altiplano andin, *mama*, c'est la Vierge, *mama* ce sont aussi la terre et le temps.

La terre, la terre mère, la Pachamama se met en colère si quelqu'un boit sans l'inviter. Quand elle a soif, elle casse le pot et le renverse.

C'est à elle qu'on offre le placenta du nouveau-né qu'on enterre parmi les fleurs pour que l'enfant vive ; et pour que vive l'amour, les amants enterrent leurs cheveux enlacés.

La terre reçoit dans ses bras ceux qui sont las, ceux que la vie a brisés et qui ont surgi d'elle. Elle s'ouvre pour leur donner asile à la fin du voyage. Et, du fond de la terre, les morts la fleurissent.

(247)

Sirènes

Pour le portail de la cathédrale de Puno, Simón de Asto taillera dans la pierre deux sirènes. Bien que les sirènes symbolisent le péché, l'artiste ne sculptera pas des monstres. Il représentera deux belles jeunes filles indiennes qui joueront du charrango et aimeront sans l'ombre d'une faute. Ce seront les sirènes andines Quesintuu et Umantuu surgies jadis du lac Titicaca pour faire l'amour avec le dieu Tunupa, dieu aymara du feu et de la foudre qui a laissé sur son passage un sillage de volcans..

(137)

1717
Québec

L'homme qui ne croyait pas à l'hiver

Selon ce qu'a raconté Rabelais, et après lui Voltaire, le froid du Canada est si froid que les mots se figent en glace au sortir de la bouche et restent suspendus dans l'air. A la fin d'avril, les premiers soleils fendent la glace sur les rivières, et le printemps fait irruption dans une explosion de résurrection. C'est alors seulement qu'on entend les mots prononcés en hiver.

Les colons français craignent l'hiver encore plus qu'ils craignent les Indiens et ils envient les animaux qui passent l'hiver en dormant. Ni l'ours ni la marmotte ne se rendent compte des rigueurs du froid, ils quittent le monde pour quelques mois tandis que l'hiver fend les arbres avec des crépitements de coups de feu et transforme les humains en statues de sang glacé et chair de marbre.

Le Portugais Pedro da Silva passait les hivers à transporter les lettres, conduisant un traîneau tiré par des chiens sur les glaces du Saint-Laurent. En été, il voyageait en canot et parfois, à cause des vents, il lui fallait un mois entier pour faire l'aller et retour entre Québec et Montréal. Pedro transportait des décrets du gouverneur, des rapports des moines et des fonctionnaires, des offres des marchands de fourrures, des promesses d'amis, des secrets d'amants.

Le premier facteur du Canada a travaillé pendant un quart de siècle sans demander d'autorisation à l'hiver.

Maintenant il est mort.

(96)

1717
Iles Dupas

Les fondateurs

La carte du Canada occupe tout un mur. Entre cette côte et les grands lacs, quelques villes, quelques fortins. Plus au loin, un immense espace mystérieux. Sur un autre mur, sous les canons entrecroisés des mousquets, pendent des scalps d'Indiens ennemis, voilés par la fumée du tabac.

Assis dans son rocking-chair, Pierre de La Vérendrye mordille sa pipe. La Vérendrye n'entend pas les braillements de son fils nouveau-né. A travers ses paupières à demi closes, il regarde la carte et se laisse glisser le long de ces rivières torrentueuses qu'aucun Européen n'a encore jamais parcourues.

Il est revenu vivant des champs de bataille de France où on l'avait laissé pour mort avec une balle dans la poitrine et plusieurs blessures de sabre. Au Canada, il a de quoi vivre grâce au blé de ses champs et à sa pension de sous-lieutenant invalide de guerre, mais il s'ennuie et délire.

Ses jambes blessées le mèneront plus loin que ses rêves les plus fous. Les explorations de La Vérendrye rendront cette carte ridicule. En allant vers l'ouest, à la recherche de la mer qui conduit aux côtes de Chine, il arrivera, par le nord, jusqu'à des endroits où le canon du mousquet explose de froid au premier tir et, par le sud, il remontera jusqu'au fleuve inconnu du Missouri. Cet enfant qui pleure à côté de lui, dans son berceau de bois, sera le découvreur de l'invincible muraille des montagnes Rocheuses.

Des missionnaires et des marchands de fourrures suivront les pas des explorateurs. Ainsi en a-t-il toujours été. Ainsi en fut-il avec Cartier, Champlain et La Salle.

L'Europe paie un bon prix pour les peaux de castor, de loutre, de martre, de cerf, de renard et d'ours. En échange des peaux, les Indiens reçoivent des armes pour s'entre-tuer ou pour mourir dans les guerres entre Anglais et Français qui se disputent leurs terres. Les Indiens reçoivent aussi de l'eau-de-vie qui transforme en chiffe molle le guerrier le plus robuste, et d'autres saloperies plus destructrices que les pires des tempêtes de neige.

(176 et 330)

Retable des Indiens

On ne trouve chez les Indiens du Canada ni ventrus ni bossus disent les missionnaires et les explorateurs français. Si l'on rencontre, par hasard, un boiteux, un borgne ou un aveugle, il s'agit de blessés de guerre.

Ils ne connaissent ni l'envie ni la propriété, raconte Pouchot, et ils appellent l'argent le *serpent des Français.*

Ils considèrent qu'il est ridicule d'obéir à son semblable, dit Lafitau. Leurs chefs sont élus mais ne jouissent d'aucun privilège et celui qui cherche à prendre de l'autorité est destitué. Les femmes donnent leur avis et décident à l'égal des hommes. Les conseils des anciens et les assemblées publiques ont le dernier mot, mais il n'est pas de parole humaine qui ait plus de poids que la voix des rêves.

Ils obéissent aux rêves comme les chrétiens aux inspirations divines, observe Brébeuf. Ils y obéissent tous les jours, car, à travers les rêves, c'est l'âme qui s'exprime toutes les nuits. Et quand vient la fin de l'hiver et que se fendent les glaces du monde, ils célèbrent une grande fête consacrée aux rêves. A cette occasion, ils se déguisent et toutes les folies sont autorisées.

Ils mangent quand ils ont faim, note Cartier. L'appétit est leur seule horloge. Ils s'adonnent à la luxure, remarque Le Jeune. Quand elle le désire, la femme, tout comme l'homme, peut rompre le mariage. La virginité ne signifie rien pour eux. Champlain a rencontré des vieilles femmes qui s'étaient mariées vingt fois. Selon Le Jeune, ils n'aiment guère le travail. Par contre, ils adorent inventer des blagues. Ils ignorent l'art, sauf celui de bien scalper les crânes ennemis. Ils ont un esprit vindicatif et c'est pour se venger qu'ils mangent les pous, les vers et autres vermines qui aiment la chair humaine. Briard constate qu'ils sont incapables de comprendre une quelconque idée abstraite.

Selon Brébeuf, les Indiens n'arrivent pas à comprendre l'idée de l'enfer. Ils n'ont jamais entendu parler d'un quelconque châtiment éternel. Quand les chrétiens les menacent de l'enfer, ils demandent : « Et mes amis morts, ils y seront, en enfer ? »

(97)

Chants des Indiens chippewas de la région des Grands Lacs

Je vais parfois
me prenant en pitié
tandis que le vent m'emporte
à travers cieux.

L'arbuste
s'est assis sous l'arbre
et chante.

(38 et 340)

1718
São José del Rei

Le pilori

La horde des aventuriers abat des forêts, éventre des montagnes, détourne le cours des fleuves ; tant que le feu fait apparaître quelque étincelle dans les pierres rubigineuses, les chercheurs d'or se nourrissent de grenouilles et de racines et fondent des villes sous le double signe de la faim et du châtiment.

La naissance de toute ville, dans la région brésilienne de l'or, est marquée par l'installation du pilori. Le pilori est le centre de tout. Autour de lui, on construira les maisons et les églises, tout en haut des collines. Le pilori, avec, à son extrême pointe, une couronne et une paire d'anneaux pour attacher les esclaves qui mériteront le fouet.

Sabre au clair, face au pilori, le comte d'Assumar préside officiellement à la naissance du village de São José del Rei. Il a mis quatre mois pour venir de Rio de Janeiro et, en route, il a mangé de la viande de singe et des fourmis grillées.

Cette région lui fait peur. Il en a horreur. Le comte d'Assumar, gouverneur de Minas Gerais, pense que l'esprit de rébellion est une seconde nature chez ces gens irréductibles et sans domicile fixe. Ici, les astres prédisposent au désordre, dit-il, l'eau exhale des senteurs d'émeutes et la terre sécrète des vapeurs de fièvre, les nuages sont insolents, l'air séditieux et l'or sans foi ni loi.

Le comte donne l'ordre de décapiter tous les nègres marrons et il organise des milices pour traquer les soulèvements de nègres. Les chasseurs d'esclaves fugitifs sont les *desrazados*, ni blancs ni noirs, malheureux enfants du maître et de l'esclave ou fruits de plusieurs sangs mêlés. Nés pour vivre hors de toute loi, ils sont tout juste bons à mourir en tuant. Ceux-là, mulâtres et métis, abondent car il n'y a pas ici de femmes blanches et il n'existe aucun moyen de se plier à la volonté du roi qui, de Lisbonne, a donné l'ordre d'éviter toute *descendance défectueuse et impure.*

(122 et 209)

1719
Potosí

La peste

Il y a trois ans, le ciel a envoyé un avertissement, *une flamme effrayante, présage de calamité* : la comète, soleil libéré, soleil fou, braquait sur la terre sa queue accusatrice.

Au début de cette année-là, il est né dans le quartier de San Pedro un enfant à deux têtes, et le curé s'est demandé s'il devait procéder à un ou à deux baptêmes.

Mais en dépit de la comète et du monstre, Potosí a continué à vivre à la mode française, costumes et *mœurs sexuelles honteuses, condamnées par Dieu, offensantes pour la nature et scandaleuses pour la décence de la vie civile et politique.* Elle a continué à faire la fête, comme si de rien n'était, donnant carnavals, réjouissances et sauteries *très contraires à la pudeur* et, le jour où six belles demoiselles se sont mises à danser toutes nues, elles ont été foudroyées par la peste.

Potosí connaît aujourd'hui mille misères et mille morts. Dieu s'est manifesté chez les Indiens qui paient pour les péchés de la ville et perdent des fleuves de sang.

Selon don Matias Ciriaco y Selda, *médecin scientifique très réputé,* Dieu a employé pour se venger la mauvaise influence de Saturne qui altère le sang et le transforme en urine et en bile.

(16)

1721
Zacatecas

Pour se nourrir de Dieu

Les cloches sonnent. Elles appellent à la fête pour célébrer la signature du traité que le centre minier vient de signer avec les Indiens huichols. Repliés dans les montagnes de Nayarit, les Huichols ont défendu leur indépendance pendant deux siècles, invulnérables à la traque perpétuelle. Et maintenant, ils se soumettent à la couronne espagnole. Le traité leur garantit qu'ils ne seront pas obligés de travailler dans les mines.

Le voyage de retour vers leur terre sacrée les amène obligatoirement à traverser la région minière, avide de main-d'œuvre. L'Ancêtre Feu les préserve du scorpion et du serpent, mais il ne peut pas grand-chose contre les chasseurs d'Indiens.

Cette longue pérégrination vers le plateau de Viricota, à travers les collines pelées, les terrains pierreux qui n'en finissent pas, est un retour aux origines, par la route des dieux. A Viricota, les Huichols revivent la première chasse au cerf. Ils reviennent là, au moment éternel où le seigneur des cerfs, élevant le soleil nouveau-né entre ses bois, accepta de se sacrifier pour que la vie humaine fût possible et, de son propre sang, féconda le maïs.

Le cerf, dieu des dieux, habite dans un cactus très difficile à trouver, le peyotl. Le peyotl est tout petit et laid. Quand ils le trouvent, les Huichols le criblent de flèches et lorsqu'il est touché, il pleure. Alors, ils le vident de son sang, l'écorchent et le découpent en tranches. Autour du feu, les Huichols mangent la chair sacrée et ils entrent en transe. A la limite de la folie, dans une extase où tout est toujours et tout est jamais, ils sont des dieux tant que dure la communion.

(31)

Si, par inadvertance, tu perds ton âme

Que fait l'Indienne huichole sur le point d'accoucher ? Elle se souvient. Elle se remémore intensément la nuit d'amour où l'enfant qui va naître a été conçu. Elle la revit, de toute la force de sa mémoire et de sa jouissance. Ainsi, le corps, heureux de la joie qui fut sienne, s'ouvre et vient au monde un bon Huichol qui sera digne du plaisir qui l'a fait naître.

Un bon Huichol prend bien soin de son âme, son éclairante force vitale, mais chacun sait que l'âme est plus petite qu'une fourmi, plus faible qu'un murmure, une petite chose de rien du tout, un petit souffle et qu'à la moindre inadvertance, on peut la perdre.

Un gamin fait un faux pas et roule au bas de la montagne. L'âme, attachée comme elle l'était, juste par un fil d'araignée, se détache et tombe dans une ornière. Alors, le jeune Huichol s'évanouit et tombe malade. Dans un balbutiement, il appelle le gardien des chants sacrés, le prêtre-sorcier.

Que cherche ce vieil Indien qui fouille la montagne ? Il suit les traces que le malade a laissées sur son passage. Il grimpe, silencieux, entre les rochers pointus, explorant chaque branchage, feuille par feuille, soulevant chaque caillou. *La vie, où est-elle donc tombée ? Où est-elle demeurée, remplie d'effroi ?* Il avance tout doucement, en ouvrant bien ses oreilles car les âmes perdues pleurent et sifflent parfois comme la brise.

Quand il trouve l'âme errante, le prêtre-sorcier la ramasse avec la pointe d'une plume, l'enveloppe dans un minuscule flocon de coton et la met dans un roseau creux pour la ramener à son maître qui ne mourra pas.

(124)

1726

Baie de Montevideo

Montevideo

Dans les prairies ondulantes, à l'est de la courbe décrite par le fleuve Uruguay, il croît plus de vaches que de trèfles. Les *bandeirantes* du Brésil, avaleurs de frontières, convoitent cette vaste mine de viande et de cuir et déjà, sur la côte du Río de la Plata, dans la forteresse de Colonia del Sacramento, flotte le drapeau du Portugal. Afin de parer à l'attaque, le roi d'Espagne a donné l'ordre de fonder une agglomération dans la baie de Montevideo.

Sous la protection du canon et de la croix, la ville nouvelle commence à poindre. Elle surgit sur une pointe de terre et de rochers fouettés par les vents et que menacent les Indiens. Les premiers colons arrivent de Buenos Aires : quinze jeunes gens, dix-neuf enfants et quelques esclaves qui ne figurent pas sur la liste — mains noires pour la hache, la houe et la fourche, seins noirs pour donner du lait, voix pour crier les nouvelles.

Les fondateurs, presque tous illettrés, ont reçu du roi des privilèges de noblesse. Ils étrennent le droit qui leur a été accordé de s'appeler *don*, sur les ballots de maté, de genièvre et de cigares.

— *A la vôtre, don !*

— *A la vôtre !*

La buvette sent le maté et le tabac. C'est la première maison à avoir une porte en bois et des murs en brique parmi les cabanes de cuir éparpillées à l'ombre du fortin.

A la buvette on trouve boissons, conversation et guitare. On y vend aussi des boutons, des poêles à frire, des biscuits et tout ce qu'on veut.

C'est de la buvette que naîtra le café. Montevideo sera la ville des cafés. Il n'y a pas un coin de rue qui n'ait le sien, complice des confidences et du vacarme, petit temple refuge de toute solitude, où se nouera toute rencontre et où la fumée des cigarettes tiendra lieu d'encens.

(278 et 315)

1733

Ouro Preto

Fêtes

Partout, dans les rues d'Ouro Preto, se dressent des arcs de triomphe fleuris sous lesquels passe le saint sacrement entre des tentures de soie et de damas. Les Quatre Vents et les Sept Planètes vont et viennent, juchés sur des chevaux couverts de joyaux tandis que sur les trônes surélevés, pleins d'éclat, figurent la lune, les nymphes et l'étoile du matin avec leur cortège d'anges. Après une semaine de feux d'artifice et de festivités ininterrompues, la procession rend grâce à l'Or, glorifie le Diamant et prie Dieu.

Les diamants sont une nouveauté dans la région. Il y a très peu de temps encore on s'en servait surtout pour marquer les points au jeu de cartes. Quand on s'est aperçu que ces petits cristaux étaient des diamants, le monarque du Portugal a offert les premiers à Dieu et au pape, ensuite il a acheté au Vatican le titre très onéreux de Roi Très Fidèle.

Les rues d'Ouro Preto montent et descendent à pic, en lames de couteaux, et ses habitants sont divisés en deux : ceux d'en haut et ceux d'en bas. Les fêtes d'en haut sont des ostensions dont la célébration est obligatoire, celles d'en bas éveillent la suspicion et provoquent le châtiment. Les peaux noires recèlent des menaces de sorcellerie et des dangers de rébellion. Chants et musique de pauvres sont péché, tout mulâtre qui rit beaucoup risque la prison ou l'exil et, lors d'un dimanche de chahut, l'esclave noir risque sa tête.

(209)

1736

Saint John's

Bouffées de chaleur

Ils ont scellé leur serment en buvant au même bol un mélange de rhum, de poussière de tombe et de sang de coq, et les tambours se sont mis à tonner. Ils avaient préparé la poudre pour faire sauter le gouverneur et tous les principaux personnages de l'île britannique d'Antigua. Voilà ce qu'a raconté le procureur. Et c'est la thèse qu'ont retenue les juges.

Six esclaves noirs meurent de faim attachés au gibet ; cinq autres ont été écartelés et mis en pièces. Soixante-dix-sept sont brûlés vifs. D'autres sauvent leur peau en racontant des mensonges qui condamnent leurs parents au bûcher.

Les conspirateurs ne sont plus que charbon et chair pourrie, mais ils continuent à errer sur les plages au lever du jour. Quand la marée basse découvre des merveilles dans le sable, les pêcheurs croisent les morts qui vont, cherchant à boire et à manger, pour poursuivre leur route vers l'au-delà.

(78)

1738

Trelawny Town

Cudjoe

Les plantes et les gens suent à grosses gouttes dans les montagnes chevelues de l'ouest de la Jamaïque. Le soleil court se cacher quand la trompe annonce, en une longue plainte, que le chef ennemi a atteint le défilé.

Cette fois-ci, le colonel Guthrie ne vient pas combattre. Les esclavagistes anglais offrent la paix aux nègres marrons. Ils promettent de respecter la liberté qu'ils ont conquise au cours de longues années de guerre et leur reconnaissent la propriété des terres qu'ils occupent. En échange, les nègres marrons deviendront les gendarmes de leurs frères prisonniers. A l'avenir, ils aideront à sanctionner les révoltes d'esclaves dans les plantations de canne à sucre et ils rendront les fugitifs qui arriveront ici pour y chercher refuge.

Le chef Cudjoe va à la rencontre du colonel Guthrie. Cudjoe porte un chapeau sans bord et une casaque qui, autrefois, a été bleue et a eu des manches. La poussière rouge de la Jamaïque finit par rendre identiques la couleur des peaux et celle des vêtements, mais il ne manque pas un seul bouton au gilet du colonel et l'on peut encore deviner la blancheur de sa perruque bouclée. Cudjoe se laisse tomber à ses pieds et baise ses chaussures.

(78, 86 et 264)

1739

New Nanny Town

Nanny

Après la signature du pacte avec Cudjoe, le chef des nègres marron de Sotavento, le colonel Guthrie se met en marche vers l'est de l'île. Mais une main mystérieuse verse dans le rhum un poison foudroyant et Guthrie tombe comme une masse de son cheval.

Quelques mois plus tard, au pied d'une très haute montagne, le capitaine Adair obtient la paix dans l'Est. Quao, chef des nègres marron de Barlovento, arborant un sabre de cérémonie et un chapeau argenté, en accepte les conditions.

Mais, dans les ravins de l'est, Nanny a bien plus de pouvoir que Quao. Les bandes disséminées de Barlovento obéissent à Nanny tout comme lui obéissent les bataillons de moustiques, Nanny, grande femelle d'argile rouge, amante des dieux, vêtue seulement d'un collier fait de dents de soldats anglais. Personne ne la voit, mais tout le monde l'a vue. On dit qu'elle est morte, pourtant elle se précipite toute nue, négresse rafale, au milieu des coups de feu. Elle s'accroupit, dos à l'ennemi et son cul magnifique attire les balles et les retient. Parfois elle les renvoie, multipliées, parfois, elle les change en flocons de coton.

(78 et 264)

Pérégrination en Jamaïque

Ils sortent du creux des arbres, des trous de la terre, des crevasses des rochers.

Ils ne sont arrêtés ni par la pluie ni par les fleuves. Ils traversent les marais, les gouffres, les bois. Le brouillard ne les détourne pas de leur route non plus que les soleils féroces. Ils descendent de la montagne, lentement, implacablement. Ils avancent de profil, en ligne droite, sans en jamais dévier. Leurs cuirasses brillent au soleil. Des bataillons de guerriers mâles ouvrent la marche. Face au danger, ils dressent leurs armes, leurs pinces. Nombreux sont ceux qui trouvent la mort ou perdent un bras en ouvrant la voie. Recouverte par cette immense armée de crabes, la terre de la Jamaïque se craquelle.

Le voyage jusqu'à la mer est un long voyage. Au bout de deux ou trois mois, ils arrivent — ceux qui arrivent — exténués. Alors, les femelles s'approchent et se laissent recouvrir par la mer qui leur arrache leurs œufs.

Bien peu reviennent. Parmi les milliers qui ont entrepris le voyage, bien peu reviennent. Mais la mer couve, sous le sable, un nouveau peuple de crabes. Et d'ici peu, ce nouveau peuple entreprendra la traversée en direction de la montagne d'où sont venues ses génitrices et rien ne pourra les arrêter.

Les crabes n'ont pas de tête. Ils sont arrivés trop tard à la distribution des têtes qu'a faite le dieu roi, là-bas en Afrique, dans son palais de coton et de cuivre. Les crabes n'ont pas de tête, mais ils rêvent et ils savent.

(86)

1742

Iles de Juan Fernández

Anson

Les Chiliens croient que les vagues de cette mer sont des chevaux à la bouche écumeuse que des sorcières domptent avec des rênes de sargasse. Les flots se lancent à l'assaut des pics rocheux qui ne croient pas aux sorcières et ces châteaux de rocaille, distants et dédaigneux, se laissent frapper. Tout en haut, là-bas, un bouc barbu contemple avec une majesté royale le va-et-vient de l'écume.

Il reste bien peu de chèvres dans les îles de Juan Fernández. Il y a quelques années, les Espagnols y ont fait venir du Chili une meute de chiens pour arracher aux pirates cette nourriture facile. Les hommes du commandant Anson poursuivent en vain des ombres cornues dans les rochers et dans les précipices ; ils croient reconnaître la marque d'Alexander Selkirk sur les oreilles de quelques-unes des chèvres qu'ils réussissent à attraper.

Aux mâts des navires de Lord George Anson, le drapeau

anglais flotte intact. Ses hommes reviendront à Londres anéantis par la faim et le scorbut, mais le butin sera si magnifique que quarante charrettes tirées par des bœufs ne suffiront pas à le sortir du port.

Au nom du progrès de la cartographie, de la géographie, de l'astronomie, de la géométrie et de l'art de la navigation, le scientifique Anson a donné la chasse, à coups de canon, à plusieurs navires espagnols, brûlé quelques villages et raflé jusqu'aux perruques et aux caleçons brodés.

Ces derniers temps, l'empire britannique est en train de passer, tout doucement, de la piraterie à la contrebande, mais Anson est un corsaire vieux style.

(10)

1753
Fleuve de Sierra Leone

Chantons les louanges du Seigneur

La révélation de Dieu s'est manifestée à la lueur des éclairs. Le capitaine John Newton s'est converti au christianisme par une nuit de blasphèmes et de soûlerie, alors qu'une soudaine tempête allait jeter son navire au fond de l'Océan.

Depuis lors, c'est un élu du Seigneur. Tous les jours, à la tombée de la nuit, il dicte un sermon. Il récite des prières avant chaque repas et commence toutes ses journées en chantant des psaumes que l'équipage reprend en chœur. A la fin de chaque voyage, il paie à l'église de Liverpool une cérémonie spéciale d'action de grâces au Très-Haut.

Tout en attendant l'arrivée d'un chargement à l'embouchure du fleuve de Sierra Leone, le capitaine Newton chasse appréhensions et moustiques en priant Dieu de protéger le navire *African* et tout son équipage pour que les marchandises qu'il s'apprête à embarquer arrivent intactes à la Jamaïque.

Le capitaine Newton et ses nombreux collègues pratiquent le commerce triangulaire entre l'Angleterre, l'Afrique et les Antilles. A Liverpool, ils embarquent des tissus, de l'eau-de-vie, des fusils et des couteaux qu'ils échangent, sur la côte africaine, contre des hommes, des femmes et des enfants. Les navires mettent alors le cap sur les îles Caraïbes où ils troquent les esclaves contre du sucre, de la mélasse, du coton et du tabac qu'ils transporteront à Liverpool pour recommencer le cycle.

A ses heures de loisir, le capitaine participe à la liturgie sacrée en composant des hymnes. Cette nuit, enfermé dans sa cabine, il commence à rédiger un nouvel hymne en attendant une caravane d'esclaves, retardée parce que quelques-uns d'entre eux ont essayé de se donner la mort en mangeant de la terre sur le chemin. Il en a déjà le titre. Ce sera : *Qu'il est doux le nom de Jésus.* Les premiers vers naissent sous sa plume et le capitaine fredonne quelques mélodies qui pourraient convenir, à la lumière complice de sa lampe qui se balance.

(193)

1758

Cap Français

Macandal

Devant une grande assemblée de nègres marrons, François Macandal a tiré d'un verre d'eau un foulard jaune :

— *D'abord, il y a eu les Indiens !*

puis, un foulard blanc :

— *Aujourd'hui, les Blancs sont les maîtres !*

Alors, il a agité un foulard noir sous les yeux des nègres marrons et il a annoncé que l'heure était venue pour ceux d'Afrique. Ce foulard, il l'a agité avec sa main unique, car l'autre, il l'a laissée entre les dents d'acier d'un moulin de canne à sucre.

Dans les plaines du nord d'Haïti, le manchot Macandal était le maître du feu et du poison. Sur un signe de lui les plantations de canne à sucre se mettaient à flamber et, à la faveur de ses sortilèges, les magnats du sucre s'effondraient, au beau milieu d'un repas, crachant bave et sang.

Il était capable de se changer en iguane, en fourmi ou en mouche, se dotant de branchies, d'antennes ou d'élytres ; pourtant, on l'a arrêté. Et condamné. Et on est en train de le brûler vif.

Au milieu des flammes, la foule aperçoit le corps qui se tord, agité de secousses, quand soudain un hurlement déchire l'air, un cri féroce de douleur et d'allégresse, et Macandal se détache du poteau, s'arrache à la mort. Hurlant, flamboyant, il traverse l'épaisse fumée et se perd dans les airs.

Les esclaves ne sont nullement surpris, ils savaient bien, eux, que le vagabond de la nuit allait rester en Haïti, partout présent, fondu dans l'ombre.

(63 et 115)

1761

Cisteil

Canek

Les Indiens mayas proclament l'indépendance du Yucatán et annoncent la prochaine indépendance de toute l'Amérique.

— *Le pouvoir espagnol ne nous a procuré que peines, pures peines.*

Jacinto Uc, celui à qui il suffit de caresser les feuilles des arbres pour que sonnent les trompettes, a été proclamé roi. *Canek, le serpent noir* est le nom qu'il s'est choisi. Le roi du Yucatán pose sur ses épaules la cape de Notre-Dame de l'Immaculée Conception et harangue les autres Indiens.

Les grains de maïs ont roulé sur le sol, ils chantent la guerre. Les prophètes, les hommes à la voix ardente, les inspirés des dieux ont dit que ceux qui mourront au combat renaîtraient. Canek explique que ce n'est pas par amour du pouvoir qu'il est roi, car le pouvoir veut toujours plus de pouvoir et, quand la calebasse est pleine, l'eau se renverse. Il dit qu'il est roi pour s'opposer au pouvoir des puissants et il annonce que c'en est fini de la servitude, des séances de flagellation et des files d'Indiens venant baiser la main du maître. *Ils ne pourront plus nous attacher, ils n'ont plus assez de corde.*

Dans le village de Cisteil et dans d'autres villages d'alentour, l'écho répète ces paroles qui se transforment en cris de guerre ; et les moines et les capitaines tombent et perdent leur sang.

(67 et 144)

1761

Mérida

Mis en pièces

Après avoir perdu beaucoup d'hommes, ils l'ont capturé. La victoire des colons a été placée sous le patronage de saint Joseph.

Canek est accusé d'avoir fouetté le Christ et de lui avoir rempli la bouche de foin.

On le condamne. On va le mettre en morceaux, à coups de barre de fer, sur la grand-place de Mérida.

Canek arrive sur la grand-place à dos de mule, la tête à demi enfouie sous une énorme couronne de papier. Sur la couronne, on peut lire son infamie : *s'est élevé contre Dieu et contre le roi.*

On l'écartèle petit à petit pour ne pas lui faire la grâce du soulagement par la mort ; on le traite plus mal qu'une bête à l'abattoir ; et l'on jette les morceaux de son corps dans un brasier. Une énorme ovation accompagne cette cérémonie. Mais, sous les acclamations, on chuchote que les esclaves vont mélanger du verre pilé au pain des maîtres.

(67 et 144)

1761

Cisteil

Maïs sacré

Les bourreaux dispersent au vent les cendres de Canek pour qu'il ne ressuscite pas au jour du Jugement dernier. Huit de ses chefs sont étranglés à la garrotte et deux cents Indiens ont une oreille coupée. Afin de les atteindre dans ce qu'ils ont de plus sacré, les soldats brûlent les semences de maïs des communautés indiennes rebelles.

Le maïs est un être vivant. Il souffre quand on le brûle et il se sent insulté quand on lui marche dessus. Peut-être que le maïs rêve les Indiens comme les Indiens rêvent le maïs. Il organise l'espace et le temps et l'histoire des gens faits de chair de maïs.

Quand Canek est né, on a coupé son cordon ombilical sur un épi de maïs. Au nom du nouveau-né on a semé les grains tachés de sang. C'est du produit de ce champ qu'il a été nourri et il a bu l'eau claire du crépuscule parce qu'elle contient de la lumière d'étoile ; et ainsi, il a grandi.

(1, 67, 144 et 228)

1763

Antre du Tatou

Parce que ces orgueilleux donnaient le mauvais exemple

Les guides qui voient aussi clair par les nuits sans lune qu'en plein jour ont déjoué les pièges. Grâce à eux les soldats ont évité l'enchevêtrement d'épées, pics acérés, qui trahissent ceux qui passent par là et, au petit matin, ils sont tombés sur le village des nègres libres.

Sur la plage d'Itapoa se répand un épais nuage de poudre, un nuage d'incendie ; l'air est lourd et acide. A midi il ne reste plus rien de l'Antre du Tatou, refuge des nègres marrons qui, depuis vingt ans, portait ombrage à la ville toute proche de San Salvador de Bahia.

Le vice-roi a juré de nettoyer le Brésil des nègres marrons, mais il en pousse de toutes parts. C'est en vain que le capitaine Bartolomeu Bueno a arraché quatre mille paires d'oreilles à Minas Gerais.

A coups de crosse, on aligne ceux qui ne sont pas tombés en défendant l'Antre du Tatou. On leur marque sur la poitrine la lettre F de *fuyard* et on les rend à leurs maîtres. Le capitaine Joaquim da Costa Cardoso qui est à court d'argent vend des gosses en solde.

(264 et 284)

Communion

L'histoire, cette dame voilée de rose qui distribue ses baisers aux gagnants, aura beaucoup à cacher. Il lui faudra simuler la distraction ou invoquer une fallacieuse crise d'amnésie. Il n'est pas vrai que les esclaves noirs du Brésil aient été doux et résignés, presque heureux.

Les maîtres des plantations obligent les cuisiniers noirs à goûter sous leurs yeux tous les plats. Car des poisons provoquant une longue agonie se glissent dans les délices de la table. Les esclaves tuent. Ils se tuent aussi ou s'enfuient, ce qui est une façon de dérober au maître sa principale richesse. Ou bien ils se révoltent en exprimant leur foi, en dansant et en chantant, ce qui est une façon de se libérer et de revivre.

L'odeur de la canne à sucre coupée répand dans les plantations un souffle de griserie ; la terre et les cœurs s'enflamment ; le feu réchauffe les peaux décharnées, les tambours résonnent en un rythme rapide. Les tambours invoquent les anciens dieux qui volent jusqu'à cette terre d'exil, répondant aux voix de leurs enfants perdus, ils les pénètrent, ils leur font l'amour, leur arrachant musique et hurlements qui leur rendent, intacte, la vie perdue.

Au Nigeria et au Dahomey, les tambours demandent la fécondité pour les femmes et pour les terres. Pas ici. Ici, les femmes mettent au monde des esclaves et la terre les détruit. Ici, les dieux agraires cèdent le pas aux dieux guerriers. Les tambours ne demandent pas la fécondité. Ils crient vengeance. Et Ogun le dieu du fer aiguise des poignards et non pas des houes.

(27)

Retable de Bahia

Ceux qui commandent, à Bahia, disent que *le nègre ne va pas au ciel, même s'il est très pieux, parce qu'il a des cheveux durs qui piquent Notre Seigneur.* Ils disent qu'il ne dort pas, il ronfle ; qu'il ne mange pas, il avale ; qu'il ne parle pas, il grogne ; qu'il ne meurt pas, il disparaît. Ils disent que Dieu a fait le Blanc et qu'il a peint le mulâtre. Quant au nègre, ils disent que c'est le diable qui l'a chié.

Toute fête de nègres est suspecte d'être un hommage à Satan, cet horrible nègre avec une queue, des sabots et un trident. Mais ceux qui commandent savent bien que si les esclaves s'amusent de temps à autre, ils travaillent davantage, vivent plus longtemps et ont plus d'enfants. De même que la *capoeira*, lutte corps à corps rituelle et mortelle, fait semblant d'être un jeu superbe, le *candomblé* lui aussi se fait passer pour une simple danse bruyante. Il ne manque ni vierges ni saints pour prêter des déguisements. Personne ne peut interdire Ogun quand il se transforme en saint Georges, le blond cavalier. Les dieux noirs, espiègles, réussissent à se cacher jusque dans les plaies du Christ.

Pendant la Semaine Sainte des esclaves, c'est un justicier noir qui fait sauter le traître, un Judas blanc, mannequin peint à la chaux ; et quand les esclaves sortent la Vierge pour la procession, le nègre saint Benoît est le centre de tous les hommages. L'Église ne connaît pas ce saint-là. Selon les esclaves, saint Benoît fut esclave, comme eux, cuisinier dans un couvent, et les anges venaient tourner les sauces pendant qu'il faisait ses prières.

Saint Antoine est le préféré des maîtres. il arbore des galons militaires et touche une solde. Il est spécialisé dans la surveillance des nègres et quand un esclave s'échappe, le maître le jette aux ordures. Saint Antoine reste là, la tête en bas, en pénitence, jusqu'à ce qu'on rattrape le fugitif.

(27 et 65)

Ton autre visage ton autre mémoire

A l'horloge solaire du couvent de Saint-François, une lugubre inscription rappelle aux passants combien la vie est éphémère : *chaque heure qui passe te blesse et la dernière te tuera.*

Ces mots sont écrits en latin. Les esclaves noirs de Bahia ne comprennent pas le latin, ils ne savent même pas lire. Ils ont apporté d'Afrique des dieux joyeux et batailleurs ; ils vivent avec eux, ils vont vers eux. Qui meurt, entre. Les tambours résonnent pour que le mort ne se perde pas et parvienne au pays d'Oxala. Là, dans la maison du créateur de créateurs l'attend son autre visage, son visage immortel. Nous avons tous deux visages et deux mémoires. Un visage d'argile qui deviendra poussière et un autre à jamais invulnérable aux morsures du temps et de la passion. Une mémoire que la mort tue, boussole qui s'arrête avec le voyage et une autre mémoire, la mémoire collective qui vivra aussi longtemps que durera l'aventure humaine dans le monde.

Quand l'air de l'univers s'agita et respira pour la première fois et que naquit le dieu des dieux, le ciel et la terre n'étaient pas séparés. Maintenant on dirait qu'ils ont divorcé ; mais le ciel et la terre s'unissent à nouveau chaque fois que quelqu'un meurt, chaque fois que quelqu'un naît et chaque fois que quelqu'un reçoit les dieux dans son corps palpitant.

(361)

1763

Rio de Janeiro

Ici

Il y a un quart de siècle, Luis da Cunha proposa au roi du Portugal de se transporter de Lisbonne à Rio de Janeiro avec toute sa cour et de se proclamer, dans cette ville, empereur d'Occident. Il fallait absolument que la capitale de l'empire fût ici, au centre de l'abondance, parce que le Portugal ne pourrait pas vivre sans les richesses du Brésil, alors que le Brésil, lui, annonçait Luis da Cunha, pourrait facilement se passer du Portugal.

Pour l'instant, le trône est toujours à Lisbonne. Mais le centre de la colonie se déplace du nord vers le sud. Bahia, le port sucrier, cède le pas à Rio de Janeiro, le port de l'or et des diamants. Le Brésil s'étend vers le sud et vers l'ouest, jusqu'à toucher les frontières espagnoles.

La nouvelle capitale est située dans l'endroit le plus beau du monde. Là, les collines ont l'air d'un couple d'amoureux ; il flotte dans l'air des parfums qui font rire et la brise chaude excite les oiseaux. Les choses et les gens ne sont que musique, et la mer resplendit si fort devant les yeux que s'y noyer serait un plaisir.

(48)

1763
Tijuco

Le monde à l'intérieur d'un diamant

Entre les hauts rochers rouges qui ont plutôt l'air de dragons, ondoie la terre rouge que la main de l'homme a blessée : la région des diamants exhale une poussière de feu qui rougit les murs de la ville de Tijuco. Au bord, court une rivière et dans le lointain se dressent les montagnes couleur de mer ou de cendre. Du lit et des méandres de la rivière on tire des diamants qui traversent les montagnes, naviguent de Rio de Janeiro à Lisbonne et de Lisbonne à Londres où ils sont taillés et où leur prix est plusieurs fois multiplié pour, ensuite, faire briller de leur éclat le monde entier.

Beaucoup de diamants sortent en contrebande. Les mineurs clandestins qui ont été surpris gisent, chair à vautours, sans sépulture, même si le corps du délit n'était pas plus gros qu'un œil de puce ; et l'esclave soupçonné d'avoir avalé ce qui est défendu est soumis à une violente purge de piment fort.

Tout diamant appartient au roi du Portugal et à João Fernandes de Oliveira qui règne ici officiellement au nom du roi. A son côté, Chica da Silva est aussi « Chica qui gouverne ». C'est une mulâtre, mais elle porte des vêtements européens interdits aux peaux sombres et elle parade en allant à la messe en litière, entourée d'un cortège de négresses parées comme des princesses ; à l'église, elle occupe la place principale. Il n'est pas un noble qui ne ploie le buste vers sa main couverte de bagues d'or ; il n'en est pas un qui ne réponde à ses invitations dans sa demeure de la sierra. Là, Chica da Silva donne des banquets et des représentations théâtrales. Elle a donné la première de *Los encantos de Medea* et d'autres pièces à la mode. Ensuite, elle invite ses hôtes à une promenade sur le lac qu'Oliveira a fait creuser pour elle parce qu'elle voulait la mer et qu'il n'y en avait pas. On arrive au port par un embarcadère doré et on se promène dans un grand bateau manœuvré par dix marins.

Chica da Silva porte une perruque blonde bouclée. Les boucles lui recouvrent le front et cachent la marque au fer qu'on lui a faite lorsqu'elle était esclave.

(307)

1763

La Havane

Le progrès

Il y a un an que les Anglais ont pénétré à coups de canon sur la plage de Cojimar.

Tandis que La Havane signait la reddition, après un long siège, les navires négriers attendaient hors du port. Dès qu'ils apparurent dans la baie, les acheteurs leur arrachèrent la marchandise. C'est habituel, les marchands arrivent toujours derrière les guerriers. Un trafiquant, John Kennion, a vendu à lui seul mille six cents esclaves pendant l'occupation anglaise. Lui et ses collègues ont multiplié par deux la force de travail dans les plantations si arriérées qu'on y cultivait encore toutes sortes de produits alimentaires et qu'on y utilisait une seule machine, le moulin qui tourne et broie au rythme des bœufs.

La domination britannique sur Cuba a duré dix mois à peine, mais les Espagnols ont du mal à reconnaître la colonie qu'ils récupèrent. Le coup de fouet des Anglais a réveillé Cuba de sa longue sieste agreste. Cette île se transformera, dans les temps à venir, en une immense fabrique de sucre, broyeuse d'esclaves et dévastatrice de tout le reste. Les plantations de tabac, les champs de maïs, les potagers seront détruits. Les bois seront dévastés et les rivières asséchées. Au bout de sept ans, chaque esclave sera usé au point de ne pas survivre.

(222)

Les esclaves croient

Le sang et la sève sont mus par les dieux. Dans chaque brin d'herbe de Cuba, un dieu respire et c'est pour cela qu'il est bien en vie, comme les gens, comme la forêt. La forêt, temple des dieux d'Afrique, demeure des ancêtres africains, est sacrée et elle a ses secrets. Si quelqu'un ne la salue pas, elle se fâche et refuse la santé et la chance. Il faut lui faire des cadeaux et la saluer pour recevoir les feuilles qui soignent les plaies et qui barrent la route au malheur. Il faut saluer la forêt avec les paroles rituelles ou avec les mots qui viennent à la bouche. Chacun parle aux dieux selon son sentiment et ses moyens.

Aucun dieu n'est tout bon ou tout mauvais. Il peut aussi bien sauver la vie que tuer. La brise rafraîchit, l'ouragan détruit ; tous deux pourtant sont des vents.

(56)

Le fromager

— *Bonsoir, fromager, ma mère. Ta bénédiction !*

L'imposant fromager est un arbre mystérieux. Les dieux et les ancêtres le préfèrent à tout autre. Le déluge l'a épargné. Il ne craint ni la foudre ni l'ouragan.

On ne peut pas lui tourner le dos ni fouler son ombre sans lui en demander la permission. Celui qui plante sa hache dans son tronc ressent un choc dans son propre corps. On dit que parfois il accepte de mourir brûlé, car le feu est son fils préféré.

Lorsqu'on lui demande refuge, il s'ouvre et, pour défendre le fugitif, il se couvre d'épines.

(56)

Le palmier royal

Shango, le dieu noir qui prend le nom de Barbara quand il se déguise en femme chrétienne, vit dans le palmier royal. Les feuilles du panache sont ses bras ; de là-haut il dirige toute l'artillerie du ciel. Shango mange du feu, s'habille d'éclairs, parle tonnerre et frappe la terre de ses foudres. Il réduit en cendres ses ennemis.

Guerrier et noceur, querelleur et coureur, il n'est jamais las des bagarres et des amours. Les dieux le détestent ; les déesses en sont folles. Il a enlevé la femme de son frère Ogun, Oya, qui prétend être la Vierge de la Chandeleur. Elle combat aux côtés de Shango avec deux épées. A une autre de ses femmes, Oshun, il fait l'amour dans les rivières et ils dégustent ensemble des mets de sucre et de cannelle.

(28 et 56)

1766

Dans les prés d'Areco

Les chevaux marrons

C'est dans une église comble que les vingt enfants indiens du chœur de la mission des jésuites de Saint-Xavier ont chanté à Buenos Aires. Ils ont également chanté à la cathédrale et dans plusieurs autres églises ; et le public a su rendre grâce à ces voix célestes. L'orchestre guarani de violons et de trompes marines a, lui aussi, fait merveille.

Les musiciens prennent le chemin du retour sous la conduite du frère Hermann Paucke. Deux semaines de voyage les séparent de leur maison du littoral. Dans les haltes de la route, Paucke consigne et dessine ce qu'il voit : plantes, oiseaux, coutumes.

Dans les prés d'Areco, Paucke et ses musiciens guarani ont assisté au sacrifice des chevaux marrons. Les peones font entrer les chevaux sauvages dans les enclos avec les chevaux domestiques. Là, ils leur passent un lasso et les sortent dans un pré ouvert. Alors, ils les renversent, puis, ils leur ouvrent le ventre d'une grande balafre. Les chevaux marrons continuent à courir, piétinant leurs entrailles jusqu'au moment où ils roulent sur l'herbe. Le lendemain, on ne retrouve plus que leurs os, blanchis par les chiens.

Dans la pampa, les chevaux sauvages vont par bandes. On dirait des bancs de poissons flottant au-dessus des prés. Leurs habitudes de liberté contaminent les chevaux domestiques.

(55)

1767
Missions

Histoire des sept villages

Le roi d'Espagne avait offert à son beau-père, le roi du Portugal, sept villages. Il les lui avait offerts vides, mais ils étaient habités. Ces villages n'étaient autres que sept missions fondées par les pères jésuites pour les Indiens guarani, à l'est du fleuve Uruguay. Comme beaucoup d'autres missions de la région guarani, ils avaient souvent servi de rempart à la frontière, toujours en butte aux incursions.

Les Guarani ont refusé de s'en aller. Comment ! Allaient-ils changer de pâturage, comme un troupeau de brebis, simplement parce que le maître en avait décidé ainsi ? Les jésuites leur avaient appris à faire des horloges, des charrues, des cloches, des clarinettes et des livres imprimés en langue guarani, leur langue ; mais ils leur avaient aussi appris à faire des canons et à se défendre des chasseurs d'esclaves.

Les soldats portugais et espagnols chassèrent les Indiens, mais ils revinrent dans leurs sept villages en se glissant dans la nuit. Ils furent à nouveau chassés et à nouveau, ils revinrent, mais cette fois, transformés en tornade, lançant des éclairs qui incendiaient les fortins ; et tout le monde comprit que les jésuites étaient de leur côté... *La volonté du roi est la volonté de Dieu,* disaient les supérieurs de l'ordre de Loyola, *volonté impénétrable qui nous met à l'épreuve : quand Abraham, obéissant à la voix divine, leva son épée sur le cou de son fils Isaac, Dieu sut envoyer un ange pour parer le coup, au moment voulu.* Mais les pères jésuites refusèrent de sacrifier les Indiens, et les menaces de l'archevêque de Buenos Aires, annonçant l'excommunication des Indiens et des prêtres, n'y firent rien. C'est en vain que les chefs de l'Église firent détruire la poudre, briser les canons et les lances des missions qui avaient si souvent arrêté les irruptions intempestives à la frontière espagnole.

La guerre des sept villages contre les deux couronnes dura longtemps. Mille cinq cents Indiens furent tués à la bataille de Caybaté. Les sept missions furent anéanties, mais le roi du Portugal ne put jamais jouir du cadeau que lui avait fait le roi d'Espagne.

Les rois ne pardonnèrent pas cette offense. Trois ans après la bataille de Caybaté, le roi du Portugal expulsa les jésuites de toutes ses possessions. Et maintenant, le roi d'Espagne en fait autant.

(76 et 189)

1767
Missions

L'expulsion des jésuites

Les instructions arrivent de Madrid dans des enveloppes cachetées à la cire. Les vice-rois et les gouverneurs les mettent aussitôt à exécution dans toute l'Amérique. De nuit, par surprise, ils font arrêter les pères jésuites et les font embarquer sans délai vers la lointaine Italie. Plus de deux mille prêtres partent ainsi en exil.

Le roi d'Espagne punit les fils de Loyola parce qu'ils sont devenus à un tel point les fils de l'Amérique qu'ils se sont rendus coupables de désobéissance réitérée et aussi parce qu'on les soupçonne d'être les auteurs du projet d'un royaume indien indépendant.

Personne ne les regrette autant que les Guarani. Les nombreuses missions des jésuites de la région guarani annonçaient la terre promise sans mal et sans mort et les Indiens donnaient aux prêtres le nom de *Karai*, nom qu'ils réservaient à leurs prophètes.

Des ruines de la mission de Saint-Louis de Gonzague, les Indiens envoient une lettre au gouverneur de Buenos Aires. *Nous ne sommes pas des esclaves,* y disent-ils. *Nous n'aimons pas vos habitudes de chacun pour soi au lieu de l'entr'aide mutuelle.*

Mais bientôt, c'est la débandade. Les propriétés communes disparaissent ainsi que le système communautaire de production et de vie. Les meilleures maisons des missions sont vendues au plus offrant. Les églises, les fabriques et les écoles tombent. Les mauvaises herbes envahissent les pâturages et les champs de blé. Les feuilles des livres servent d'étuis pour la poudre. Les Indiens s'enfuient dans la montagne ou deviennent des vagabonds, des prostituées ou des ivrognes. Naître Indien équivaut à une insulte ou à un délit.

(189)

1767
Missions

Ils ne se laissent pas arracher la langue

C'est dans les imprimeries des missions du Paraguay qu'ont été édités quelques-uns des meilleurs livres publiés en Amérique coloniale. Il s'agit de livres religieux imprimés en langue guarani avec des caractères et des illustrations gravés dans le bois par les Indiens.

Dans les missions, on parlait le guarani, on lisait en guarani. Depuis l'expulsion des jésuites, on impose aux Indiens la langue espagnole comme langue obligatoire, à l'exclusion de toute autre.

Personne ne se résigne à rester muet et à perdre la mémoire. Personne ne tient compte de ces ordres.

(117)

1769
Londres

Le premier roman écrit en Amérique

Il y a dix ans, les cloches de Londres s'usaient à carillonner les victoires de l'empire britannique dans le monde. La ville de Québec était tombée, après un intense bombardement, et la France avait perdu ses possessions au Canada. Le jeune général James Wolfe qui commandait l'armée anglaise avait annoncé qu'il écraserait *le fléau canadien*, mais il est mort sans voir cela. Les mauvaises langues racontent que Wolfe se mettait tous les matins sous la toise et qu'il se trouvait plus grand tous les jours, jusqu'à ce qu'une balle vînt arrêter sa croissance.

Aujourd'hui, Frances Brooke publie à Londres un roman, *l'Histoire d'Emily Montague*, qui montre les officiers de Wolfe partant à la conquête des cœurs dans la ville conquise à coups de canons. L'auteur, une Anglaise grassouillette et sympathique, vit et écrit au Canada. En deux cent vingt-huit lettres, elle raconte ses impressions et son expérience dans la nouvelle colonie britannique, tout cela entremêlé des aventures amoureuses de jeunes gens en uniforme et de jeunes soupirantes de la haute société de Québec. Les passions comme il faut conduisent au mariage, avec, auparavant, passage chez la couturière, dans les salles de bal et pique-niques dans les îles. Les grandes cataractes et les lacs sublimes fournissent une toile de fond adéquate.

(50, 52 et 176)

Les Indiens et les rêves dans le roman de Frances Brooke

Les Indiens ont conservé la plupart de leurs anciennes superstitions. Je soulignerai particulièrement leur confiance dans les rêves, folie dont ils ne peuvent se guérir malgré des déceptions renouvelées... Un sauvage nous a raconté un rêve prophétique qui, d'après lui, annonçait la mort d'un officier anglais, et je n'ai pu réprimer un sourire : — « Vous autres, Européens », me dit-il, « vous êtes les gens les moins raisonnables du monde. Vous vous moquez de notre croyance dans les rêves et pourtant vous espérez nous faire croire des choses mille fois plus incroyables. »

(50)

1769
Lima

Le vice-roi Amat

A l'heure où, dans les foyers, tout le monde s'agenouille pour réciter le rosaire, le sanctus, la neuvaine et la prière pour les morts, on entend résonner le trot des chevaux du carrosse du vice-roi en route vers le théâtre. Une rumeur de scandale lui fait écho derrière les jalousies entrouvertes. Les prières s'arrêtent net et les potins se déchaînent. Le sévère vice-roi de Lima, renfrogné, acariâtre, malgracieux, a perdu la tête pour une comédienne des faubourgs. Soir après soir, don Manuel de Amat y Junyent va assister à tous les vaudevilles, zarzuelas, saynètes, autos sacramentales et comédies où l'on peut voir Micaela Villegas balancer les hanches ou taper du talon sur les planches. Il ne s'intéresse même pas au sujet du spectacle. Lorsque Micaela, cannelle, fine cannelle, cannelle en branche, commence à chanter en faisant des mines, la perruque du vice-roi se met à sauter en l'air et il applaudit à tout rompre et tape furieusement le sol de sa canne. Elle lui répond en faisant des clins d'œil et en souriant sous son indispensable grain de beauté, offrant ses seins dans une révérence pleine de paillettes.

Le vice-roi n'avait pas, jusqu'alors, beaucoup fréquenté les soirées mondaines, il avait surtout été un familier des casernes. Vieux garçon à la mine austère avec cinq cicatrices gagnées dans les guerres du nord de l'Afrique, il était venu à Lima pour débarrasser les routes des voleurs de bestiaux et pour expulser du pays les fainéants sans travail ni ressources. Sous ce ciel de plomb, un toit plutôt qu'un ciel, il avait eu des envies de suicide dont il s'était libéré en faisant pendre des gens.

Huit ans après son arrivée, le vice-roi a appris à voler, à manger du piment, du cochon d'Inde à la sauce piquante et à détailler les décolletés à la jumelle. Le bateau qui l'a amené de Valparaiso avait pour figure de proue une femme nue.

(26 et 245)

1769
Lima

La Périchole

Comme toutes les Liméniennes, Micaela Villegas montre son décolleté et cache ses pieds que protègent de minuscules souliers de satin blanc. Comme toutes, elle est couverte de rubis et de saphir jusqu'au ventre, même si, et c'est le cas, ils sont en toc.

Fille de métis provinciaux et pauvres, Micaela entrait dans les magasins de cette ville pour le simple plaisir de regarder et de palper les soies de Lyon et les draps des Flandres, et elle se mordait les lèvres quand elle découvrait au cou du petit chat d'une duègne de haute lignée un collier d'or et de diamants.

Micaela réussit à se faire une place dans la troupe de théâtre où elle obtint de jouer, pour la durée de chaque représentation, un rôle de reine, de nymphe, de maja ou de déesse. Maintenant, elle est, en outre, première courtisane toute la journée et toute la nuit. Elle est entourée d'une foule d'esclaves noirs, ses bijoux, cette fois, sont de vrais joyaux et les comtes lui baisent la main.

Les dames de Lima se vengent en l'appelant Périchole. C'est ainsi que l'a baptisée le vice-roi dont la bouche édentée prononça mal *perra chola* (chienne d'Indienne). On raconte qu'il lui lança cette injure pour conjurer le sort pendant qu'en montant une petite échelle il la portait jusqu'à son lit, car elle réveillait en lui de dangereuses paniques, des ardeurs, des mouillures et des sécheresses qui l'ont remis aux moments d'autrefois.

(93, 245 et 304).

L'horloge des saveurs

A sept heures, passe la laitière et avec elle, naissent les bruissements de la ville. Elle est suivie de près par une odeur de sainteté quand arrive la marchande de tisanes.

A huit heures, passe le vendeur de lait caillé.

A neuf heures, une autre voix propose des bonbons à la cannelle.

A dix heures, c'est le marchand de *tamales* qui cherche des bouches à réjouir.

Onze heures est l'heure du melon, des bonbons à la noix de coco et du maïs grillé.

A midi, bananes, grenadilles, ananas, vertes *chirrimoyas* veloutées, à la chair crémeuse, avocats à la pulpe onctueuse défilent dans les rues.

A une heure, arrivent, toutes chaudes, les pâtisseries au miel.

A deux heures, la vendeuse de fritures annonce *picarones* et beignets qui font monter l'eau à la bouche ; devant elle s'avancent les *humitas* dorées, saupoudrées de cannelle, si savoureuses qu'aucun palais n'en peut oublier le goût.

A trois heures apparaît le marchand d'*anticuchos*, cœurs en morceaux, suivi des crieurs de miel et de sucre.

A quatre heures, la *picantera* propose épices et plats pimentés à vous emporter la bouche.

Le *cebiche*, poisson macéré dans du citron vert, marque cinq heures.

Six heures, les noix.

Sept heures, les *mazamorras*, maintenues à bonne température, à la fraîcheur de la nuit, sur le toit.

A huit heures, les glaces, bouffées de fraîcheur, aux parfums nombreux et aux couleurs variées, ouvrent toutes grandes les portes de la nuit.

(93 et 245)

1771

Madrid

Sommet de rois

De grandes caisses arrivent au palais royal, des déserts torrides du Pérou. Le monarque espagnol lit le rapport du fonctionnaire qui les envoie : il s'agit de la sépulture complète d'un roi mochica, d'une époque antérieure à celles des Incas. Les descendants des Mochicas et des Chimus vivent aujourd'hui dans un dénuement effroyable et leur nombre diminue de jour en jour. Leurs vallées sont entre les mains d'une poignée de mauvais Espagnols.

On ouvre les caisses. Un roi d'il y a 1700 ans apparaît aux pieds de Charles III. Ses dents, ses ongles et ses cheveux sont intacts et sa peau parcheminée colle aux os. Son vêtement somptueux resplendit d'or et de plumes. Son sceptre, un dieu du maïs à guirlandes d'argent, accompagne ce visiteur d'une époque lointaine. Les poteries qui avaient été enterrées avec lui ont, elles aussi, fait le voyage jusqu'à Madrid.

Le roi d'Espagne contemple, stupéfait, les céramiques qui entourent son « collègue » défunt. Le roi mochica gît, entouré de plaisir. Les poteries représentent des couples d'amants enlacés qui se prennent de mille manières, ignorant le péché originel et qui jouissent, sans savoir que c'est à cause de cet acte de désobéissance que nous avons été condamnés à vivre sur la terre.

(355)

1771
Paris

Le siècle des Lumières

Les vénérables cathédrales et les palais d'Europe sont en train de se lézarder. La bourgeoisie investit la place, armée de machines à vapeur, de volumes de l'*Encyclopédie* et autres armes irrépressibles de la révolution industrielle.

De Paris, jaillissent des idées provocatrices qui passent au-dessus de la *populace ignorante* et laissent leur empreinte à ce siècle. C'est le temps de *la fureur d'apprendre* et de la *fièvre de l'intelligence* : le siècle des Lumières soulève la raison humaine, la raison d'une minorité pensante contre les dogmes de l'Église et les privilèges de la noblesse. La condamnation, la persécution et l'exil ne font que stimuler les savants, fils des philosophes anglais et de Descartes qui fut le premier à douter de tout.

Aucun sujet n'est étranger aux philosophes de l'*Illustration*, depuis la loi de la gravitation jusqu'au célibat des prêtres. L'institution de l'esclavage fait l'objet de leurs attaques continuelles. L'esclavage est contraire à la nature, soutient Diderot, directeur de *l'Encyclopédie ou Dictionnaire raisonné des arts, des sciences et des métiers.* Un homme ne peut pas être la propriété d'un autre homme pour la même raison qu'un enfant ne peut pas être la propriété de son père ni une femme celle de son mari, ni une servante celle de son patron, ni un sujet celle de son roi. Qui pense le contraire confond choses et gens. Helvétius dit qu'il n'arrive pas, en Europe, un boisseau de sucre qui ne soit taché de sang. Candide, le personnage du roman de Voltaire, a rencontré au Surinam un esclave à qui il manquait une main, car elle avait été broyée par le moulin de canne à sucre. Il lui manquait aussi une jambe, qui lui avait été coupée parce qu'il s'était enfui. *C'est à ce prix que vous mangez du sucre en Europe. Si nous supposions que ces gens-là soient des hommes,* déclare Montesquieu, *on commencerait à croire que nous ne sommes pas nous-mêmes chrétiens.* Toute religion qui glorifie l'esclavage, affirme l'abbé Raynal, mérite d'être interdite. Quant à Rousseau, l'esclavage lui fait honte d'être un homme.

(95 et 98)

1771
Paris

Les physiocrates

Plus qu'un crime, l'esclavage est une erreur économique, disent les physiocrates.

Dans la dernière livraison des *Éphémérides du citoyen,* Pierre Dupont de Nemours explique que l'esclavage perpétue les méthodes de culture archaïques et freine le développement des colonies françaises des Antilles et de Terre ferme d'Amérique. Malgré le remplacement constant de la main-d'œuvre hors d'usage, l'esclavage implique une perte et une détérioration du capital investi. Dupont de Nemours propose que soient retenues, comme éléments de calcul, les pertes provoquées par la mortalité précoce des esclaves, par les incendies qu'allument les nègres marrons et les dépenses occasionnées par la guerre incessante qu'il faut leur livrer, par la mauvaise préparation des récoltes et la détérioration des instruments de travail du fait de l'ignorance ou de la mauvaise volonté, dit-il. La mauvaise volonté et la paresse sont des armes que l'esclave emploie pour récupérer une partie de sa personne dérobée par le maître et l'inaptitude est le résultat du manque de motivation stimulante pour le développement de l'intelligence. C'est l'esclavage et non la nature qui fait l'esclave. Seule une main libre peut être efficacement productive, selon les philosophes économistes de l'école physiocratique. Ils pensent que la propriété est sacrée, mais que la production de valeur ne peut être pleinement réalisée que dans la liberté.

(98)

1771
Paris

Le ministre français des Colonies explique pourquoi il ne faut pas sortir les mulâtres de l'état d'humiliation attaché à leur espèce

Sa Majesté a pensé qu'une pareille grâce tendrait à détruire la différence que la nature a mise entre les Blancs et les Noirs, et que le préjugé politique a eu soin d'entretenir comme une distance à laquelle les gens de couleur et leurs descendants ne devraient jamais atteindre ; enfin, qu'il importait au bon ordre de ne pas affaiblir l'état d'humiliation attaché à l'espèce, dans quelque degré qu'elle se trouve ; préjugé d'autant plus utile qu'il est dans le cœur même des esclaves et qu'il contribue principalement au repos même des colonies.

(139)

1772
Cap Français

La plus riche colonie de la France

Les moines ont refusé de dire l'Office des morts pour la diva de la Comédie du Cap, Mlle Morange, dont on pleure la perte irréparable dans six théâtres et dans plus de six alcôves d'Haïti. Aucun comédien ne mérite de repons, car le théâtre est une occupation infâme condamnée de toute éternité. Mais un des acteurs de la troupe, une cloche à la main et un crucifix au cou, vêtu d'une soutane noire et arborant une magnifique tonsure, marche en tête du cortège de la talentueuse défunte en chantant des psaumes en latin.

Avant qu'ils n'arrivent au cimetière, la police est déjà aux trousses du baryton et de ses complices qui se dispersent le temps de dire ouf ! La foule les prend sous sa protection et les cache. Qui ne se sentirait de la sympathie pour ces comédiens qui font passer un savant petit vent de folie sur les intolérables somnolences d'Haïti.

Sur les scènes de cette colonie, la plus riche de la France, on applaudit des œuvres dont la première vient d'être donnée à Paris et les théâtres sont comme ceux de là-bas, ou du moins voudraient avoir l'air de l'être. Ici, le public est placé selon la couleur de sa peau : au centre, l'ivoire ; à droite, le cuivre, quant à l'ébène, les rares nègres libres, leur place est à gauche.

Les gens huppés assistent au spectacle derrière une houle d'éventails. N'empêche que la chaleur déclenche des inondations sous les perruques poudrées. Chaque dame blanche a l'air d'une devanture de bijouterie : ors, perles et diamants font un cadre de grand éclat aux poitrines humides qui pointent de la soie, exigeant obéissance et désirs.

Les colons les plus puissants d'Haïti vivent en se protégeant du soleil et des cornes. Ils ne sortent pas de leur maison avant le crépuscule, à l'heure où le soleil est moins agressif. C'est alors seulement qu'ils osent apparaître à la fenêtre de leur carrosse richement attelé ou de leur chaise à porteurs ; les dames sont célèbres, ici, pour leurs nombreuses amours et leurs nombreux veuvages.

(115 et 136)

1772
Leogane

Zabeth

Dès qu'elle a su marcher, elle s'est enfuie. On lui a attaché aux chevilles de très lourdes chaînes et c'est enchaînée qu'elle a grandi ; mais elle a sauté mille fois la barrière et les chiens l'ont mille fois rattrapée dans les montagnes d'Haïti.

On lui a marqué au fer rouge une fleur de lys sur la joue, on lui a mis un carcan et des anneaux de fer et on l'a enfermée dans le moulin de canne à sucre. Elle a enfoncé ses doigts entre les rouleaux broyeurs de canne et ensuite, elle a arraché ses bandages à coups de dents. Pour qu'elle meure aux fers, on l'a de nouveau attachée et maintenant, elle agonise en chantant des malédictions.

Zabeth, cette femme de fer, appartient à Mme Galbaud du Fort qui habite Nantes.

(90)

1773
San Mateo Huitzilopochco

La force des choses

L'église de ce village tombe en ruine. Le curé, arrivé récemment d'Espagne, décide que Dieu ne peut pas continuer à vivre dans une maison aussi lugubre et délabrée et il se met au travail. Pour élever des murs solides, il ordonne aux Indiens d'apporter des pierres de quelques-unes des ruines datant de l'idolâtrie.

Mais aucune menace ne peut les faire obéir. Les Indiens refusent d'enlever les pierres de l'endroit où les aïeux des aïeux adoraient les dieux. Ces pierres ne promettent rien mais elles préservent de l'oubli.

(135 et 322)

1774
San Andrés de Itzapan

Dominus vobiscum

Les Indiens sont obligés de cracher chaque fois qu'ils prononcent le nom d'un de leurs dieux.

On les oblige à danser les danses nouvelles : la danse de la Conquête, la danse des Maures et des Chrétiens, qui célèbrent l'invasion de l'Amérique et l'humiliation des infidèles.

On les oblige à se couvrir le corps, parce que la lutte contre l'idolâtrie passe par une lutte contre la nudité, la dangereuse nudité qui provoque chez qui la regarde, dit l'archevêque de Guatemala, *d'importantes lésions du cerveau.*

On les oblige à répéter par cœur le *credo,* le *pater* et l'*ave Maria.*

Les Indiens du Guatemala sont-ils donc devenus chrétiens ? Le père catéchiste de San Andrés de Itzapan n'en est pas très sûr. Il dit qu'il a expliqué le mystère de la très sainte Trinité en pliant un seul morceau de tissu et en le montrant aux Indiens : *Regardez, voici un seul morceau de tissu en trois pliures, Dieu, lui aussi, est de même un en trois.* Et il dit que les Indiens sont maintenant persuadés que Dieu est un bout de chiffon.

Les Indiens promènent la Vierge sur des brancards emplumés, ils l'appellent Aïeule de la lune et lui demandent tous les soirs que demain elle ramène le soleil ; ils ont une plus grande dévotion pour le serpent qu'elle écrase sous ses pieds que pour elle. Ils offrent de l'encens au serpent, l'ancien dieu, qui donne du bon maïs, du bon gibier et aide à tuer les ennemis. Plus que saint Georges, c'est le dragon qu'ils honorent en le couvrant de fleurs, et les bouquets déposés aux pieds de saint Jacques rendent hommage au cheval et non pas à l'apôtre. Ils se reconnaissent en Jésus qui, comme eux, fut condamné sans preuves, mais ce n'est pas en tant que symbole de son immolation qu'ils adorent la croix mais parce qu'elle a la forme de la rencontre féconde entre la pluie et la terre.

(322)

1775
Ville de Guatemala

Sacrements

Les Indiens ne font pas leurs Pâques si la date ne coïncide pas avec des jours de pluie, de récoltes ou de semailles. l'archevêque de Guatemala, Pedro Cortés Larraz, promulgue un nouveau décret menaçant de la damnation les âmes de ceux qui les oublient ainsi.

Les Indiens ne vont pas non plus à la messe. Ils ne répondent ni aux annonces criées, ni aux cloches, il faut aller les chercher à cheval dans les villages et dans les champs de maïs et les y traîner de force. On punit cette faute de huit coups de fouet, mais la messe est une offense aux dieux mayas et cela est plus fort que la peur des étrivières. Cinquante fois par an, la messe interrompt le travail des champs, cérémonie quotidienne de communion avec la terre. Accompagner pas à pas les cycles de la mort et de la résurrection du maïs est pour les Indiens une façon de prier et la terre, temple immense, leur donne jour après jour le témoignage du miracle de la vie qui renaît. Pour eux, toute terre est une église et chaque bois un sanctuaire.

Pour échapper à la peine du pilori sur la place, certains d'entre eux vont à confesse où ils apprennent à pécher et s'agenouillent devant l'autel où ils communient en mangeant le dieu du maïs. Mais ils n'amènent leurs enfants aux fonts baptismaux qu'après les avoir offerts, au fond de la montagne, à leurs anciens dieux. Devant eux, ils célèbrent de joyeuses fêtes de résurrection. Car chaque naissance est une renaissance.

(322)

1775
Huehuetenango

Des arbres qui savent, qui saignent et qui parlent

Le moine pénètre à Huehuetenango à travers des nuages d'encens. Il pense que les fidèles rendent, de la sorte, hommage au vrai Dieu. Mais les mères recouvrent les nouveau-nés de leurs châles, pour que le curé ne leur jette pas le mauvais œil. L'encens n'est pas brûlé par gratitude ou en bienvenue, c'est un exorcisme. La résine de copal brûle et la fumée flotte, suppliant les anciens dieux mayas de faire cesser les fléaux qu'ont amenés les chrétiens.

Le copal qui saigne de l'encens est un arbre sacré. Le fromager qui, la nuit, devient une femme, est lui aussi sacré, comme le sont le cèdre et tous les arbres qui savent écouter les prières des humains.

(322)

1775
Gado-Saby

Bonny

Une avalanche de balles ouvre la voie aux huit cents soldats venus de Hollande. Le hameau marron de Gado-Saby crépite et tombe. Derrière des rideaux de feu et de fumée, des traces de sang se perdent à l'orée de la forêt. Le colonel suisse Fourgeaud, vétéran des guerres d'Europe, décide de camper sur les ruines. A la nuit tombée, des voix mystérieuses résonnent, venues de l'épaisse forêt, et des coups de feu sifflent dans l'air, obligeant les soldats à se jeter à terre.

La troupe passe la nuit au milieu des tirs, des insultes et des chants de défi et de victoire. Les nègres marrons, invisibles, rient à gorge déployée, quand le colonel Fourgeaud, plaqué au sol, promet la liberté et de la nourriture contre la reddition.

— *Mort de faim!* lui crient mille voix, de la frondaison. *Épouvantail!*

Les voix traitent d'*esclaves blancs* les soldats hollandais et annoncent que bientôt le chef Bonny commandera sur toute cette terre du Surinam.

Quand, au lever du jour, l'encerclement cesse, le colonel Fourgeaud s'aperçoit que ses hommes ont été blessés non pas par des balles, mais par des pierres, des boutons et des pièces de monnaie. Il découvre aussi que les nègres marrons ont passé la nuit à charrier vers les profondeurs de la forêt des sacs de riz, de yucca et d'ignames pendant qu'ils immobilisaient les Hollandais par un flot de projectiles et de paroles.

L'auteur de cette manœuvre était Bonny. Bonny, le chef des nègres marrons, ne porte pas sur le corps la marque du fer. Sa mère esclave s'est enfuie de la couche du maître et l'a mis au monde libre, dans la forêt.

(264)

1776
Cape Coast castle

Prodiges des alchimistes dans le commerce négrier

Le capitaine Peleg Clarke marchande depuis longtemps déjà sur la côte africaine.

Le navire pue. Le capitaine donne à ses marins l'ordre de faire monter sur le pont les esclaves déjà achetés pour les laver ; mais, aussitôt leurs chaînes enlevées, les esclaves se jettent à la mer. Ils nagent vers leur pays et sont dévorés par le courant.

La perte de la marchandise entache l'honneur du capitaine Clarke, conducteur chevronné de ce genre de troupeau, et nuit au prestige des négriers de Rhode Island. Les chantiers navals nord-américains se vantent de construire les navires les plus sûrs pour le trafic de Guinée. Leurs prisons flottantes sont si bien faites qu'ils n'ont enregistré qu'une seule rébellion tous les quatre ans et demi, moyenne quatre fois inférieure à celle des Français et deux fois moindre que celle des entreprises spécialisées d'Angleterre.

Les treize colonies qui ne tarderont pas à devenir les États-Unis d'Amérique doivent bien des remerciements à leurs négriers. Le rhum, bonne médecine pour l'âme comme pour le corps, se transforme en esclaves sur la côte africaine. Ensuite, ces nègres se convertissent en mélasse dans les îles antillaises de la Jamaïque et des Barbades. De là, la mélasse voyage vers le nord et elle est transformée en rhum dans les distilleries du Massachusetts. Et le rhum recommence son voyage à travers l'Océan vers les côtes de l'Afrique. Chaque voyage est complété par la vente de tabac, de quincaillerie, de farine et de viande salée et par l'achat d'épices dans les îles. Les nègres en trop vont échouer dans les plantations de Caroline du Sud, de Géorgie ou de Virginie.

Et voilà comment le trafic d'esclaves rapporte aux commerçants, aux bailleurs de fonds et aux propriétaires de chantiers navals, de distilleries, de scieries, de saloirs, de moulins, de plantations et d'entreprises d'assurances.

(77 et 193)

1776
Pennsylvanie

Paine

Il s'intitule *le Sens commun.* Ce pamphlet a été publié au début de l'année et s'est répandu comme une traînée de poudre dans les colonies américaines. L'auteur, Tom Paine, un Anglais arrivé sur ces terres il y a deux ans, exhorte à déclarer une fois pour toutes l'indépendance : *le droit d'avoir notre propre gouvernement est un droit naturel. Pourquoi en douter ? La monarchie,* dit Paine, *est une forme de gouvernement ridicule.* Dans le meilleur des cas, Paine considère le gouvernement comme un mal nécessaire ; dans le pire des cas, comme un mal intolérable. Et la monarchie est précisément le pire des cas. N'importe quel homme honorable *vaut mieux,* dit-il, *que tous les rufians couronnés ayant existé,* et il appelle George III *la brute royale de Grande-Bretagne.*

Dans le monde entier, dit-il encore, la liberté fait l'objet de féroces attaques. En Europe on la considère comme une étrangère, elle a été expulsée d'Asie et d'Afrique depuis bien longtemps déjà, les Anglais lui ont expliqué qu'elle devait s'en aller. Paine exhorte les colons d'Amérique à convertir cette terre en un refuge pour les hommes libres : *Accueillez les fugitifs ! Sachez préparer à temps un asile pour les hommes.*

(243)

1776
Philadelphie

Les États-Unis

L'Angleterre n'a jamais prêté assez d'attention à ses treize colonies de la côte atlantique nord-américaine. Elles n'ont ni or, ni argent, ni sucre ; elles ne lui ont jamais été indispensables et jamais elle ne les a empêchées de croître. Elles se sont développées toutes seules et il en est ainsi depuis le jour lointain où les émigrants ont pour la première fois posé le pied sur ces terres caillouteuses auxquelles ils donnèrent le nom de Nouvelle-Angleterre. La terre, dit-on, y était si dure qu'on était obligé de semer à coups de fusil. Aujourd'hui, en plein développement, les treize colonies ont besoin de s'étendre.

Les treize colonies ont faim d'ouest. Nombreux sont les pionniers qui rêvent de s'en aller au-delà des montagnes en emportant pour tout bagage un fusil, une hache et une poignée de maïs. Mais la couronne britannique a délimité la frontière aux cimes des Appalaches et réservé aux Indiens les terres situées au-delà. Les treize colonies ont faim du monde. Et déjà leurs navires voguent sur toutes les mers ; mais la couronne britannique les oblige à acheter ce qu'elle veut et à vendre où elle veut.

D'une brusque saccade, elles rompent leurs liens. Les treize colonies se refusent à obéir et à payer tribut au roi d'une île aussi lointaine. Elles arborent leur propre drapeau et décident de prendre le nom d'États-Unis d'Amérique. Elles rompent avec le thé et proclament que le rhum, produit national, est une boisson patriotique.

Tous les hommes naissent égaux, dit la déclaration d'Indépendance. Les esclaves, un demi-million d'esclaves, ne s'en aperçoivent pas.

(130 et 224)

1776
Monticello

Jefferson

Le rédacteur de la déclaration d'Indépendance, certificat de naissance des États-Unis, est un homme plein de talents et de curiosités.

Infatigable déchiffreur de thermomètres, de baromètres et de livres, cherchant à arracher à la nature des secrets, animé du désir d'embrasser toutes les dimensions de la pensée humaine, Thomas Jefferson multiplie les investigations, et fait des découvertes. Il est en train de se constituer une fabuleuse bibliothèque et un véritable univers de pierres, de fossiles et de plantes. Il sait tout ce qu'on peut savoir de la philosophie néo-platonicienne, de la grammaire latine, de la structure de la langue grecque et de l'organisation de la société à travers l'histoire. Il connaît à fond sa terre de Virginie : chaque enfant, chaque aïeul de chaque famille, chaque brin d'herbe lui est familier. Il est au courant des dernières nouveautés de la technique dans le monde. Il prend plaisir à essayer de nouvelles machines à vapeur, de nouveaux modèles de charrues et des méthodes originales pour faire du beurre et du fromage. C'est lui qui a conçu le plan de sa maison de Monticello, qui l'a dessinée et construite sans la moindre erreur.

Les puritains comptaient la population par *âmes*, Jefferson la compte par *individus de l'espèce humaine*. A l'intérieur de l'espèce humaine, les nègres sont presque égaux aux autres. Les nègres ont une mémoire acceptable mais n'ont aucune imagination et leur pauvre intelligence ne pourrait jamais arriver à comprendre Euclide. Aristocrate de Virginie, Jefferson prêche la démocratie, une démocratie de propriétaires, et la liberté de pensée et de religion, mais il défend la hiérarchie du sexe et de la couleur. Ses projets d'éducation ne concernent ni les femmes ni les Indiens ni les nègres. Jefferson condamne l'esclavage, mais il est et continuera d'être un propriétaire d'esclaves. Il est plus attiré par les mulâtresses que par les Blanches mais il a une peur panique que la pureté de la race ne se perde et il considère que le mélange des races est la pire des tentations qui guette un colon blanc.

(41 et 161)

1777
Paris

Franklin

L'Américain le plus célèbre arrive en France pour y tenter une démarche désespérée. Benjamin Franklin vient demander de l'aide à la France contre les troupes coloniales anglaises qui ont occupé Philadelphie et d'autres réduits des patriotes. Cet ambassadeur usera de tout le poids de son prestige personnel pour allumer au cœur des Français des désirs de gloire ou réveiller de vieilles rancunes.

Il n'existe pas au monde un roi ou un homme du peuple qui ne connaisse Franklin depuis qu'il a lâché un cerf-volant et découvert que le feu et les grondements du ciel n'étaient pas une manifestation de la colère divine mais de l'électricité de l'atmosphère. Toutes ses découvertes scientifiques ont leur origine dans la vie quotidienne. Les choses les plus compliquées se retrouvent dans les plus simples : l'aurore aux dessins toujours renouvelés, le pétrole qu'on jette sur l'eau et qui réduit la violence des vagues, la mouche noyée dans du vin qui reprend vie au soleil. Ayant remarqué que la sueur garde le corps frais par les jours de chaleur accablante, Franklin a imaginé un système pour produire du froid par évaporation. Il a également inventé et fabriqué des poêles, des horloges et un instrument de musique, l'harmonica en verre, qui a inspiré Mozart. Et, comme cela l'agaçait de changer de lunettes pour lire et voir de loin, il a coupé des verres par moitié, les a rassemblés dans un même cercle et a ainsi créé les lunettes à double foyer.

Mais Franklin s'est surtout rendu très populaire quand il a observé que l'électricité cherche des pointes effilées et qu'il a détourné la foudre en plaçant une barre de fer pointue en haut d'une tour. Parce que Franklin s'est fait le porte-parole des rebelles d'Amérique, le roi d'Angleterre a ordonné que les paratonnerres britanniques soient désormais non pas pointus, mais arrondis.

(79)

S'il était né femme

Des seize frères et sœurs de Franklin, Jane est celle qui lui ressemble le plus quant aux capacités et à la force de caractère.

Mais, à l'âge où Benjamin s'en allait pour faire son chemin, elle a épousé un pauvre sellier qui l'a acceptée sans dot et dix mois plus tard elle mettait au monde son premier enfant. Depuis lors, pendant un quart de siècle, Jane a donné naissance à un enfant tous les deux ans. Quelques-uns sont morts et chaque décès lui a ouvert une blessure au cœur. A ceux qui ont vécu il a fallu donner nourriture, vêtements, instruction et réconfort. Jane a passé des nuits de veille à bercer ceux qui pleuraient, elle a lavé des monceaux de linge, baigné des troupes de gosses, elle a couru du marché à la cuisine, préparé des montagnes de plats, enseigné l'alphabet et les prières, travaillé coude à coude avec son mari à l'atelier et s'est occupée des locataires dont le loyer aidait à faire bouillir la marmite. Jane a été une épouse dévouée et une veuve exemplaire et quand ses enfants sont devenus grands, elle s'est occupée de ses parents malades, de ses filles célibataires et de ses petits-enfants sans abri.

Jamais Jane n'a connu le plaisir de se laisser flotter sur un lac, emportée à la dérive par le fil d'un cerf-volant comme Benjamin le fait encore souvent en dépit de son âge. Jane n'a jamais eu le temps de penser et ne s'est jamais permis de douter. Benjamin est toujours un amoureux fervent mais Jane ignore que le sexe peut procurer autre chose que des enfants.

Benjamin, fondateur d'une nation d'inventeurs, est un grand homme de tous les temps. Jane est une femme de son temps, semblable à presque toutes les femmes de tous les temps, qui a fait son devoir sur cette terre et a expié sa part des fautes de la malédiction biblique. Elle a fait tout ce qu'elle a pu pour ne pas devenir folle et a cherché, en vain, un peu de silence. Son histoire manquera d'intérêt pour les historiens.

(313)

1778
Philadelphie

Washington

Le premier des soldats est aussi le plus prestigieux des fermiers, le plus rapide des cavaliers et le chasseur le plus sûr. Il ne donne la main à personne et ne permet à personne de le regarder dans les yeux. Personne ne l'appelle George. Jamais un éloge ne sort de sa bouche, mais jamais non plus une plainte. Il donne toujours l'exemple de la fermeté et de la bravoure alors que ses ulcères, ses caries et ses fièvres le font beaucoup souffrir.

Avec l'aide d'hommes et d'armes venus de France, l'armée de George Washington arrache aux Britanniques la ville de Philadelphie. La guerre pour l'indépendance des États-Unis, casaques noires contre casaques rouges, se fait longue et pénible.

(244 et 305)

1780
Bologne

Clavijero défend les terres maudites

Un des jésuites expulsés d'Amérique, Francisco Javier Clavijero, écrit, en Italie, son *Histoire ancienne du Mexique.* En quatre volumes, le père raconte la *vie d'un peuple de héros,* acte de prise de conscience, de conscience nationale, de conscience historique des créoles qui commencent à donner le nom de Mexique à la Nouvelle Espagne et prononcent déjà avec orgueil le mot *patrie.* Cette œuvre prend la défense de l'Amérique tellement attaquée ces derniers temps, de Paris, de Berlin ou d'Édimbourg. *L'Amérique n'avait pas de blé, mais l'Europe, elle, elle n'avait pas de maïs... L'Amérique n'avait pas de grenades ni de citrons, maintenant elle en a. L'Europe, elle, n'a jamais eu, n'a toujours pas, de chirrimoyas, d'avocats, de bananes ni de sapotilles... et elle ne peut pas en avoir !...*

Clavijero attaque avec naïveté et passion les encyclopédistes qui décrivent le Nouveau Monde comme un emporium d'abjection. Le comte de Buffon affirme qu'en Amérique le ciel est avare et la terre pourrie par les pluies ; que les lions y sont chauves, petits et peureux et que le tapir n'est qu'un éléphant de poche ; que là-bas les chevaux, les cochons et les chiens deviennent minuscules et que les Indiens, froids comme les serpents, manquent d'âme et d'ardeur envers les femmes. Voltaire parle, lui aussi, des lions dépourvus de crinières et des hommes imberbes, et le baron de Montesquieu raconte que les peuples méchants sont le produit de terres chaudes. L'abbé Guillaume de Raynal s'indigne de ce que les cordillères aillent du nord au sud au lieu d'aller d'est en ouest comme il se doit ; quant à son collègue prussien Corneille de Pauw, il décrit l'Indien d'Amérique comme une bête dégénérée et sans aucune vigueur. Selon de Pauw, le climat de là-bas rend les animaux maladifs et sans queue. Les femmes y sont si laides qu'on les confond avec les hommes ; le sucre n'y a aucun goût et le café aucun arôme.

(73 et 134)

1780
Sangarara

De la cordillère à la mer, l'Amérique est en feu

Deux siècles se sont écoulés depuis que le sabre du bourreau a tranché la tête de Túpac Amaru, le dernier des incas, sur la grand-place de Cuzco. Et maintenant, le mythe qui naquit lors de sa mort est en train de se réaliser. La prophétie s'accomplit. La tête se rattache au corps et Túpac Amaru, ressuscité, attaque.

José Gabriel Condorcanqui, Túpac Amaru II, pénètre dans le village de Sangarara au son des grandes conques marines, *pour détruire le mauvais gouvernement de tous ces fainéants qui nous dérobent le miel de nos ruches.* Derrière son cheval blanc se forme une armée de désespérés. Ces soldats dénudés se battent avec des frondes, des bâtons et des couteaux. La plupart sont des Indiens *qui vomissent leur vie en crachant le sang* dans les galeries des mines de Potosí ou qui s'exténuent dans les manufactures ou les haciendas.

Des grondements de tambours, une marée de drapeaux : cinquante mille hommes couronnent la sierra. Túpac Amaru, libérateur des Indiens et des nègres, vengeur *de ceux qui nous ont condamné à la mort, tant notre état est déplorable,* avance et frappe. Ses messagers galopent, soulevant les villages, de la vallée de Cuzco jusqu'aux côtes d'Arica et aux frontières de Tucumán, *car ceux qui mourront dans cette guerre sont certains de ressusciter.* Beaucoup de métis se joignent au soulèvement. Quelques créoles aussi, Européens d'origine, mais Américains de naissance.

(183 et 344)

1780

Tungasuca

Túpac Amaru II

Antonio Oblitas, esclave du corregidor Arriaga, a hissé une grosse corde de potence, une corde à mules, sur la place de ce village de Tungasuca et pendant toute la semaine, le vent a balancé le corps d'Arriaga, contremaître d'Indiens, propriétaire de nègres, Arriaga, le maître d'Antonio.

Cette main en train de peindre, c'est la main qui a pendu. Antonio Oblitas est en train de faire le portrait de l'homme qui a décrété la liberté pour tous les esclaves du Pérou. A défaut de chevalet, le panneau de bois repose contre quelques sacs de maïs. Les pinceaux d'Antonio, l'exécuteur de son maître, d'Antonio qui ne sera jamais plus esclave, vont et viennent sur la planche rugueuse, faisant naître la couleur. Túpac Amaru pose à cheval, à l'air libre. Il ne porte pas son habituelle veste de velours noir ni son chapeau à trois cornes. Le descendant des incas arbore les vêtements des fils du soleil et les attributs de la royauté. Comme ses aïeux il a ceint le casque de plumes et la triple couronne avec son gland ; sur sa poitrine brille le soleil d'or et sa main tient le sceptre hérissé de pointes, signe de commandement. Autour du cavalier immobile apparaissent des scènes de la récente victoire sur les troupes coloniales. De la main d'Antonio surgissent de petits soldats et de grandes fumées, des Indiens en guerre, des flammes dévorant l'église de Sangarara et les prisonniers s'enfuyant de la prison.

Le tableau se fait entre deux batailles, pendant une veillée d'armes. Il y a longtemps que Túpac et son cheval posent. Ils sont figés, comme de pierre, à tel point qu'Antonio se demande s'ils respirent. Le tableau se couvre de vives couleurs, lentement. Le peintre se laisse aller pendant cet instant de trêve. Ainsi, l'artiste et son modèle échappent au temps, afin qu'aucune défaite, aucune mort ne puisse survenir.

(137, 183 et 344)

1780
Pomacanchi

La manufacture est un immense vaisseau

qui navigue sur les terres d'Amérique, une galerie qui ne cesse jamais de naviguer, mue nuit et jour par les Indiens qui rament vers un port qu'ils n'atteindront jamais ; ils rament vers la côte qui s'éloigne et le fouet les réveille quand ils se laissent vaincre par le sommeil.

Hommes, femmes, enfants et vieillards filent et tissent, travaillant la laine et le coton dans les manufactures. Les lois promettent des horaires et des salaires normaux, mais les Indiens jetés dans ces grands baraquements ou prisons n'en sortent que lorsque sonne l'heure de la mort.

Túpac parcourt le sud du Cuzco, libérant les Indiens ancrés aux métiers à tisser. Et le vent de la grande rébellion empêche les vice-rois de dormir à Lima, Buenos Aires et Bogota.

(170 et 320)

Un poème colonial : si les Indiens triomphaient...

... Ils nous feraient travailler
exactement comme ils travaillent ;
et de même qu'on les humilie,
ils nous humilieraient.

Nul, désormais, ne pourrait espérer
maison, hacienda, splendeurs ;
terminés désormais les honneurs
Nous deviendrions moins que rien
Nous serions leurs Indiens
Et eux seraient les maîtres.

(183)

1781

Bogota

Les comuneros

L'archevêque de Bogota tremble de colère et le cuir de son fauteuil gémit. Ses mains, mains de prélat, couvertes de rubis et d'émeraudes, se crispent sur sa soutane violette. Son Éminence don Antonio Caballero y Góngora profère des injures, la bouche pleine, non qu'il soit à table, mais sa langue, aussi grosse que lui, l'emplit.

Des nouvelles bouleversantes sont arrivées de la ville d'El Socorro. Les *comuneros,* gens de la plèbe, se sont soulevés contre les nouveaux impôts et ont nommé capitaines les riches créoles. Riches et pauvres sont écrasés d'impôts qui frappent tout, depuis les bougies de suif jusqu'au miel. Le vent lui-même n'y échappe pas : l'impôt que paient les marchands ambulants s'appelle *impôt sur le vent.*

A El Socorro, ville située sur les rochers, la rébellion, qu'à Bogota le vice-roi sentait venir, a éclaté. Cela s'est passé un jour de marché au beau milieu de la place. Une femme du peuple, Manuela Beltrán, a arraché l'ordonnance des portes du Cabildo, l'a déchirée en petits morceaux et l'a piétinée ; alors, le peuple s'est lancé à l'assaut des magasins et a mis le feu à la prison. A l'heure qu'il est, des milliers de *comuneros* armés de bâtons et de houes, battant tambour, marchent sur Bogota. A la première bataille, les armes espagnoles sont tombées.

L'archevêque, dont l'autorité dépasse celle du vice-roi, décide de se porter à la rencontre des insurgés. Pour les tromper, il viendra avec des promesses à la tête d'une ambassade de la Cour. Sa mule le regarde avec effroi.

(13 et 185)

1781
Támara

Les llanos

Mille cinq cents Indiens criant le nom de Túpac Amaru arrivent au galop des llanos de l'est des Andes. Ils veulent gagner la cordillère et se joindre à la foule des comuneros qui marchent sur Bogota. Le gouverneur des llanos sauve sa peau en prenant la fuite. Ces rebelles sont des Indiens des savanes des affluents de l'Orénoque. Sur les plages de l'Orénoque, là où les tortues viennent déposer leurs œufs, les Indiens avaient l'habitude de tenir des marchés que fréquentaient depuis des temps immémoriaux d'autres Indiens venus de Guyane ou d'Amazonie. Ils échangeaient du sel, de l'or, des marmites en terre cuite, des paniers, des filets, du poisson séché, de l'huile de tortue, du poison pour les flèches et de la teinture rouge pour protéger leurs corps dénudés des piqûres de moustiques. Les coquillages étaient leur monnaie courante jusqu'à ce qu'arrivent les Européens avides d'esclaves qui proposèrent des haches, des ciseaux, des miroirs, de l'eau-de-vie contre des hommes. Alors, les Indiens commencèrent à se réduire les uns les autres en esclavage et à vendre leurs frères. Chaque poursuivant devint alors aussi un fugitif. Nombreux furent ceux qui moururent de la rougeole et de la variole.

(121 et 185)

1781
Zipaquira

Galán

Le traité de paix rédigé par l'archevêque est signé dans le village de Zipaquira. On jure sur les Évangiles et on le consacre par une grand-messe.

L'accord donne raison aux rebelles. Ce papier deviendra bientôt lettre morte, les capitaines comuneros le savent bien. Mais eux aussi, riches créoles, ont besoin de se débarrasser au plus vite de cette prodigieuse tempête, *suprême désordre des gens du peuple*, qui se développe, assombrissant le ciel de Bogota, et finit par devenir une menace aussi bien pour les Américains fortunés que pour la couronne espagnole.

Un des capitaines rebelles, José Antonio Galán, qui a fait ses premières armes dans les bataillons mulâtres de Carthagène, refuse de se laisser prendre au piège et il continue la lutte. Il va de village en village, d'hacienda en hacienda, libère les esclaves, abolit les redevances et partage les terres. Son drapeau proclame : *union des opprimés contre les oppresseurs.* Amis et ennemis le surnomment : *le Túpac Amaru d'ici.*

(13 et 185)

Chant populaire des comuneros

Que les tambours fassent silence.
Écoutez-moi tous, compagnons,
car voici, fidèle, la romance
des comuneros, leur chanson :

La chèvre vers la montagne tire
et la montagne, au ciel aspire.
Je ne sais vers quoi le ciel tire
et nul ne pourra vous le dire.

Le riche, à lui le pauvre tire ;
quant à l'Indien, qui vaut bien moins,

riches et pauvres à eux le tirent
pour en avoir moitié chacun.

(13)

1781
Cuzco

Le centre de la terre
La maison des dieux

Cuzco, la ville sacrée, est en train de vouloir renaître. Les sombres pierres des temps anciens, serrées les unes contre les autres, amoureuses les unes des autres et qui ont résisté aux fureurs de la terre et des hommes, ont envie de rejeter au loin les églises et les palais qui les écrasent.

Micaela Bastidas contemple Cuzco et se mord les lèvres. Du haut de la montagne, la femme de Túpac Amaru contemple le centre de la terre, l'endroit choisi par les dieux. C'est là, tout près, qu'attend celle qui pourrait redevenir la capitale des Incas, couleur d'argile et de fumée, si proche qu'on pourrait presque la toucher.

Mille fois Micaela a insisté, en vain. Le nouvel inca ne se décide pas à attaquer. Túpac Amaru, le fils du soleil, ne veut pas tuer des Indiens. Túpac Amaru, incarnation du créateur de toute vie, promesse vivante de la résurrection, ne peut pas tuer des Indiens. Or, ce sont des Indiens qui, sous le commandement du cacique Pumacahua, défendent ce bastion espagnol. Mille fois Micaela a insisté et insiste encore, et Túpac se tait. Elle sait qu'il y aura une tragédie sur la place des larmes et elle sait que, de toute façon, elle ira jusqu'au bout.

(183 et 344)

1781
Cuzco

De poussière et de chagrin sont les routes du Pérou

Le corps transpercé de balles, les uns assis, les autres étendus, ils se défendaient encore et nous insultaient en nous jetant beaucoup de pierres... Versants des montagnes, champs de cadavres ; parmi les morts et les lances, parmi les drapeaux déchirés, les vainqueurs ramassent par-ci, par-là, une carabine.

Ce n'est pas en vainqueur, à la tête de ses troupes trépidantes que Túpac Amaru pénètre dans la ville sacrée. Il y arrive à dos de mule, chargé de chaînes qui traînent sur les pavés. Il se rend à la prison entre deux files de soldats. Les cloches des églises carillonnent à toute volée.

Túpac Amaru avait réussi à s'échapper à la nage par la rivière de Combapata, mais il a été surpris par une embuscade au village de Langui. Il avait été vendu par un de ses capitaines, Francisco de Santa Cruz, qui était aussi son ami.

Le traître ne cherche pas une corde pour se pendre. Il touche deux mille pesos et reçoit un titre de noblesse.

(183 et 344)

1781
Cuzco

Auto sacramental dans la chambre des tortures

Attaché au chevalet, Túpac Amaru gît, nu et ensanglanté. Dans la chambre des tortures de la prison de Cuzco, basse de plafond, la pénombre règne. Mais un jet de lumière brutale, blessante, tombe sur le prisonnier. José Antonio de Areche arbore uniforme militaire d'apparat et perruque à rouleaux. Areche, représentant du roi d'Espagne, commandant général de l'armée et juge suprême, est assis à côté de la manivelle. Quand il lui donne un tour, les cordes se resserrent, martyrisant les bras et les jambes de Túpac Amaru et l'on entend alors un gémissement étouffé.

ARECHE — Ah ! roi des rois, roitelet vendu à vil prix ! Don

José Ier à la solde de la cour d'Angleterre ! L'argent allié à l'ambition du pouvoir. Rien de surprenant à ce mariage. C'est habituel... Armes anglaises, argent anglais. Pourquoi ne nies-tu pas ? Pauvre diable ! *(Il se lève et caresse la tête de Túpac Amaru.)* Les hérétiques luthériens lui ont jeté de la poudre aux yeux et obscurci l'entendement. Pauvre diable ! José Gabriel Túpac Amaru, maître absolu et naturel de ces empires... Don José Ier, monarque du Nouveau Monde *(il déploie un parchemin et lit à haute voix)*: Don José Ier par la grâce de Dieu, inca, roi du Pérou, de Santa Fé, de Quito, du Chili, de Buenos Aires, des terres et des mers du Sud, duc de la Superlavita, seigneur des Césars et des Amazones, ayant autorité sur le grand Paititi, commissaire dispensateur de la clémence divine. *(Il se tourne brusquement vers Túpac Amaru)*: Nie-le ! Nous avons trouvé cette proclamation dans tes poches... Tu promettais la liberté... Les hérétiques t'ont appris l'art pernicieux de la contrebande. Sous les plis du drapeau de la liberté, tu apportais la plus cruelle des tyrannies. *(Il tourne autour du corps attaché au chevalet de torture.)* « On nous traite de chiens », tu disais : « ils nous dépouillent », c'est ce que tu disais. Pourtant, est-ce que toi et les tiens vous avez jamais payé le moindre tribut ? Tu jouissais du privilège de porter des armes et d'aller à cheval. Tu as toujours été traité comme un chrétien pur de sang. Nous t'avons permis de mener la vie d'un Blanc et tu as prêché la haine raciale. Nous, ces Espagnols que tu hais, nous t'avons appris à parler. Et qu'as-tu dit ? « Révolution ! » Nous t'avons appris à écrire. Et qu'as-tu écrit ? « Guerre ! » *(Il s'assied, tournant le dos à Túpac Amaru et croise les jambes.)* Tu as ravagé le Pérou. Crimes, incendies, vols, sacrilèges... Toi et tes partisans terroristes vous avez déchaîné l'enfer sur ces provinces. Les Espagnols réduisent les Indiens à lécher la terre ? J'ai déjà donné l'ordre d'arrêter les ventes obligatoires, de rouvrir les fabriques et de payer un juste salaire. J'ai supprimé les dîmes et les douanes... Pourquoi as-tu continué la guerre alors qu'un traitement plus juste avait été établi ? De combien de morts es-tu responsable, empereur de comédie ? Combien de souffrances as-tu répandues sur ces terres que tu as envahies ? *(Il se lève, se penche sur Túpac Amaru qui n'ouvre pas les yeux.)* La *mita* est un crime et sur chaque centaine d'Indiens qui vont travailler à la mine il n'en revient que vingt ? J'ai ordonné qu'on en finisse avec les travaux forcés. D'ailleurs, cette *mita* abhorrée n'est-elle pas une invention de tes ancêtres les incas ? Les incas... Personne n'a jamais autant maltraité les Indiens... Tu renies le sang européen qui coule dans tes veines, José Gabriel Condorcanqui Noguera... *(Il fait une pause et parle tout en tournant autour du vaincu.)* Ta sentence est prête. Je l'ai imaginée, écrite et signée. *(Il pose la main sur la bouche de Túpac, lui coupant ainsi la respiration.)* On t'attachera à l'estrade et le bourreau te coupera la langue. Quatre chevaux seront attachés à tes mains et à tes pieds et tu seras écartelé. Il passe la main sur son torse nu. On jettera ton tronc au bûcher sur le Machu Pichu et les cendres seront dispersées au vent. *(Il touche son visage.)* Ta tête restera pendue trois jours au gibet, dans le village de Tinta, et ensuite on l'exposera au bout d'un piquet à l'entrée du village, avec une couronne à onze pointes de fer, pour tes onze titres d'empereur. *(Il effleure ses bras.)* Nous enverrons un bras à Tungasuca et l'autre sera exhibé dans la capitale de Carabaya. *(Il effleure ses jambes.)* Une jambe ira au village de Livitaca et l'autre à Santa Rosa de Lampa. Les maisons où tu as habité seront rasées. On jettera du sel sur tes terres. Ta descendance sera frappée d'infamie pour les siècles des siècles. *(Il allume une bougie, l'empoigne et l'approche du visage de Túpac Amaru.)* Il est encore temps. Dis-moi ! Qui poursuit la rébellion que tu as commencée ? Qui sont tes complices ? *(Enjôleur.)* Tu as encore le temps. Je t'offre le gibet. Tu peux encore t'éviter de telles humiliations et de telles souffrances. Donne-moi des noms. Dis-moi. *(Il approche son oreille.)* Tu es ton propre bourreau, Indien sanguinaire ! *(Il adoucit à nouveau le ton.)* On coupera la langue à ton fils Hipólito. On coupera la langue à ta femme Micaela, elle sera étranglée à la garrotte... Ne te repens pas, mais au moins, sauve-la, elle. Préserve ta femme d'une mort infamante. *(Il s'approche, il attend.)* Dieu sait les crimes que tu entraînes. *(Il fait tourner violemment la roue du supplice et l'on entend un cri atroce.)* Tu ne pourras pas te disculper en te taisant devant le tribunal du Très-Haut, Indien plein d'orgueil ! *(A regret.)* Ah ! tiens, cela m'attriste de voir une âme qui veut s'en aller ainsi vers la damnation éternelle... *(Furieux.)* Pour la dernière fois ! Qui sont tes complices ?

TÚPAC AMARU *(soulevant péniblement la tête, ouvre les yeux et parle enfin)*: Ici, il n'y a de complices que toi et moi. Toi comme oppresseur, moi, comme libérateur. Nous méritons la mort.

(183 et 344)

1781
Cuzco

Ordre d'Areche à propos des vêtements traditionnels des Incas et pour obliger les Indiens à parler espagnol

Il est interdit aux Indiens de porter les vêtements des païens et en particulier ceux de la noblesse païenne qui ne servent qu'à leur rappeler ceux que portaient leurs anciens incas. Évocateurs de souvenirs, ils n'ont d'autre influence que d'accroître la haine envers la nation dominante ; en outre, leur aspect est ridicule et peu conforme à la pureté de notre religion, car on y voit par endroit l'image du soleil qui fut leur première divinité. Cette résolution s'étend à toutes les provinces de cette Amérique méridionale ; elle interdit totalement de tels vêtements... de même que les peintures ou portraits des incas.

Et pour que les Indiens se débarrassent de la haine qu'ils ont conçue contre les Espagnols, pour qu'ils s'habillent comme le leur préconisent les lois, pour qu'ils adoptent nos coutumes espagnoles et parlent notre langue on exigera, avec plus de force qu'on ne l'a fait jusqu'à présent, son application dans les écoles et on condamnera à des peines plus sévères, mais justes, ceux qui ne la parleront pas après un temps jugé suffisant pour l'avoir apprise.

(345)

1781
Cuzco

Micaela

Au cours de cette guerre qui a fait craquer la terre dans des douleurs d'enfantement, Micaela Bastidas n'a pas connu un instant de répit ou de réconfort. Cette femme au cou d'oiseau a parcouru les campagnes, *recrutant toujours plus de gens,* elle a envoyé vers le front de nouveaux contingents de partisans et quelques rares fusils, la longue-vue que quelqu'un avait réclamée, des feuilles de coca et des épis de maïs mûrs. Les chevaux ne cessaient de galoper, transportant et distribuant à travers la montagne ses ordres, des sauf-conduits, des rapports et des lettres. Elle a fait parvenir de nombreux messages à Túpac Amaru où elle le pressait de lancer une bonne fois ses troupes à l'assaut de Cuzco avant que les Espagnols ne renforcent leurs défenses et que les rebelles, découragés, ne se dispersent, *Chepe,* écrivait-elle, *Chepe, mon amour, je t'aurai assez mis en garde...*

Traînée à la queue d'un cheval, Micaela arrive sur la grand-place de Cuzco que les Indiens appellent la place des larmes. Elle est enfermée dans un sac de cuir, un de ces sacs où l'on transporte le maté au Paraguay. Les chevaux traînent aussi vers le gibet Túpac Amaru et Hipólito, leur fils. Leur autre fils, Fernando, regarde.

(137 et 183)

1781
Cuzco

Pluie sacrée

L'enfant veut détourner la tête, mais les soldats l'obligent à regarder. Fernando voit comment le bourreau arrache la langue de son frère Hipólito et le pousse de l'escabeau du gibet. Le bourreau pend ensuite les deux oncles de Fernando, puis l'esclave Antonio Oblitas qui avait fait le portrait de Túpac Amaru et, à coups de hache, il le coupe en morceaux ; et Fernando voit cela. Les mains enchaînées et les pieds aux fers, entre deux soldats qui l'obligent à regarder, Fernando voit le bourreau étrangler à la garrotte Tomasa Condemaita, cacique d'Acos dont le bataillon de femmes a administré une sacrée volée à l'armée espagnole. A ce moment-là, Micaela Bastidas monte à l'estrade et Fernando ne voit plus très bien. Ses yeux s'embrument quand le bourreau cherche la langue de Micaela et un rideau de larmes couvre les yeux de l'enfant quand on fait asseoir sa mère ; pour comble de supplice, la garrotte n'arrive pas à étrangler son cou trop fin et si bien qu'il *faut lui passer un nœud coulant de part et d'autre et l'achever à coups de pied dans l'estomac et dans la poitrine.*

Fernando qui, il y a neuf ans, est né de Micaela, ne voit plus rien, n'entend plus rien. Il ne voit pas que maintenant on amène son père, Túpac Amaru, auquel on attache les bras et les jambes à la sangle de quatre chevaux, la tête tournée vers le ciel. Les cavaliers éperonnent les chevaux vers les quatre points cardinaux, mais Túpac Amaru ne se disloque pas. *Il reste maintenu en l'air, on dirait une araignée,* les éperons blessent les flancs des chevaux qui se dressent sur leurs jambes arrière et foncent de toutes leurs forces, mais Túpac Amaru ne se disloque toujours pas.

C'est période de grande sécheresse dans la vallée de Cuzco. A midi juste, au moment où l'on pousse les chevaux et où le corps de Túpac Amaru ne parvient pas à se déchirer, une violente trombe d'eau s'abat soudain du ciel. La pluie se met à tomber, diluvienne, cinglante, comme si Dieu et le soleil avaient décidé qu'un tel instant méritait bien une de ces avalanches qui aveuglent le monde.

(183 et 344)

Les Indiens croient

Pour venir à Cuzco, Jésus s'est tout de blanc vêtu. Un enfant qui gardait les troupeaux l'a vu et a joué avec lui, il a couru après lui. Jésus était un enfant, lui aussi, et il a couru entre ciel et terre. Il a traversé le fleuve sans se mouiller et glissé tout doucement dans la vallée sacrée des Incas, en faisant attention à ne pas écorcher ces terres aux blessures encore fraîches. Des versants du mont Ausangate dont l'haleine glacée souffle l'énergie vitale il a marché vers le mont Coylloriti. Au pied de cette montagne, refuge des anciennes divinités, Jésus a laissé tomber sa tunique blanche. Il a marché vers le bas du rocher, s'est arrêté et a pénétré à l'intérieur.

Jésus a voulu s'offrir aux vaincus et pour eux, il s'est fait pierre comme les anciens dieux de ce pays, pierre qui dit et dira : *je suis Dieu, je suis vous, je suis ceux qui sont tombés.*

C'est pourquoi les Indiens de la vallée de Cuzco monteront toujours en procession pour l'honorer. Ils se purifieront dans les eaux du torrent et, torches en main, ils danseront pour lui afin de le réjouir, car il est tellement triste, là-dedans, Jésus, tellement abattu.

(301)

Les Indiens dansent à la gloire du Paradis

Très loin de Cuzco, la tristesse de Jésus causait aussi bien du souci aux Indiens tepehuas. Depuis que ce nouveau dieu était arrivé au Mexique, les Indiens tepehuas accouraient à l'église, avec une troupe de musiciens, et ils lui offraient des danses et des défilés de masques, de savoureux tamales et un bon petit coup à boire, mais il n'y avait pas moyen de le dérider. Jésus continuait à souffrir, le menton contre la poitrine et il en fut ainsi jusqu'au jour où les Tepehuas inventèrent la danse des vieux.

Elle est dansée par deux hommes masqués. L'un est la vieille, l'autre, le vieux. Les vieux arrivent de la mer avec des offrandes de crevettes et parcourent le village de San Pedro appuyant sur des bâtons emplumés leurs corps courbés par la vieillesse. Ils s'arrêtent et dansent devant les autels improvisés dans les rues, tandis qu'un chanteur psalmodie et qu'un musicien tape sur une carapace de tortue. La vieille, coquine, se dandine, s'offre et fait semblant de fuir. Le vieux la poursuit et la saisit par-derrière, l'étreint et la soulève. Elle agite ses jambes, morte de rire, faisant semblant de se défendre à coups de bâton mais se serre, joyeuse, contre le corps du vieux qui la prend, trébuche et rit tandis que tout le monde applaudit.

Quand Jésus a vu les vieux en train de faire l'amour, il a levé la tête et, pour la première fois il a ri. Depuis, il rit chaque fois que les Tepehuas exécutent cette danse.

Les Tepehuas qui ont réussi à tirer Jésus de sa tristesse sont nés, au temps jadis, des flocons de coton, là-bas, dans les contreforts de la sierra de Vera Cruz. Pour dire « le jour se lève », ils disent « il fait Dieu ».

(359)

1781
Chincheros

Pumacahua

Au centre se trouve, resplendissante, la Vierge de Montserrat. A genoux, en action de grâces, Mateo Garcia Pumacahua prie. On peut voir derrière lui son épouse et une procession de parents et de capitaines. Pumacahua est habillé à l'espagnole, gilet et casaque, chaussures à boucles. Dans le lointain se déroule la bataille avec des petits soldats et des canons qui ont l'air de jouets : le puma Pumacahua triomphe du dragon Túpac Amaru. Dans le haut du tableau on peut lire : *veni, vidi, vici.*

Après plusieurs mois de travail, un artiste anonyme a terminé ce tableau. L'église du village de Chincheros y apparaît, avec, sur le portique, les images qui perpétueront la gloire et la foi du cacique Pumacahua dans la guerre contre Túpac Amaru.

Pumacahua, lui aussi héritier des incas, a reçu une médaille d'or du roi d'Espagne et, de l'archevêque de Cuzco, une indulgence plénière.

(187 et 183)

1781
La Paz

Túpac Catari

Il ne parlait que l'aymara, la langue des siens. Il s'est proclamé vice-roi de ces terres qui ne portaient pas encore le nom de Bolivie et il a nommé son épouse vice-reine. Il a installé sa cour sur les hauteurs dominant la ville de La Paz qui se trouve dans une cuvette et il l'a assiégée.

Il boitait ; dans son visage jeune et déjà ridé, les yeux, enfoncés dans les orbites qu'il avait très creuses, brillaient d'une lueur d'incendie. Il était vêtu de velours noir, commandait à la baguette et se battait à la lance. Il décapitait les prêtres soupçonnés de dire des messes de malédiction et coupait le bras aux espions et aux traîtres.

Julián Apaza avait été sacristain et boulanger avant de se transformer en Túpac Catari. Avec sa femme Bartolina Sisa, il a organisé une armée de quarante mille Indiens qui mirent en échec les troupes envoyées de Buenos Aires par le vice-roi.

En dépit des défaites et des tueries que subit son armée, il n'y avait pas moyen de se saisir de lui. Se déplaçant de nuit, il se jouait de tous les encerclements jusqu'à ce que les Espagnols offrissent à son meilleur ami, Tomás Inca Lipe, dit *le bon*, la charge de gouverneur de la région d'Achacachi, au bord du lac Titicaca.

(183)

1782
La Paz

Les libératrices

Les villes espagnoles du Nouveau Monde, nées comme des offrandes à Dieu et au roi, ont un vaste cœur de terre nivelée. Sur la grand-place se trouvent la potence et la maison du gouvernement, la cathédrale et la prison, le tribunal et le marché. La foule déambule autour du gibet et de la fontaine ; sur la grand-place, place forte, place d'armes, se croisent le gentilhomme et le mendiant, le cavalier aux éperons d'argent et l'esclave aux pieds nus, les bigotes qui vont à la messe et les Indiens chargés de jarres ventrues pleines de chicha.

Aujourd'hui, il y a spectacle sur la grand-place. Deux femmes, chefs du soulèvement indigène, vont être exécutées. Bartolina Sisa, la femme de Túpac Catari, arrive de la prison, une corde au cou, attachée à la queue d'un cheval. Gregoria Apaza, la sœur de Túpac Catari, est amenée montée sur un petit âne. Toutes deux portent dans la main droite une aile de moulin à vent en guise de sceptre et sur la tête une couronne d'épines. Devant elles, des prisonniers balaient le chemin avec des branches. Bartolina et Gregoria font plusieurs fois le tour de la place et supportent sans rien dire les jets de pierres et les rires de ceux qui se moquent d'elles en tant que reines des

Indiens, jusqu'à l'heure du gibet. Leurs têtes et leurs mains, dit la sentence, seront promenées à travers les villages de la région.

Le soleil, le vieux soleil, assiste, lui aussi, à la cérémonie.

(183 et 288)

1782
Guaduas

Avec des yeux de verre,

la tête de José Antonio Galán regarde, de sa prison de bois, vers le village de Charala. A Charala où il est né, on expose son pied droit et une de ses mains est clouée sur la place d'El Socorro.

La fleur, la crème de la société coloniale s'est bien repentie du péché d'insolence. Les riches créoles préfèrent continuer à payer des impôts et obéir au souverain espagnol pour éviter la *peste contagieuse* que Galán, comme Túpac Amaru, comme Túpac Catari, a incarnée et répandue en un moment de furie. Galán, le meilleur capitaine des comuneros, a été trahi, poursuivi et arrêté par ceux-là mêmes qui avaient été ses compagnons sur le front de l'insurrection. Après une longue poursuite, il s'est fait prendre dans une cabane avec ses douze derniers hommes.

Don Antonio Caballero y Góngora, l'archevêque obèse, a affilé le sabre qui a décapité Galán. Tandis qu'il jetait au feu le traité de paix si plein de promesses et de tromperies, il ajoutait quelques infamies à l'acte d'accusation de ce *plébéien rancunier.* Galán n'a pas été écartelé seulement comme rebelle, mais aussi *pour avoir été un homme d'origine obscure et l'amant de sa propre fille.*

L'archevêque a maintenant deux fauteuils. En plus du siège apostolique, il s'est approprié celui de vice-roi de Bogota.

(13 et 185)

1782

Sicuani

Ce nom maudit

Diego Cristóbal, cousin germain de Túpac Amaru et continuateur de sa guerre au Pérou, a signé la paix. Les autorités coloniales ont promis le pardon et l'amnistie générale.

Allongé sur le sol, Diego Cristóbal jure fidélité au roi. Les Indiens descendent en grande foule des montagnes et rendent leurs armes. Le maréchal offre un banquet de réjouissance et l'évêque une messe d'action de grâces. De Lima, le vice-roi ordonne que pendant trois nuits toutes les maisons soient illuminées.

Un an et demi plus tard, à Cuzco, sur la place d'Allégresse, le bourreau arrache par morceaux la chair de ce cousin de Túpac Amaru, avec des tenailles chauffées à blanc, avant de le pendre au gibet. Sa mère, elle aussi, sera pendue et écartelée. Le juge Francisco Díez de Medina ayant déclaré qu'il *est dangereux pour le roi et pour l'État que subsiste la moindre descendance ou famille de ce Túpac Amaru en raison de l'important écho et de l'influence que ce nom maudit a eus sur les indigènes.*

(183)

1783

Ville de Panama

Par amour de la mort

Dès que le jour se lève, la terre fume, réclamant à boire, et les vivants cherchent l'ombre et s'éventent. Si la chaleur fane les vivants qu'elle attrape, que ne fera-t-elle aux morts qui n'ont personne pour les éventer ?

Les principaux morts gisent dans les églises. Ainsi le veut la coutume de la sèche meseta de Castille, donc, il doit en être de même dans la fournaise du Panama. Les fidèles marchent sur des pierres tombales, s'y agenouillent et, d'en bas, la mort leur murmure : *bientôt ce sera ton tour,* mais ce qui provoque les larmes, c'est plus l'odeur de pourriture que la peur de mourir ou le souvenir d'une perte irréparable.

Sébastien López Ruiz, savant investigateur de la nature, écrit un rapport où il démontre que cette habitude de là-bas est, ici, contraire à l'hygiène et dangereuse pour la santé publique et qu'il serait plus sain d'enterrer les hidalgos de Panama dans quelque lointain cimetière. On lui répond que les morts sont bien dans les églises ; et que ce qui a été et est encore continuera d'être.

(323)

1783
Madrid

Revendication des mains

Les trompettes proclament à tous les vents que le roi d'Espagne a décidé de réhabiliter la main humaine. Dorénavant, le gentilhomme qui exercera un travail manuel ne perdra rien de sa noble condition. Le roi d'Espagne dit que le travail ne déshonore pas celui qui l'exerce, ni sa famille et qu'il n'est pas de métier artisanal indigne d'un Espagnol.

Charles III veut moderniser son royaume. Le ministre Campomanes ne rêve plus que du développement de l'industrie, d'éducation populaire et de réforme agraire. De la grande prouesse impériale en Amérique, l'Espagne ne reçoit que les honneurs, alors que les autres royaumes d'Europe en touchent les bénéfices. Jusqu'à quand l'argent des colonies continuera-t-il à payer des marchandises que l'Espagne ne produit pas ? Que signifie le monopole espagnol si les produits qui sortent du port de Cadix sont anglais, français, hollandais ou allemands ?

Les gentilshommes qui, comme les prêtres, abondent en Espagne, ont des mains qui servent à mourir pour la patrie ou à la tuer. Bien que pauvres de solennité ils ne sont pas tellement représentatifs, ils ne s'abaissent pas à produire avec leurs mains autre chose que de la gloire. Il y a bien longtemps que ces mains ont oublié ce qu'est le travail, tout comme les ailes des poules ont oublié ce qu'est le vol.

(175)

1785
Ville de Mexico

Le licencié Villaroel contre la pulqueria

Chaque pulqueria est une officine où prennent naissance adultères, concubinages, viols, truandages, vols, homicides, bagarres, blessures et autres délits... Ce sont les théâtres où femmes et hommes deviennent de véritables et abominables furies infernales, proférant les obscénités les plus subtiles, les mots les plus grossiers et les expressions les plus vicieuses, les plus indécentes, les plus piquantes, les plus provocantes que les plus libertins des hommes ne prononceraient pas s'ils n'étaient perturbés par les vapeurs de cette boisson fétide et dégoûtante... Ce sont là les effets de l'incurie, du laisser-aller et de la tolérance des juges qui ne ressentent pas l'horreur de voir des hommes et des femmes couchés dans les rues comme s'ils étaient des chiens, exposés à ce qu'un cocher aussi ivre qu'eux leur fasse passer sa voiture sur le corps, comme cela arrive, et ne les expédie pour l'éternité vers une situation aussi déplaisante que celle où ils se trouvent.

(352)

La pulqueria

Quand le vice-roi expulsa le *pulque* de la ville de Mexico, l'exilé trouva refuge dans les faubourgs.

Nectar des verts arbustes... Dans les tavernes de la périphérie, le *pulquero* va et vient sans arrêt des jarres généreuses aux chopes assoiffées, *tu me saoules, tu me tues, tu me fais marcher à quatre pattes,* et pendant ce temps-là, un nouveau-né tout nu pleure dans un coin et dans un autre, un vieillard dort, cuvant sa cuite.

Chevaux, ânes et coqs de combat attachés aux anneaux de fer vieillissent à attendre dehors. A l'intérieur, sur les jarres colorées brillent des noms évocateurs : « Ne me tue pas », « Celui des costauds », « La vaillante »... A l'intérieur, les lois et le temps du dehors n'existent plus. Les dés roulent sur le sol et, sur un tonneau, on joue sa chance avec des cartes ornées de fleurs. Au son joyeux de la harpe un noceur chante et les couples de danseurs jettent de la poudre, un moine discute avec un soldat et le soldat promet une dérouillée à un muletier, *car je suis un homme, moi, un vrai, je ne le suis même que trop* et le pulquero ventru demande : *Et cette autre, pour qui ?*

(153 et 226)

Le *pulque*

Peut-être que le *pulque* rend aux Indiens leurs anciens dieux. Ils leur en offrent en arrosant la terre ou le feu ou en levant leur jatte aux étoiles. Peut-être bien que les dieux sont toujours assoiffés de ce pulque dont ils s'abreuvaient aux quatre cents mamelles de la Mère Mayahuel.

Peut-être aussi que les Indiens boivent pour se donner des forces et se venger ; il est sûr qu'ils boivent également pour oublier et se faire oublier.

D'après les évêques, c'est le pulque qui les rend paresseux et c'est à cause de lui qu'ils sont pauvres ; c'est le pulque qui les pousse à l'idolâtrie et à la rébellion. *Vice barbare d'un peuple barbare,* dit un officier du roi : *sous l'effet de l'épaisse liqueur de l'agave,* dit-il, *l'enfant renie son père et le vassal son seigneur.*

(153 et 331)

L'agave

Armé de vertes lames, l'agave invulnérable
résiste à la sécheresse et à la grêle, aux nuits de gel
et aux soleils dévorants des déserts du Mexique

Le pulque vient de l'agave, *l'arbre qui allaite,* et de l'agave viennent aussi le fourrage pour les animaux, les poutres et les tuiles des toits, les piquets des clôtures et le bois des foyers. Ses feuilles charnues fournissent des liens, des sacs, des nattes, du savon, du papier, le papier des anciens codex, et ses piquants peuvent servir d'aiguilles et d'épingles.

L'agave ne fleurit qu'à la veille de sa mort. Il s'ouvre et fleurit comme pour dire adieu. Du cœur de l'agave, une longue tige, un mât peut-être, ou un pénis, cherche un passage vers les nuages en une explosion de fleurs jaunes. Alors, la longue tige tombe et avec elle, l'agave déraciné...

Il est rare de rencontrer un agave fleuri dans l'aride vallée de Mezquital. Dès qu'une tige commence à pousser, l'Indien le castre et retourne sa blessure de sorte que l'agave verse son pulque qui calme la soif, nourrit et console.

(32 et 153)

La cruche

Le potier mexicain a une longue histoire. Trois mille ans avant Hernán Cortez, ses mains modelaient dans la glaise des récipients ou des représentations humaines que le feu durcissait contre les atteintes du temps. Longtemps après, les Aztèques expliquaient qu'un bon potier donne *une existence à la glaise et fait vivre les choses.*

L'antique tradition reste vivace, multipliant tous les jours grosses bouteilles, jarres, récipients en tout genre et surtout, cruches : cruches ivoirines de Tonalá, cruches de Metepec, cruches ventrues et brillantes d'Oaxaca, humbles cruches de Chililico, cruches rougeâtres de Toluca, cruches chantantes en terre noire... La cruche en terre préside à toutes les fêtes, trône dans la cuisine et accompagne le prisonnier et le mendiant. Elle recueille le pulque que dédaigne la coupe de cristal et elle est un gage pour les amants :

Quand je serai, ma mie, sous la terre couché,
Fais de cette terre une cruche
Si tu as soif de moi, bois-y à pleine bouche
Et si tes lèvres y restent attachées
De ton coquin, ma mie, ce seront les baisers.

(18, 153, 294)

1785
Ville de Mexico

De la littérature de fiction de l'époque coloniale

Le vice-roi de Mexico, Matias de Galvez, signe une nouvelle ordonnance en faveur des Indiens. Les Indiens devront recevoir un juste salaire, une bonne nourriture et une assistance médicale. Ils auront droit à deux heures de repos à midi et pourront changer de patron quand ils le voudront.

(146)

1785
Guanajuato

Le vent souffle où il veut et où il peut

Un abîme de lumière s'ouvre dans l'air transparent et au milieu des sombres murailles de la sierra le désert resplendit. Dans ce désert s'élèvent, éclatantes, les coupoles et les tours des villes lumière du Mexique. Guanajuato, aussi peuplée que la capitale du vice-royaume, est la plus noble. Ses maîtres se rendent à la messe en chaises à porteurs, suivis d'une ribambelle de mendiants, à travers un labyrinthe de petites rues et de passages étroits, le passage du Baiser, celui des Faux-Pas et celui des Quatre-Vents, et entre les pierres polies par les pieds du temps on voit apparaître herbes et fantômes.

A Guanajuato, les cloches des églises organisent la vie et le hasard la gouverne. Un joueur mystérieux et moqueur distribue les cartes. On raconte qu'ici, où qu'on aille, on marche sur l'or et l'argent, mais tout dépend des filons qui courent sous terre et qui s'offrent ou se refusent au gré de leur fantaisie. Hier, un chevalier chanceux a fêté sa bonne fortune en offrant à boire à tout le monde, et du meilleur vin, il a payé des sérénades de flûtes et de guitares, s'est acheté de la fine dentelle de Cambrai, un pantalon de velours, une casaque de soie brochée et une chemise de Hollande ; aujourd'hui, le filon d'argent pur qui, pour une journée, a fait de lui un prince, a disparu sans laisser de trace.

La vie des Indiens, par contre, ne dépend pas du hasard. A force de respirer du mercure dans les édifices où se fait l'amalgame avec l'argent, ils restent à jamais tremblants et édentés, et à force de respirer la poussière mortelle et les vapeurs pestilentielles, ils se crèvent les poumons dans les mines. Parfois ils volent en morceaux quand la poudre éclate et parfois, ils glissent dans le vide en transportant des pierres ou en portant sur le dos les contremaîtres, ce pourquoi on les surnomme « les petits chevaux ».

(6,261 et 349)

1785

Guanajuato

Retable de l'argent

Les dames blanches bavardent dans les jardins ombreux avec tout un langage d'éventail. Quelqu'un pisse contre le mur d'une église et, sur une place, deux mendiants assis par terre s'épouillent mutuellement. Sous une arcade de pierre, un savant docteur, vêtu d'une vaste toge, parle des droits de l'homme tandis qu'un moine marche dans les ruelles en marmonnant des condamnations éternelles contre les ivrognes, les putains et tous les fripons qu'il croise sur son chemin. Non loin de la ville, les « recruteurs » chassent les Indiens au lasso.

Il y a déjà un certain temps que Guanajuato a détrôné Potosí. La reine de l'argent dans le monde a faim de main-d'œuvre.

Les ouvriers, *salariés libres,* ne voient pas un sou de toute leur vie, mais ils sont prisonniers de leurs dettes. De ces dettes, leurs enfants hériteront et avec elles, de la peur de souffrir, de la prison, de la faim, des dieux d'autrefois et du nouveau dieu.

(261 et 349)

1785
Lisbonne

La fonction coloniale

La Couronne portugaise a donné l'ordre de liquider les ateliers textiles du Brésil qui, dorénavant, n'auront le droit de produire que des tissus rustiques pour les vêtements des esclaves. Au nom de la reine, le ministre Melo e Castro fait parvenir des instructions à ce sujet. Il fait observer que *dans la plupart des capitainats du Brésil il s'est créé et il se propage de plus en plus des fabriques et manufactures de textiles de différentes qualités et même de galons d'or et d'argent.* Ce sont là, dit-il, des transgressions pernicieuses. Si l'on continue sur cette voie, *la conséquence en sera que tous les bénéfices et les richesses de ces très importantes colonies finiront par appartenir à leurs habitants.* Le Brésil étant une terre très fertile et abondante en fruits, *les habitants finiront par devenir totalement indépendants de leur capitale dominante. Il est, par conséquent, indispensable d'abolir ces fabriques et manufactures.*

(205)

1785
Versailles

La pomme de terre devient une grande dame

Les conquistadores espagnols l'ont rapportée du Pérou il y a deux siècles et demi. Elle était très recommandée par les Indiens, de sorte que l'Europe la réserva aux cochons, aux prisonniers et aux moribonds. On s'est moqué d'elle chaque fois qu'elle a essayé de s'échapper des porcheries, des prisons et des hôpitaux. On l'a interdite dans de nombreuses régions et, à Besançon, on l'a accusée de provoquer la lèpre.

Antoine Parmentier a fait connaissance avec la pomme de terre en prison. Il était prisonnier en Prusse et on ne lui donnait rien d'autre à manger. Au début, il l'a trouvée fadasse, mais par la suite, il a appris à l'aimer et en a découvert les mérites et la saveur.

Enfin libre, à Paris, Parmentier donne un banquet auquel assistent d'Alembert, Lavoisier, l'ambassadeur américain Benjamin Franklin et d'autres célébrités. Parmentier leur offre un repas fait uniquement de pommes de terre : pain de pommes de terre, soupe de pommes de terre, purée, salades de pommes de terre assaisonnées à diverses sauces, selon les goûts, pommes de terre frites, beignets et croquettes de pommes de terre. Au dessert, gâteaux de pommes de terre. Comme boisson, eau-de-vie de pomme de terre. Parmentier prononce son éloge. Il vante ses vertus nutritives et la proclame nécessaire au palais et au sang. Il déclare qu'elle viendra à bout de la famine en Europe car elle est invulnérable au gel et facile à cultiver. Ses invités pleins de pommes de terre applaudissent avec émotion et conviction.

Ensuite, Parmentier convainc le roi. Louis XVI ordonne la culture de la pomme de terre dans ses champs de la plaine des Sablons, près de Paris, et les fait protéger par ses soldats qui les gardent en permanence. Ainsi, il réussit à exciter la curiosité et l'envie du fruit défendu. C'est à Versailles qu'a lieu sa consécration définitive. Marie-Antoinette, transformée par sa coiffure en jardin de fleurs de pommes de terre, applique le sceau d'un baiser royal sur la joue d'Antoine Parmentier. Le roi Louis qui n'a pas encore perdu la tête lui offre son bras. Toute la noblesse de France assiste à l'apothéose de la pomme de terre dans ce royaume où l'art du bien manger est la seule religion qui n'ait pas ses athées.

(156 et 250)

La pomme de terre est née de l'amour et de son châtiment, dit-on, dans les Andes

On raconte que l'inca condamna des amants qui avaient violé les lois sacrées à être enterrés vivants ensemble.

Elle avait été une vierge consacrée au soleil. Elle s'était enfuie du temple pour se donner à un paysan esclave.

Qu'on les enterre vivants, et ensemble, décida l'inca. On les enterra dans un trou profond, attachés l'un à l'autre, dos à dos ; et l'on n'entendit pas la moindre plainte quand on les recouvrit de terre.

La nuit arriva et les étoiles empruntèrent des voies étranges. Peu de temps après, l'or disparut du lit des rivières et les champs du royaume devinrent stériles : poussière et cailloux. La seule terre préservée de la sécheresse fut celle qui recouvrait le corps des amants.

Les prêtres les plus éminents conseillèrent à l'inca de déterrer les amants, de les brûler et de disperser leurs cendres au vent. Il décida qu'il en serait fait ainsi. Mais on ne les trouva pas. On eut beau creuser beaucoup et profondément, on ne trouva qu'un tubercule. Ce tubercule se multiplia et dès lors, la pomme de terre devint la principale nourriture des Andins.

(248)

1790
Paris

Humboldt

A vingt ans Alexandre von Humboldt découvre la mer et la révolution. A Dunkerque, la mer le laisse sans voix et à Calais, la pleine lune jaillissant des flots lui arrache un cri. Étonnement devant la mer, révélation devant la révolution ; à Paris, un an après le 14 juillet, Humboldt se laisse aller au délicieux tourbillon des rues en fête, mêlé au peuple qui danse et chante sa liberté conquise.

Sa vie s'est passée à chercher des réponses et à poser des questions. Sans répit, il a interrogé les livres, le ciel et la terre, à la poursuite des énigmes de l'âme et des mystères du cosmos, des secrets des scarabées et des pierres, toujours amoureux du monde, des hommes et des femmes qui lui ont donné le vertige et l'ont effrayé. *Alexandre ne sera jamais heureux*, dit son frère Wilhelm, le préféré de leur mère.

A vingt ans, dévoré par la fièvre de vivre, de partir, il jure une éternelle loyauté aux drapeaux de la Révolution française et jure aussi qu'il traversera la mer comme Balboa et Robinson Crusoé, vers des terres où tout est toujours midi.

(30 et 46)

1790
Petit Goâve

Bien qu'ils aient des terres et des esclaves

L'épaisseur de la bourse est parfois plus puissante que la couleur de la peau. A Haïti, les mulâtres pauvres sont des nègres et les nègres libres qui ont amassé suffisamment d'argent sont des mulâtres. Les mulâtres riches paient d'immenses fortunes pour se transformer en Blancs mais rares sont ceux qui réussissent à obtenir le document magique qui permet au fils du maître et de l'esclave de devenir docteur, de s'appeler monsieur, de porter l'épée et de toucher une femme blanche sans pour autant perdre le bras.

Le mulâtre qui a revendiqué les droits du citoyen récemment proclamés à Paris pend au gibet et l'on promène au bout d'une pique, dans la ville de Petit Goâve, la tête d'un autre mulâtre qui voulait être député.

(115)

1791
Bois Caïman

Les conjurés d'Haïti

La vieille esclave, l'intime des dieux, plonge la machette dans la gorge d'un sanglier noir. La terre d'Haïti en boit le sang. Sous les auspices des dieux de la guerre et du feu, deux cents nègres chantent et dansent le serment de la liberté. Au cours de la cérémonie interdite de vaudou, à la lueur des éclairs, les deux cents esclaves décident de faire de cette terre de châtiment une patrie.

Haïti est fondée en créole. Comme le tambour, le créole est la langue commune que les déracinés d'Afrique parlent dans plusieurs îles des Antilles. Il a surgi de l'intérieur des plantations lorsque les condamnés ont eu besoin de se reconnaître et de résister. Il est né des langues africaines, avec une mélodie africaine, et s'est nourri d'expressions normandes et bretonnes. Il a recueilli des mots des Indiens caraïbes et des pirates anglais et aussi des colons espagnols de l'est d'Haïti. A travers le créole, les Haïtiens établissent un contact quand ils s'adressent la parole.

Le créole réunit paroles et le vaudou, dieux. Ces dieux ne sont pas des maîtres mais des amants ; à travers les danses ils transforment chaque corps qu'ils pénètrent en musique et en lumière, pure lumière en mouvement, ondulante et sacrée.

(115 et 265)

Chansons d'amour haïtienne

Version créole

Mon maigre tant cou gnou souche
Jambe a moin tant comme roseau ;
Mangé n'a pas doux dans bouche,
Tafia, c'est même comme d' l'eau.
Quand moin songe toe Lisette,
D' l'eau toujou dans gie moin.
Magner moin vini trop bête,
A foce chagrin magné moin.

Lisette mon tandé nouvelle,
To compté bientôt tourné
Vini donc toujours fidelle,
Miré bon passé tandé,
N'a pas tardé davantage,
To fair moin assez chagrin,
Mon tant com' zuezo dans cage
Quand yo fair li mouri faim.

Version française

Je péris comme la souche
Ma jambe n'est qu'un roseau ;
Nul mets ne plaît à ma bouche,
La liqueur s'y change en eau.
Quand je pense à toi Lisette,
Mes yeux s'inondent de pleurs.
Ma raison lente et distraite
Cède en tout à mes douleurs.

Mais est-il bien vrai, ma belle,
Dans peu tu dois revenir
Oh ! reviens, toujours fidèle
Croire est moins doux que sentir.
Ne tarde pas davantage
C'est pour moi trop de chagrin.
Viens retirer de sa cage
L'oiseau consumé de faim.

(265)

1792
Rio de Janeiro

Les conjurés du Brésil

Il y a à peine un demi-siècle on croyait que les mines du Brésil dureraient aussi longtemps que le monde, mais il y a de moins en moins d'or et de diamants et les tributs qu'il faut payer à la reine du Portugal et à sa cour de parasites se font de plus en plus lourds.

De là-bas on envoie beaucoup de bureaucrates voraces mais pas un seul technicien des mines. De là-bas, on interdit aux manufactures de coton de fabriquer autre chose que des vêtements pour les esclaves et on interdit l'exploitation du fer qui est à portée de main comme on interdit la fabrication de la poudre.

Pour en finir avec l'Europe *qui nous presse comme une éponge*, une poignée de privilégiés a ourdi une conspiration. Propriétaires de mines ou d'haciendas, moines, poètes, médecins, contrebandiers de grande expérience ont organisé, il y a trois ans, un soulèvement pour transformer cette colonie en république indépendante où nègres et mulâtres qui y sont nés seraient libres et où tout le monde s'habillerait avec des vêtements du pays.

Les délateurs ont parlé avant que ne retentisse le premier coup de mousquet. Le gouverneur a arrêté les conjurés d'Ouro Preto. Sous la torture, ils ont avoué ; et ils se sont accusés l'un l'autre dans les moindres détails. Basílio de Britto Malheiro s'est disculpé en expliquant que celui qui a le malheur d'être né au Brésil a tendance à copier les mauvaises habitudes des nègres, des mulâtres, des Indiens et autres gens ridicules. Claudio Manuel da Costa, le plus illustre des prisonniers, s'est pendu dans sa cellule ou a été pendu, pour ne pas avoir avoué ou avoir trop avoué.

Il y a un homme qui s'est tu. Le porte-drapeau Joaquim José da Silva Xavier, surnommé *Tiradentes* — arracheur de dents. Il n'a parlé que pour dire :

— *Je suis le seul responsable.*

(205 et 209)

1792
Rio de Janeiro

Tiradentes

Ils ont l'air de cadavres à la lumière des lustres. Attachés par d'énormes chaînes aux barreaux des fenêtres, les accusés écoutent le juge depuis dix-huit heures sans perdre un mot de ce qu'il dit.

Le juge a mis six mois à rédiger la sentence. Tout à la fin de la soirée, on finit par savoir : les condamnés sont au nombre de six. Les six seront pendus, décapités, écartelés. Le juge se tait tandis que les hommes qui voulaient l'indépendance du Brésil échangent reproches et pardons, insultes et larmes, cris étouffés de repentir ou de protestation.

Au petit matin arrive le pardon de la reine. Il n'y aura pas d'exécution mais l'exil pour cinq des détenus. L'un d'eux, le seul qui n'ait dénoncé personne et qui a été dénoncé par tous, montera au gibet à l'aube. Pour lui, les tambours battront et la voix du crieur public annoncera le sacrifice dans les rues qu'il parcourra.

Tiradentes n'est pas tout à fait blanc. Il est entré dans l'armée comme porte-drapeau et porte-drapeau il est resté jusqu'au bout, arrachant des dents pour arrondir sa solde. Il voulait que les Brésiliens soient brésiliens. Les oiseaux qui disparaissent quand le soleil monte derrière les nuages le savent bien.

(205)

1794
Paris

« Le remède à l'homme, c'est l'homme »

disent les sages noirs, et les dieux le savent bien. Les esclaves d'Haïti ne sont plus esclaves.

Pendant cinq ans, la Révolution française avait fait la sourde oreille. Marat et Robespierre protestaient en vain. L'esclavage continuait dans les colonies : les hommes qui étaient la propriété des hommes dans les lointaines plantations des Antilles ne naissaient ni libres ni égaux, en dépit de la Déclaration des droits de l'homme. En fin de compte, la vente des nègres de Guinée était le principal commerce des marchands révolutionnaires de Nantes, Bordeaux et Marseille, et les raffineries françaises vivaient du sucre des Antilles.

Acculé par l'insurrection dirigée par Toussaint Louverture, le gouvernement de Paris décrète enfin l'abolition de l'esclavage.

(71)

1794
Montagnes d'Haïti

Toussaint

Il est entré en scène il y a deux ans. A Paris, on l'appelle le *Spartacus noir.*

Toussaint Louverture a un corps d'avorton et des lèvres qui occupent presque tout son visage. Il était cocher dans une plantation. Un vieux nègre lui avait appris à lire, à écrire, à soigner les chevaux et à parler aux hommes ; mais c'est tout seul qu'il a appris à voir non seulement avec les yeux et il connaît le vol de chaque oiseau qui dort.

(71)

1795
Saint-Domingue

L'île brûlée

Effrayé par la libération des esclaves d'Haïti, le roi d'Espagne cède à la France le territoire de Saint-Domingue.

La frontière qui coupait en deux l'île, divisée en la plus pauvre des colonies espagnoles et la plus riche des colonies françaises, a été effacée d'un trait de plume. A Madrid, don Manuel

Godoy, qui décide de tout à la cour, déclare que la révolte d'Haïti a transformé l'île tout entière *en une terre de malédiction pour les Blancs.*

Saint-Domingue avait été la première colonie espagnole en Amérique. C'est là que l'empire avait eu son premier tribunal, sa première cathédrale, sa première université ; c'est de là qu'étaient parties les troupes de la conquête, vers Cuba et Porto Rico. Un tel début laissait présager une glorieuse destinée, mais, il y a deux siècles, la colonie de Saint-Domingue fut totalement dévastée. Le gouverneur Antonio de Osorio la transforma en fumée.

Nuit et jour, Osorio travailla à mettre le feu à cette terre pécheresse, à brûler pied à pied maisons, forteresses, embarcations, moulins, porcheries, corrales et champs de labour et répandit partout du sel, étranglant de ses propres mains ceux qui osaient lui résister. Dans le crépitement des flammes résonnaient les trompettes du Jugement dernier. Au bout d'un an et demi de ce continuel brasier, l'incendiaire se dressa sur l'île qu'il avait rasée et reçut du roi d'Espagne deux mille ducats en paiement de son travail de rédemption par le feu.

Le gouverneur Osorio, vétéran de la guerre des Flandres, avait purifié ces terres. Il avait commencé par brûler les villes du Nord parce que les pirates anglais et hollandais qui apportaient des Bibles *de la secte de Luther* et répandaient l'habitude hérétique de manger de la viande le vendredi saint arrivaient par ces côtes. Il avait commencé par le Nord et après il n'a pas pu s'arrêter.

(216)

1795

Quito

Espejo

Il a traversé l'histoire à coups de griffes et à coups de génie. Il a écrit les paroles les plus mordantes contre le régime colonial et ses méthodes d'éducation, *une éducation d'esclaves,* et vidé de tout sens le style ampoulé des rhétoriciens de Quito. Il affichait ses diatribes aux portes des églises et à tous les coins des principales rues pour qu'elles se propagent, de bouche à oreille car, *du fait qu'il écrivait anonymement, il lui serait plus facile d'arracher leurs masques aux faux savants et de les montrer revêtus de leur naturelle ignorance.*

Il a prêché pour que le gouvernement en Amérique soit exercé par ceux qui y sont nés. Il a proposé que le cri d'indépendance fût lancé de toutes les vice-royautés et audiences à la fois et que les colonies s'unissent pour devenir des patries, avec des gouvernements démocratiques et républicains.

Il était fils d'Indien. A sa naissance, on lui avait donné le nom de Chusig qui signifie hibou. Pour devenir médecin, il décida de s'appeler Francisco Javier Eugenio de Santa Cruz y Espejo, un nom qui évoque toute une ascendance et, de la sorte, il a pu pratiquer et diffuser ses découvertes pour soigner la variole et d'autres maladies contagieuses.

Il a fondé, dirigé et rédigé de la première à la dernière page *Primicias de la cultura*, le premier journal de Quito. Il a été directeur de la bibliothèque publique sans jamais toucher le moindre salaire.

Accusé de crimes contre le roi et contre Dieu, Espejo a été incarcéré dans une cellule immonde. Là, il est mort, de prison, et dans son dernier souffle il a demandé le pardon de ses créanciers.

La ville de Quito n'a pas enregistré, dans le livre des personnalités, la fin de ce précurseur de l'indépendance hispano-américaine qui fut pourtant le plus brillant de ses fils.

(17 et 249)

Voici comment Espejo se moquait de l'art oratoire de son temps

J'exhale les auras volatiles de mon haleine ; je perds les pulsatives oscillations de la vie lorsque j'entends ces fulgurantes incompréhensibilités des concepts rhétoriques. Quelle délicieuse jouissance que d'écouter les cygnes chanteurs, de l'oratoire et de la mélodieuse parole, vocaliser en de gutturales harmonies et triller des complaintes aux douces syllabes. Quels intervalles savants de glorieux contentement perçoit l'âme, dans les échos mélodieux de leurs fatidiques descriptions !

(17)

1795
Montego Bay

Matériel de guerre

Les chiens cubains ont bien mérité leur renommée. C'est avec eux que les Français ont traqué les nègres, dans les montagnes d'Haïti, et un petit nombre de chiens cubains a suffi pour mettre en déroute les Indiens misquitos qui avaient anéanti trois régiments espagnols sur les côtes du Nicaragua.

Les propriétaires terriens anglais de la Jamaïque envoient à Cuba le colonel William Dawes Quarrell, pour y chercher des chiens. La sécurité de l'île et la vie de ses habitants l'exigent, dit l'Assemblée. Les chiens sont du matériel de guerre. Les Asiatiques n'emploient-ils pas des éléphants dans leurs batailles ? Les plus civilisées, les plus raffinées des nations d'Europe, disent les planteurs anglais, poursuivent bien l'infanterie ennemie à cheval. Pourquoi ne pas utiliser les chiens pour débusquer les esclaves marrons dans leurs repaires ? D'autant plus que les nègres sont même plus sauvages que les chiens.

Le colonel Quarrell trouve à Cuba ce qu'il cherche, grâce aux bons offices de doña María Ignacia de Contreras y Jústiz, marquise de San Felipe y Santiago, comtesse de Castillo et propriétaire et maîtresse du Bejucal. Hommes et chiens embarquent à bord de la goélette *Mercury.*

Brumes du crépuscule dans la baie de Montego. Les bêtes féroces arrivent à la Jamaïque. En un clin d'œil, les rues se vident et les portes se ferment hermétiquement. Quarante pisteurs cubains avancent à la file, à la lumière des torches. Chacun d'eux a, attachés à sa ceinture par de longues chaînes, trois chiens énormes.

(86 et 240)

1795

La Havane

Le rebelle de Galilée a-t-il jamais imaginé qu'il pourrait être un jour surveillant d'esclaves ?

Dans les plantations de canne à sucre cubaines, les esclaves ne sont pas sans protection. Le maître les libère par le travail et abrège pour eux le séjour dans cette vallée de larmes ; les moines, eux, les préservent de l'enfer. L'Église reçoit 5 % de la production de sucre pour apprendre aux esclaves que Dieu les a faits esclaves, que le corps est esclave mais que l'âme, elle, est libre, que l'âme pure est blanche comme le sucre blanc, lavée de ses péchés au purgatoire et que Jésus-Christ est le grand contrôleur qui les surveille, note les mérites, punit et récompense.

Parfois Jésus-Christ n'est pas seulement le surveillant, mais le maître en personne. Le comte Casa Bayona a lavé les pieds de douze nègres un soir de jeudi saint et il les a fait asseoir à sa table ; ils ont partagé son dîner. Les esclaves lui ont exprimé leur gratitude en mettant le feu à sa raffinerie et il y a eu douze têtes plantées sur une rangée de lance devant les champs de canne à sucre.

(222)

1796

Ouro Preto

L'Aleijadinho

L'Aleijadinho, le petit estropié, créateur de plénitudes, taille la pierre avec un moignon. Ce sculpteur qui a créé les plus belles œuvres de la région minière du Brésil est d'une laideur à faire dresser les cheveux sur la tête. Un des esclaves qu'il a achetés a tenté de se suicider pour ne pas servir un maître aussi horrible. La maladie, lèpre ou syphilis, à moins qu'il ne s'agisse d'une malédiction, le ronge de partout. Et pour chaque lambeau de chair que lui arrache la maladie, il donne au monde des merveilles de pierre ou de bois.

Il est attendu à Congonhas do Campo. Mais pourra-t-il arriver jusque-là ? Lui restera-t-il assez de force pour sculpter les douze prophètes et les dresser face au ciel si bleu ? Pourront-ils, ces prophètes annonciateurs de l'amour et de la colère de Dieu, danser leur danse tourmentée d'animaux blessés ?

Tout le monde pense qu'il ne lui reste plus assez de vie pour le faire. Les esclaves le portent, à travers les rues d'Ouro Preto, caché par sa capuche, et on lui attache un ciseau à ce qui lui reste de main. Il n'y a qu'eux qui voient les vestiges de son visage et de son corps. Il n'y a qu'eux qui s'approchent de cet épouvantail.

Antonio Francisco Lisboa, l'Aleijadinho, part en morceaux et il n'y a pas d'enfant pour rêver qu'il le recolle avec un peu de salive.

(29 et 118)

1796
Mariana

Ataïde

C'est Manuel da Costa Ataïde qui applique l'or et les couleurs sur les personnages que l'Aleijadinho taille dans le bois. Mais Ataïde est aussi un peintre qui a sa propre renommée. Dans les églises, il crée les cieux de cette terre ; il utilise des colorants tirés de fleurs et de plantes ; il peint la Vierge avec le visage de María do Carmo, femme née ici, madone brune comme en font surgir le soleil et les étoiles. Il peint des angelots musiciens et chanteurs aux paupières lourdes et aux lèvres charnues, aux cheveux crépus et aux yeux étonnés ou espiègles. Les anges mulâtres, ce sont ses enfants et la Vierge, c'est la mère de ses enfants.

Dans l'église de Saint-François, à Mariana, le saint du village d'Assise qui rendait les loups doux comme des agneaux a des traits africains. A côté de lui vivent des saintes blanches aux visages de démentes et avec des cheveux véritables.

(123)

1796
San Salvador de Bahia

Nuit et neige

Une maîtresse mulâtre, c'est une fête sensuelle, une épouse blanche, c'est le prestige social. Pour obtenir une épouse blanche, le mulâtre doit se blanchir. S'il a beaucoup d'argent, il achète un document qui efface les stigmates d'une grand-mère esclave et lui permet de porter une épée et un chapeau, des souliers de cuir et une ombrelle de soie. Il fait aussi exécuter son portrait, que ses petits-enfants pourront accrocher sans honte dans le salon. Des artistes capables de donner une physionomie européenne à n'importe quel modèle des Tropiques sont arrivés au Brésil. Des cadres dorés ovales entourent le visage du patriarche, homme à la peau rosée, aux cheveux plats et au regard grave et attentif.

(65 et 119)

1796
Caracas

On peut acheter une peau blanche

La couronne espagnole ne considère plus comme vile une ascendance indienne ; le sang noir, par contre, *obscurcit les naissances* pour plusieurs générations. Les riches mulâtres peuvent acheter des certificats de blancheur moyennant cinq cents pièces d'argent. *Pour effacer une tache qui l'afflige extrêmement,* le roi déclare *Blanc* Diego Mejías Bejarano, mulâtre de Caracas, *afin que sa triste condition inférieure ne crée pas pour lui d'obstacles auprès des autres sujets en ce qui concerne ses rapports, ses relations, ses options et son habillement.*

A Caracas, seuls les Blancs ont le droit d'entendre la messe à la cathédrale et de s'agenouiller sur un tapis dans les autres églises. On appelle *mantuanos* ceux qui commandent parce que la mantille est le privilège des dames blanches. Aucun mulâtre ne peut être prêtre ou docteur.

Mejías Bejarano a payé les cinq cents pièces d'argent, mais les autorités locales refusent d'obéir. Un oncle de Simon Bolívar et les autres *mantuanos* du Conseil municipal déclarent que l'ordonnance royale est effroyable pour les Blancs qui habitent l'Amérique et pour ceux qui y sont nés. Le Conseil pose au roi cette question : *Comment est-il possible que les habitants et les natifs blancs de cette province admettent à leurs côtés un mulâtre descendant de leurs propres esclaves ou des esclaves de leur père ?*

(174 et 225)

1796
San Mateo

Simon Rodríguez

Oreilles en pavillon, nez à la Bourbon, bouche énorme. Un pompon rouge effiloché pend du bonnet qui recouvre sa précoce calvitie. Les lunettes posées au-dessus des sourcils sont rarement d'un grand secours aux yeux curieux et mobiles. Simon Carreño, Rodríguez, du nom qu'il s'est choisi, déambule en prônant des idées étranges.

Ce lecteur de Rousseau prétend qu'on devrait ouvrir les écoles au peuple, aux sang-mêlé, que filles et garçons devraient partager les mêmes salles de classe et qu'il serait plus utile pour le pays de former des maçons, des forgerons et des charpentiers que des gentilshommes et des prêtres.

Simon le maître et Simon l'élève. Simon Rodríguez a vingt-cinq ans et Simon Bolivar, l'orphelin le plus riche du Venezuela, héritier de domaines et de plantations, maître de mille esclaves, en a treize.

Loin de Caracas, le précepteur initie l'enfant aux secrets de l'univers et lui parle de liberté, d'égalité et de fraternité. Il lui fait découvrir la dure vie des esclaves qui travaillent pour lui et il lui raconte que la fleur que l'on appelle ici « ne m'oublie pas » s'appelle *myosotis palustris.* Il lui fait voir comment le poulain naît du ventre de la jument, comment le café et le cacao accomplissent leurs cycles. Bolivar devient nageur, marcheur et cavalier. Il apprend à semer, à fabriquer une chaise et à connaître le nom des étoiles du ciel d'Aragua. Maître et élève parcourent le Venezuela en campant n'importe où et font connaissance avec la terre qui les a vus naître. A la lumière d'une lanterne ils lisent *Robinson Crusoé* et les *Vies* de Plutarque et en discutent.

(64, 116 et 298)

1797
La Guaira

Le compas et l'équerre

L'éducation de Bolivar est interrompue en raison de la fuite de son maître. Simon Rodríguez, suspect de conspiration contre le roi, prend le nom de Simon Robinson. Au port de La Guaira, il s'embarque pour la Jamaïque, vers l'exil.

Les conjurés voulaient une Amérique indépendante et républicaine, sans tribut ni esclavage noir, libre par rapport au roi et au pape, où les gens de toutes les races soient frères en l'esprit et en Jésus-Christ.

Des francs-maçons de la loge fondée à Londres par Francisco de Miranda étaient à la tête de ce mouvement. On accuse aussi trois francs-maçons espagnols exilés à Caracas et l'on dit qu'il y avait également dans la conjuration des Français experts en révolution et en guillotine. Les perquisitions ont révélé plus de livres que d'armes dangereuses.

Sur la grand-place de Caracas, on exécute España, José Maria España, le chef de la conjuration.

(191 et 298)

1799
Londres

Miranda

Voici presque trente ans que Miranda a quitté le Venezuela. En Espagne il a été un guerrier victorieux. Il est devenu franc-maçon à Cadix et il s'est mis à parcourir l'Europe à la recherche d'armes et d'argent pour l'indépendance de l'Amérique. Il est allé de cour en cour, sur un tapis volant avec pour tout bagage une flûte, un faux titre de comte et beaucoup de lettres d'introduction. Il a mangé à la table des rois et couché avec des reines. En France, la Révolution a fait de lui un général. Le peuple de Paris l'a acclamé comme héros, mais Robespierre l'a condamné comme traître et, pour sauver sa peau, il est revenu à Londres. Il a traversé la Manche avec un faux passeport, une perruque et des lunettes de soleil.

Le chef du gouvernement anglais, William Pitt, le reçoit dans son bureau. Il a fait appeler le général Abercromby et tous trois discutent, à quatre pattes, penchés sur les immenses cartes déployées par terre.

MIRANDA *(parlant anglais)*: Qu'il soit bien clair qu'on ne fait tout cela que pour l'indépendance et la liberté de ces provinces. Sinon... *(regardant le plafond, il achève en espagnol)* ce serait une infamie.

ABERCROMBY *(acquiesçant d'un signe de tête)*: Indépendance et liberté.

MIRANDA : J'ai besoin de quatre mille hommes et de six navires de guerre *(il montre la carte du doigt)*.
Nous commencerons par Caracas.

PITT : Je vais vous parler franchement, ne le prenez pas mal. Avant tout, sachez que je préfère le gouvernement oppressif de l'Espagne à l'abominable système de la France.

MIRANDA *(Il ferme les yeux et murmure en espagnol)* : L'ennemi de mon ennemi est mon ami. L'ennemi de mon ennemi est mon ami. L'ennemi...

PITT : Je ne voudrais pas pousser les Américains aux calamités d'une semblable révolution.

MIRANDA : Je comprends et partage votre inquiétude, très cher Monsieur. C'est précisément pourquoi je sollicite votre alliance afin que nous luttions ensemble contre les monstrueux prin-

cipes de la liberté française. *(Il revient à la carte.)* Caracas tombera sans difficulté.
ABERCROMBY : Et si les gens de couleur prenaient les armes et s'ils s'emparaient du pouvoir comme en Haïti ?
MIRANDA : Dans mon pays, le drapeau de la liberté est entre les mains de citoyens illustres, si civilisés que Platon les aurait bien voulus pour sa République. *(Il désigne de la main la province de Santa Fe. Tous les yeux se fixent sur le port de Carthagène.)*
ABERCROMBY : Difficile !
MIRANDA : Il semble invulnérable. Mais je connais un point qui rend cette place très faible. Sur le flanc gauche de la muraille...

(150 et 195)

Miranda rêve de Catherine de Russie

Parfois, tard dans la nuit, Miranda retourne à Saint-Pétersbourg et fait revivre la grande Catherine dans ses appartements privés du palais d'Hiver. La traîne du manteau de l'impératrice qui n'en finit pas et que des milliers de pages soutiennent est un tunnel de soie brodée tout le long duquel Miranda court pour venir se noyer dans une mer de dentelles. Cherchant le corps qui brûle et espère, Miranda fait sauter les agrafes d'or et les guirlandes de perles pour se frayer un passage entre les tissus crissants, mais au-delà de la vaste jupe bouffante, il s'égratigne au fil de fer de la crinoline. Il parvient à passer à travers cette armure et arrive au premier jupon qu'il arrache d'un coup sec ; dessous il en trouve un autre, puis un autre, plusieurs jupons de satin nacré, pelures d'oignon que ses mains arrachent avec, chaque fois, un peu moins de force et quand il arrive enfin péniblement au dernier, apparaît le corset, bastion invulnérable défendu par une armée de sangles, de crochets, de lacets et de petits boutons tandis que la grande dame, jamais fatiguée dans son corps, gémit et supplie.

1799
Cumaná

Deux savants à dos de mule

Les yeux des deux Européens qui viennent de débarquer à Cumaná ne leur suffisent pas pour embrasser le Nouveau Monde. Le port brille d'un magnifique éclat sur la rivière, incendié de soleil ; des maison blanches en bois ou en bambou, près du fortin de pierre, et plus au loin la mer verte, la verte campagne. La baie resplendit. Tout est vraiment nouveau, inhabituel, jamais vu : le plumage des flamants, le bec des pélicans, les cocotiers de vingt mètres et les immenses fleurs veloutées, les troncs capitonnés de lianes et de feuillages touffus, l'éternelle sieste des crocodiles, les crabes bleu ciel, jaunes ou rouges... Il y a des Indiens qui dorment tout nus sur le sable chaud et des mulâtresses vêtues de mousseline brodée qui caressent de leurs pieds nus le sol qu'elles foulent. Il n'est pas d'arbre, ici, qui n'offre quelque fruit défendu semblant venir du paradis perdu.

Alexandre de Humboldt et Aimé Bonpland louent une maison qui donne sur la place principale, avec une bonne terrasse pour y placer le télescope. De cette terrasse, ils observent, en regardant vers le haut, une éclipse de lune et une pluie de météores, le ciel en colère crachant du feu durant toute une nuit. En regardant vers le bas, ils voient comment les acheteurs d'esclaves ouvrent la bouche des nègres qui viennent d'arriver sur le marché de Cumaná. C'est dans cette maison qu'ils subissent pour la première fois de leur vie un tremblement de terre, et c'est de là qu'ils partent explorer la région : ils classent les fougères et les oiseaux rares et s'en vont à la recherche de Francisco Loyana qui a donné le sein à son fils pendant cinq mois, car il a eu des mamelles et du lait onctueux tant qu'a duré la maladie de sa femme.

Ensuite, Humboldt et Bonpland entreprennent un voyage vers les hautes terres du Sud. Ils emportent leurs instruments : sextant, boussole, hygromètre, magnétomètre. Ils emportent aussi du papier pour y mettre les fleurs à sécher, des bistouris pour autopsier oiseaux, poissons et crabes, et de l'encre et des plumes pour dessiner leurs trésors. Ils vont à dos de mule, croulant sous les bagages, l'Allemand à la toque noire et aux yeux bleus et le Français à la loupe insatiable.

Les forêts et les montagnes d'Amérique, perplexes, laissent passer ces deux fous.

(30 et 46)

1799
Montevideo

Le père des pauvres

Francisco Antonio Maciel a fondé la première fabrique de salaisons de cette rive du Rio de la Plata. C'est aussi à lui qu'appartient la fabrique de savon et de chandelles de suif. L'allumeur de réverbères qui, à la tombée de la nuit, déambule dans les rues de Montevideo, torche en main et échelle à l'épaule, allume des bougies Maciel.

Quand il n'est pas en train de parcourir ses champs, Maciel examine, à la fabrique de salaisons, les tranches de viande qu'il va vendre à Cuba ou au Brésil, ou bien il jette un coup d'œil, sur les quais, aux cuirs qu'il faut embarquer. Il a l'habitude d'accompagner ses brigantins qui arborent des noms de saints, jusqu'au-delà de la baie. Les habitants de Montevideo l'ont surnommé *le père des pauvres,* car il trouve toujours du temps, ce qui semble miraculeux, pour porter secours aux malades que la main de Dieu a abandonnés et, en quelque lieu, à quelque heure que ce soit, il tend sa sébille pour demander l'aumône pour l'hôpital de la Charité qu'il a fondé. Il n'oublie pas non plus de rendre visite aux nègres en quarantaine dans les baraquements de l'embouchure du Miguelete. Il fixe personnellement le prix minimum de chacun des esclaves que ses bateaux ramènent de Rio de Janeiro ou de La Havane. Ceux dont la dentition est complète valent deux cents pesos ; ceux qui connaissent le métier de maçon ou celui de charpentier en valent quatre cents.

Maciel est le plus important des commerçants de Montevideo, spécialisé dans l'échange de la viande de bœuf contre de la chair humaine.

(195 et 251)

1799
Guanajuato

Vie, passion et commerce de la classe dominante

Au cours de ce siècle qui tire à sa fin, les maîtres des mines de Guanajuato et de Zacatecas ont acheté seize titres de haute noblesse. Dix mineurs sont devenus comtes et six, marquis. Pendant qu'ils étrennaient leurs titres et essayaient leurs perruques, un nouveau code du travail transformait leurs ouvriers en esclaves, pour dettes. Au cours du XVIIIe siècle, Guanajuato a multiplié par huit sa production d'argent et d'or.

Dans le même temps, la baguette magique de l'or touchait aussi sept marchands de la ville de Mexico, paysans venus des montagnes du nord de l'Espagne, et en faisait des marquis et des comtes.

Quelques mineurs et marchands, avides de prestige aristocratique, achètent non seulement des titres mais aussi des terres. Dans tout le Mexique, les haciendas s'étendent à l'infini, dévorant l'espace traditionnel réservé aux communautés indiennes.

D'autres, par contre, préfèrent l'usure. Le prêteur José Antonio de Mazo, par exemple, risque peu et gagne gros. *L'ami Mazo,* écrit Francisco Alonso Terán, *est un de ceux qui font le plus d'affaires à Guanajuato. Si Dieu lui prête longue vie, il mettra toute la ville dans son ventre.*

(49 et 223)

1799
Ville royale de Chiapas

Les *tamemes*

Don Agustín Quentas Zayas, gouverneur de Chiapas, a le projet de construire une nouvelle route, du río Tulijá à Comitán, vers le Guatemala. Mille deux cents *tamemes* transportent le matériel nécessaire.

Les tamemes, mules à deux jambes, sont des Indiens capables de porter jusqu'à sept arrobes. Avec des cordes attachées au front, ils portent sur leurs épaules d'immenses ballots ou des personnes assises dans un fauteuil et, ainsi chargés, ils traversent les hautes montagnes et longent les précipices, un pied dans la vie et l'autre en dehors.

(146 et 321)

1799
Madrid

Fernando Túpac Amaru

Dans la rue, quelqu'un arrache des gémissements à une guitare.

A l'intérieur, Fernando Túpac Amaru grelotte de fièvre et se meurt en rêvant qu'il sort de la neige de sa bouche.

Le fils du grand caudillo du Pérou n'a pas encore trente ans. Pauvre comme Job, il termine à Madrid sa courte vie d'exil et de prison.

Il y a vingt ans, une violente trombe d'eau s'était abattue sur la grand-place de Cuzco et depuis, il n'a pas cessé de pleuvoir sur le monde.

Le médecin dit que Fernando est mort de mélancolie.

(344)

1800
Río Apure

Vers l'Orénoque

L'Amérique brûle et tourne, consumée par ses soleils qui donnent le vertige, mais les arbres géants se rejoignent par-dessus les rivières et le canot des savants glisse, à l'abri de leur ombre.

Il avance, poursuivi par les oiseaux et entre des hordes affamées de moustiques en tout genre. Humboldt et Bonpland se défendent à grandes tapes des attaques continuelles de leurs dards qui traversent les vêtements et la peau pour arriver jusqu'à l'os. L'Allemand étudie l'anatomie du lamentin, cet énorme poisson avec des mains, ou l'électricité de l'anguille, ou la dentition du piraña. Le Français, lui, recueille et classe les plantes, mesure un crocodile et calcule son âge. Ensemble ils dessinent des cartes, enregistrent la température de l'eau et la pression de l'air. Ils analysent des plaques de mica trouvées dans le sable, les coquilles des escargots et le déplacement des trois rois mages dans le ciel. Ils veulent que l'Amérique leur raconte tout ce qu'elle sait et, dans ces royaumes, chaque feuille, chaque caillou a quelque chose à dire.

Ils ont bivouaqué dans une petite crique, ils ont débarqué les instruments encombrants. Pour effrayer les moustiques et faire la cuisine, ils ont allumé un feu. A ce moment le chien se met à aboyer comme pour prévenir que le jaguar arrive et il court se cacher entre les jambes de Bonpland. Le toucan posé sur l'épaule de Humboldt mordille nerveusement sa toque. La broussaille craque et entre les arbres apparaît un homme à la peau basanée, au visage de type indien et aux cheveux crépus de nègre.

— Bienvenue sur mes terres, messieurs !

Il fait une révérence.

— Don Ignacio, pour vous servir.

Devant le foyer improvisé, don Ignacio fait une grimace. Les savants sont en train de faire cuire un *cabiai*.

— C'est là une nourriture d'Indiens, dit-il avec mépris, et il les invite à venir dîner dans sa maison d'un magnifique cerf qu'il vient de tuer d'une flèche.

La maison de don Ignacio consiste en trois filets tendus entre les arbres, non loin de la rivière. Là, il leur présente sa femme, doña Isabel, et sa fille, doña Manuela, moins nues que lui. Il offre un cigare aux voyageurs. Pendant que le gibier rôtit, il les harcèle de questions. Don Ignacio est avide de connaître les dernières nouvelles de la cour de Madrid et de ces guerres qui n'en finissent pas et qui font tant de mal à l'Europe.

(338)

1800
Esmeralda de l'Orénoque

Le maître du poison

Ils redescendent le fleuve.

Au pied d'une montagne rocheuse, dans la lointaine mission chrétienne d'Esmeralda, ils rencontrent le maître du poison. Son laboratoire est la case la plus propre et la mieux rangée du village. Le vieil Indien, entouré de marmites fumantes et de récipients en terre cuite, verse un jus jaunâtre à travers des cornets de feuilles de bananier et dans des entonnoirs de palme ; l'effrayant curare coule, goutte à goutte. Une flèche enduite de curare pénétrera et tuera mieux que le crochet d'un serpent venimeux.

— Supérieur à tout, dit le vieillard, tout en broyant dans un mortier une pâte de lianes et d'écorces, supérieur à tout ce que vous pouvez faire.

Et Humboldt pense : il a le même ton pédant et le même air compassé que nos maîtres en pharmacie.

— Vous avez inventé la poudre noire, poursuit le vieillard et, très lentement, minutieusement, il verse de l'eau sur la pâte.

— Je la connais, dit-il alors. Cette poudre ne vaut rien. Elle fait du bruit. Elle est déloyale. La poudre est incapable de tuer en silence et elle peut tuer alors même que le coup se perd.

Il attise le feu, sous les marmites et les pots. A travers la fumée, il demande :

— Vous savez faire du savon ?

— Il sait, lui, dit Bonpland.

Le vieillard regarde Humboldt avec respect.

— Après le curare, dit-il, sentencieux, le savon c'est l'essentiel.

(338)

Curare

Guam, l'enfant-dieu des Indiens tukanos, a réussi à parvenir au royaume du poison. Là, il a attrapé la fille de Curare et il lui a fait l'amour. Elle cachait entre ses jambes des araignées, des scorpions et des serpents. Chaque fois qu'il pénétrait dans ce corps, Guam mourait et lorsqu'il revenait à la vie il voyait des couleurs qui n'étaient pas de ce monde.

Elle le conduisit chez son père. Le vieux Curare qui était anthropophage se pourlécha les babines. Mais Guam se transforma en puce, et, devenu puce, il pénétra dans la bouche du vieux et alla chercher son foie qu'il mordit. Curare se boucha la bouche, le nez, les oreilles, les yeux, le nombril, le cul et la verge pour que la puce ne puisse pas s'échapper. Guam le chatouilla à l'intérieur et prit la fuite quand il éternua.

Il s'en retourna chez lui en volant et, dans son bec d'oiseau, il ramenait un bout du foie de Curare. C'est ainsi racontent les hommes d'autrefois, les gardiens de la mémoire, que les Indiens tukanos obtinrent le poison.

(164)

1800
Uruana

Terre, terre toujours...

En face de l'île d'Uruana, Humboldt fait la connaissance des Indiens qui mangent de la terre.

Tous les ans, l'Orénoque, *le père des fleuves,* sort de son lit et pendant deux ou trois mois, il inonde ses rives. Tant que dure la crue, les Otonaques mangent la fine et onctueuse argile, à peine durcie au feu, et ils vivent de cette nourriture. C'est de l'argile pure constate Humboldt, ils n'y mêlent ni farine de maïs, ni huile de tortue, ni graisse de crocodile.

Ainsi cheminent de par la vie ces Indiens marcheurs, terre qui va vers la terre, terre debout, mangeant la terre qui les mangera.

(338)

1801
Lagune de Guatavita

La déesse du fond des eaux

L'El Dorado occupe toujours, sur les cartes d'Amérique, une bonne partie de la Guyane. La lagune d'or disparaît quand s'approchent ceux qui la recherchent, elle les maudit et les tue ; pourtant, sur les cartes, c'est une calme tache bleue qui rejoint le haut Orénoque.

Humboldt et Bonpland déchiffrent le mystère de la lagune trompeuse. Ils découvrent une partie du mirage dans les lueurs du mica d'une montagne que les Indiens appellent la montagne dorée, et ils en trouvent une autre dans les eaux d'un petit lac qui, à la saison des pluies, envahit la vaste plaine toute proche des sources de l'Orénoque et qui s'évanouit quand cessent les pluies.

En Guyane, la lagune fantôme est le plus tentant des délires de l'Amérique. Loin de là, sur la meseta de Bogota, se trouve le véritable El Dorado. Humboldt et Bonpland y arrivent après un long parcours en pirogue et à dos de mule ; c'est la lagune sacrée de Guatavita. Le miroir de ses eaux reflète jusqu'à la moindre feuille du bois au milieu duquel elle se trouve ; au fond, gisent les trésors des Indiens muiscas.

Les princes, le corps nu resplendissant de la poussière d'or dont ils étaient enduits, venaient jadis à ce sanctuaire et jetaient au centre de la lagune leurs plus belles pièces d'orfèvrerie. Ensuite, ils plongeaient et nageaient. Si, au sortir de l'eau, ils apparaissaient le corps net, sans la moindre trace d'or sur la peau, c'était que la déesse Furatena avait accepté leurs offrandes. En ce temps-là, la déesse Furatena, déesse serpent, gouvernait le monde du fond des eaux.

(326 et 338)

1801
Bogota

Mutis

Le vieux moine dialogue en épluchant des oranges et une interminable spirale glisse dans le chaudron posé entre ses pieds.

Pour le rencontrer, pour l'écouter, Humboldt et Bonpland se sont écartés de leur route vers le sud et ont remonté le fleuve pendant quarante jours. José Celestino Mutis, patriarche des botanistes d'Amérique, s'endort quand il écoute des discours, mais il apprécie comme personne les entretiens familiers et complices.

Les trois hommes, savants toujours émerveillés devant la beauté et le mystère de l'univers, échangent plantes, idées, doutes et découvertes. Mutis s'enthousiasme en entendant parler de la lagune de Guatavita, des mines de sel gemme de Zipaquira et des chutes du Tequendama. Il fait l'éloge de la carte du Magdalena dont Humboldt vient d'achever le tracé, tout en suggérant discrètement quelques modifications avec la douceur de quelqu'un qui a beaucoup cheminé, qui a vu et connaît beaucoup de choses et qui sent très profondément, très réellement sa continuité dans le monde.

Et il montre et il raconte tout. Tout en mangeant et en offrant des oranges, Mutis parle des lettres que lui écrivait Linné et de ce qu'elles lui ont appris, des problèmes qu'il a eus avec l'Inquisition. Il évoque et partage ses découvertes sur les pouvoirs curatifs de l'écorce de quina ou sur l'influence de la lune sur le baromètre ou bien encore sur les cycles de veille et de sommeil des fleurs qui, comme nous, dorment, s'étirent et se réveillent petit à petit en déployant leurs pétales.

(148)

1802
Mer des Antilles

Napoléon rétablit l'esclavage

Des bandes de canards sauvages escortent l'armée française. Les poissons prennent la fuite. Sur la mer, couleur de turquoise, hérissée de bancs de corail, les navires poursuivent leur route vers les montagnes bleues d'Haïti.

La terre des esclaves victorieux ne va pas tarder à apparaître à l'horizon. Le navire du général Leclerc prend la tête de la flotte. Sa sombre figure de proue est la première à fendre les flots. Derrière elle, disparaissent d'autres îles, châteaux de roches, brillantes verdures, sentinelles du Nouveau Monde, découvertes il y a trois siècles par qui ne les cherchait pas.

— Quel a été le régime le plus prospère pour les colonies ?

— Le précédent.

— Alors, qu'on le rétablisse, a décidé Napoléon.

Aucun homme, que sa peau soit cuivrée, noire ou blanche, ne peut être la propriété d'un autre homme, avait dit Toussaint Louverture. Maintenant la flotte française ramène l'esclavage aux Antilles. Plus de cinquante navires, plus de vingt mille soldats viennent de France rétablir le passé à coups de canon.

Dans la cabine du navire amiral, une esclave évente Pauline Bonaparte, tandis qu'une autre lui gratte doucement la tête.

(71)

1802
Pointe-à-Pitre

Ceux qui se sont indignés

A la Guadeloupe aussi, comme dans toutes les colonies françaises, les nègres libres redeviennent esclaves. Les citoyens noirs sont réincorporés dans les inventaires et les testaments de leurs maîtres en qualité de biens meubles séquestrables. Ils font à nouveau partie de l'outillage des plantations, de l'appareillage des bateaux et de l'arsenal de l'armée. Le gouvernement colonial convoque les Blancs ayant abandonné l'île et leur garantit que tous leurs biens leur seront rendus. Les nègres qui ne seront pas réclamés par leurs maîtres seront vendus au profit du pouvoir public.

La traque tourne au carnage. Les autorités de la Guadeloupe paient quarante-quatre francs par tête de rebelle. Des pendus pourrissent en permanence au sommet de la colline Constantin. Sur la place de la Victoire, à Pointe-à-Pitre, le bûcher aux nègres ne s'éteint jamais et ses flammes sont plus hautes que les maisons.

Parce qu'ils ont encore quelque dignité et qu'ils sont indignés, trois Blancs protestent et ils sont condamnés à cause de cela.

Millet de la Girardière, vieil officier de l'armée française, plusieurs fois décoré, est condamné à mourir dans une cage de fer, exposé au public, assis sur une lame tranchante. Les deux autres, Barse et Barbet, auront les os brisés avant d'être brûlés vifs.

(180)

1802

Volcan de Chimborazo

Au sommet du monde

Ils grimpent dans les nuages, au milieu des abîmes de neige, étreignant le corps rugueux du Chimborazo et s'écorchant les mains au roc dénudé.

A mi-chemin, ils ont abandonné les mules. Humboldt porte sur le dos un sac plein de pierres qui parlent de l'origine de la cordillère des Andes, née d'un vomissement exceptionnel du ventre incandescent de la terre. A cinq mille mètres, Bonpland capture un papillon et un peu plus haut une mouche surprenante et ils continuent à monter malgré le froid glacial, le vertige et les dérapages, malgré leurs yeux qui s'injectent de sang, malgré les gerçures qui leur fendent les lèvres et les gencives. La neige les enveloppe, mais ils continuent, à l'aveuglette, vers le haut du volcan, jusqu'à ce qu'un trou de lumière dans la neige dévoile la cime dénudée, haute tour blanche, à leurs regards émerveillés. Est-ce un mirage ? Jamais aucun homme n'est monté aussi près du ciel et l'on raconte que sur les toits du monde on voit apparaître des chevaux volant vers les nuages et qu'en plein jour, brillent des étoiles de couleur. Cette cathédrale de neige dressée entre le ciel du Nord et le ciel du Sud est-elle pure hallucination ? Leurs yeux blessés ne les trompent-ils pas ?

Humboldt ressent une plénitude de lumière plus intense que n'importe quel délire : nous sommes des êtres de lumière, découvre-t-il, la terre est lumière et lumière le temps. Il éprouve un immense désir de raconter tout cela à son ami, à son frère Goethe, là-bas, dans sa maison de Weimar.

(338)

1803
Fort Dauphin

L'île à nouveau brûlée

Toussaint Louverture, le chef des nègres libres, est mort prisonnier dans un château de France. Quand le geôlier a ouvert le cadenas, à l'aube, et tiré le verrou, il a trouvé Toussaint mort gelé sur sa chaise.

Mais la vie en Haïti a changé de corps et sans Toussaint, l'armée noire a vaincu Napoléon Bonaparte. Vingt mille soldats français sont morts décapités ou terrassés par la fièvre. Le général Leclerc, crachant du sang noir, du sang mort, s'est effondré et cette terre qu'il avait voulu asservir est aujourd'hui sa tombe.

Haïti a perdu la moitié de sa population. On entend encore des coups de feu, le bruit des marteaux clouant les cercueils et les tambours funèbres ; dans ce vaste amas de cendres gisent partout des cadavres que dédaignent les vautours. Cette île, incendiée il y a deux siècles par un ange exterminateur, a été de nouveau dévorée par le feu des hommes de guerre.

Sur la terre fumante, ceux qui furent des esclaves proclament l'indépendance. La France ne pardonnera pas cette humiliation.

Sur les côtes, les palmiers qu'incline le vent forment comme une rangée de lances.

(71)

1804
Ville de Mexico

La plus riche colonie de l'Espagne

Les professeurs de théologie gagnent encore cinq fois plus que leurs collègues en chirurgie ou en astronomie, pourtant, Humboldt rencontre dans la ville de Mexico une prodigieuse pépinière de jeunes scientifiques. C'est là l'héritage de quelques pères jésuites adeptes de la physique expérimentale, de la nouvelle chimie et de certaines théories de Descartes, qui ont enseigné ici et fait des disciples, en dépit de l'Inquisition ; c'est aussi l'œuvre du vice-roi Revillagigedo, homme favorable au vent des idées nouvelles qui ne craignait pas de défier les dogmes et qui, il y a quelques années, gouverna ces terres avec le souci constant du manque de laboratoires et d'œuvres modernes à lire.

Humboldt découvre l'École des mines, ses savants professeurs, et il en fait l'éloge. Le Mexique produit plus d'argent que tout le reste du monde, fleuve d'argent toujours grossissant qui coule vers l'Europe par le port de Veracruz, mais Humboldt remarque en même temps qu'on travaille peu et mal la terre et que le monopole colonial du commerce et la misère du peuple bloquent le développement des manufactures. *Le Mexique est le pays de l'inégalité,* écrit-il, *la disproportion des fortunes saute aux yeux..* Les comtes et les marquis font peindre leurs blasons d'acquisition récente sur leurs voitures et le peuple survit dans un état d'indigence ennemi de toute industrie. Les Indiens souffrent d'une épouvantable pénurie. Comme dans toute l'Amérique, ici aussi, *la peau plus ou moins blanche décide du rang qu'un homme occupe dans la société.*

(163 et 217)

1804
Madrid

Le procureur du Conseil des Indes recommande de ne pas exagérer en ce qui concerne l'attribution de certificats de blancheur,

afin que les gens à peau basanée, se sentant protégés par de telles faveurs, n'essaient pas de les généraliser et ne se croient pas les égaux des Blancs sans autre différence que la couleur de leur peau et que, de ce fait, ils s'estiment en droit de jouir des mêmes chances et d'occuper les mêmes postes qu'eux, de s'allier à n'importe quelle famille légitime et vierge de tout métissage... conséquences qu'il est nécessaire d'éviter dans une monarchie où la répartition des classes contribue au maintien de l'ordre, à la sécurité et au bon gouvernement...

Les gens à peau basanée ou noire, provenant de mélanges infects constituent une espèce tout à fait inférieure et de par leur naturel vicié, leur orgueil et leur goût de la liberté, ils ont toujours été et sont encore bien peu attachés à notre gouvernement et à notre nation.

(174)

1804
Catamarca

La faute d'Ambrosio

Attaché au poteau de la grand-place de Catamarca, Ambrosio Millicay reçoit vingt-cinq coups de fouet.

Le mulâtre Ambrosio qui appartient au propriétaire d'une concession, le señor Nieva y Castillo, a été dénoncé aux autorités pour avoir commis le délit d'apprendre à lire et à écrire. On lui a lacéré le dos à coups de fouet, comme exemple et *punition aux Indiens et aux mulâtres chicaneurs qui prétendent se faire passer pour des Espagnols.*

Plat ventre sur les pierres du patio, Ambrosio gémit et délire. Il rêve de vengeance.

— S'il vous plaît..., demande-t-il en songe ; et il plante son couteau.

(272)

1804
Paris

Napoléon

Les accords de l'orgue invitent à la cérémonie les soixante rois qui gouvernèrent la France, et peut-être aussi les anges, car le pape est venu de Rome pour couronner Napoléon Bonaparte.

Napoléon ceint lui-même son front du laurier des Césars. Ensuite, majestueux dans son manteau de pourpre et d'hermine, il descend lentement et pose sur le front de Joséphine le diadème qui la consacre première impératrice de l'histoire de France.

Le petit étranger, grand général venu des rudes montagnes de Corse et son épouse Joséphine, Antillaise née à la Martinique dont on dit que les baisers laissent des traces noires, sont arrivés au trône de ce pays dans un carrosse d'or et de verre. Napoleone, le lieutenant d'artillerie qui haïssait les Français, est devenu Napoléon Ier.

Le fondateur de la dynastie inaugurée aujourd'hui a fait mille répétitions de cette cérémonie du couronnement. Chaque personnage du cortège, chaque acteur a revêtu l'habit qu'il lui a imposé, s'est placé là où il a décidé qu'il devait se placer et s'est déplacé comme il lui a ordonné de le faire.

— *Ah ! Joseph, si notre père pouvait nous voir !*

La vorace famille, princes et princesses de la nouvelle noblesse de France, a fait son devoir. Il est vrai que Letizia, sa mère, a refusé de venir, qu'elle est restée au palais à ruminer ses rancœurs, mais Napoléon ordonnera à David, son peintre officiel, de donner à Letizia une place de choix dans le tableau qui racontera à la postérité les fastes de cette cérémonie.

Les invités débordent de Notre-Dame. Parmi ceux-ci, un jeune Vénézuélien de vingt ans, Simon Bolivar, assiste comme en rêve à la naissance de la monarchie napoléonienne : *je ne suis qu'un brillant du pommeau de l'épée de Bonaparte...*

Ces jours derniers, dans un salon doré de Paris, Bolivar a rencontré Alexandre de Humboldt. Le savant aventurier, revenu récemment d'Amérique, lui a dit :

— *Je crois que votre pays est mûr pour l'indépendance, mais je ne vois pas l'homme qui pourra...*

(20 et 116)

1804
Séville

Frère Servando

Pour avoir voulu l'indépendance du Mexique et avoir cru que le dieu païen Quetzacoatl était l'apôtre saint Thomas en personne, frère Servando a été condamné à l'exil en Espagne.

De prison en prison, d'évasion en évasion, l'hérétique Mexicain a reçu l'hospitalité dans les cachots espagnols les plus divers. Mais cet artiste de la lime, du tunnel et du saut a réussi à faire beaucoup de chemin sur le vieux continent.

« Globe-trotter » et brise-fer, oiseau aux ailes agiles et au bec d'acier, frère Servando se défend de la fascination de l'Europe en dépréciant tout ce qu'il y voit. *Je suis mexicain,* dit-il et se dit-il à chaque instant, et de déclarer que les femmes françaises ont des têtes camuses de grenouilles et sont bavardes, qu'en France, les hommes sont comme des femmes et les femmes comme des enfants, que la langue italienne est faite pour mentir et que l'Italie est le pays des superlatifs et de la tromperie mais qu'il s'y trouve pourtant une ville qui vaut la peine d'être vue, Florence, parce qu'elle ressemble assez aux villes du Mexique. Contre l'Espagne, ce moine impertinent débite un chapelet d'insultes : les Espagnols imitent les Français, comme des singes, la Cour est un lupanar et l'Escorial n'est pas autre chose qu'un tas de pierres, les Basques plantent des clous avec leur tête et les Aragonais en font autant, mais pointe à l'envers, les Catalans ne font pas un pas sans lumière et ne reçoivent leurs parents que s'ils apportent le repas, quant aux Madrilènes, ce sont des nains créateurs de rosaires et héritiers d'un bagne où ils sont condamnés à huit mois d'hiver et à quatre mois d'enfer.

Actuellement, dans une geôle de Séville, le frère Servando enlève par poignées les poux de sa poitrine, tandis qu'une armée de punaises fait des vagues sur la couverture et que les puces se rient de ses claques et les rats de ses coups de bâton. Tous veulent déjeuner sur frère Servando qui réclame, de grâce, une trêve. Il a besoin d'un petit instant de répit pour mettre la dernière main aux détails de sa prochaine évasion dont le plan est déjà presque au point.

(318 et 346)

1806
Ile de la Trinité

Aventures et mésaventures

Après bien des années d'attente inutile, Francisco de Miranda quitte Londres. Les Anglais lui ont offert une pension qui lui permet de vivre dans l'aisance, quelques promesses, des sourires bienveillants, mais pas la moindre balle pour son expédition libératrice. Miranda s'échappe du cadre de la diplomatie britannique et va tenter sa chance aux États-Unis.

A New York, il obtient un navire. Deux cents volontaires l'accompagnent. Il débarque sur les côtes vénézuéliennes du golfe de Coro, après trente-six ans d'exil.

Il avait promis à ses recrues un accueil glorieux avec fleurs et musique, honneurs et offrandes ; il trouve le silence. Personne ne répond à ses proclamations qui annoncent la liberté. Miranda occupe deux villages, les couvre de drapeaux et de mots et finit par quitter le Venezuela avant d'être anéanti par les cinq mille soldats qui arrivent de Caracas.

Dans l'île de la Trinité, il reçoit des nouvelles révoltantes. Les Anglais se sont emparés de Buenos Aires et projettent la conquête de Montevideo, de Valparaiso et de Veracruz. De Londres, le ministre de la Guerre a donné des instructions bien claires : *le changement consistera uniquement à substituer la domination de Sa Majesté britannique à celle du roi d'Espagne.*

Miranda retournera à Londres, dans sa maison de la rue Grafton, et il protestera de vive voix. Là-bas, on augmentera sa pension annuelle qui passera de trois cents à sept cents livres sterling.

(150)

1808

Rio de Janeiro

Défense de brûler Judas

Par ordre du prince portugais qui vient d'arriver au Brésil, le traditionnel autodafé des Judas, pendant la semaine sainte, est désormais interdit. Pour venger le Christ et pour se venger, le peuple jetait au feu, un soir par an, le maréchal et l'archiprêtre, le riche marchand, le grand propriétaire terrien et le commandant de la police ; les déshérités prenaient plaisir à voir ces poupées de chiffon luxueusement vêtues et remplies de fusées se tordre de douleur et voler en éclats dans les flammes.

Dorénavant, les nantis ne souffriront plus, pas même pendant la semaine sainte. La famille royale qui vient d'arriver de Lisbonne exige silence et respect. Un navire anglais a récupéré le prince portugais et toute sa cour avec leurs bijoux et les a convoyés jusqu'à ces terres lointaines.

Cette habile manœuvre met la dynastie portugaise à l'abri d'une attaque de Napoléon Bonaparte qui a envahi l'Espagne et le Portugal, en même temps qu'elle offre à l'Angleterre un excellent terrain d'opérations en Amérique. Les Anglais ont subi, sur le Río de la Plata, une sévère défaite. Expulsés de Buenos Aires et de Montevideo, ils rentrent par Rio de Janeiro, grâce au plus inconditionnel de leurs alliés.

(65 et 171)

1809

Chuquisaca

Le cri

d'Amérique retentit à Chuquisaca. Pendant que l'Espagne agitée se dresse contre les envahisseurs français, l'Amérique se soulève. Les créoles ne reconnaissent pas le trône que Joseph Bonaparte, le frère de Napoléon, occupe à Madrid.

Chuquisaca est la première. La rébellion de la Salamanque américaine annonce pour l'Espagne la perte de la domination des Indes.

Chuquisaca qui s'est appelée La Plata et Charca et qui prendra le nom de Sucre s'étend au pied de deux collines sœurs. De ses patios et de ses jardins monte une senteur de fleurs d'oranger et dans ses rues on voit passer plus de gentilshommes que de vilains. Rien n'y est plus abondant que toges et tonsures ; ces docteurs, raides comme leurs cannes à pommeaux d'or, et ces moines qui passent en aspergeant les maisons de leurs goupillons sont typiques de Chuquisaca.

Ici, le monde semblait immuable et protégé. Prodigieusement, c'est de cette bouche habituée au latin en ton de fausset qu'a surgi le cri rauque de la liberté. Et tout de suite, La Paz, Quito et Buenos Aires lui ont fait écho. Au nord, Mexico...

(5)

1810
Atotonilco

La Vierge de Guadalupe contre la Vierge de los Remedios

La foule se frayant un passage au milieu d'un nuage de poussière traverse le village d'Atotonilco :

— *Vive l'Amérique ! Mort au mauvais gouvernement !*

Le père Miguel Hidalgo décroche de l'église l'image de la Vierge de Guadalupe et attache la toile à une lance. L'étendard resplendit au-dessus de la foule.

— *Vive Notre-Dame de Guadalupe ! Mort aux gachupines* !*

Ferveur révolutionnaire et passion religieuse. La cloche retentit dans l'église de Dolores, le curé Hidalgo appelle au combat et la Vierge de Guadalupe déclare la guerre à la Vierge espagnole de los Remedios. La Vierge indienne défie la Vierge blanche : celle qui a choisi un pauvre Indien sur la colline de Tepeyac marche contre celle qui a sauvé Hernán Cortes dans sa fuite de Tenochtitlán. Notre-Dame de los Remedios sera revêtue d'un habit de générale et le peloton d'exécution criblera de

* *Gachupines :* surnom péjoratif donné aux Espagnols installés en Amérique. *(N.d.T.)*

balles l'étendard de Notre-Dame de Guadalupe, sur ordre du vice-roi.

Mère, reine et déesse des Mexicains, la Vierge de Guadalupe se nommait Tonantzin, du temps des Aztèques, avant que l'archange Gabriel n'ait peint son image dans le sanctuaire de Tepeyac. Tous les ans, le peuple se presse en procession à Tepeyac. *Ave, Vierge fécondée ! Ave Vierge mère !* Il monte, à genoux, jusqu'au rocher où elle est apparue et jusqu'à la crevasse d'où surgirent des roses. *Ave possédée de Dieu ! Ave, la plus aimée de Dieu !* Il boit l'eau des sources. *Ave, toi qui fis un nid au Seigneur !* Et ils lui demandent amour et miracles, protection et réconfort. *Ave Maria, ave, ave !*

Maintenant, la Vierge de Guadalupe avance et tue pour l'indépendance du Mexique.

(178)

1810
Guanajuato

El Pípila

Les troupes d'Hidalgo arrivent en trombe des maquis des collines et, à coups de pierres, elles tirent sur Guanajuato. Le peuple des mines se joint à l'avalanche des assiégeants. Malgré les massacres causés par les fusiliers du roi, une houle humaine envahit les rues, elle emporte les soldats et s'attaque au bastion du pouvoir espagnol, la halle aux grains de Granaditas. Là, sous la voûte de trente salles, elle trouve cinq mille fanègues de maïs, une incalculable fortune en barres d'argent et d'or et en bijoux. Les maîtres de la colonie, épouvantés, se sont réfugiés là avec leurs biens.

C'est en vain que les petits-maîtres implorent la pitié. On égorge, on pille, on se soûle sans arrêt et les Indiens déshabillent les morts pour voir s'ils ont une queue.

El Pípila, un ouvrier des mines, est le héros de la journée. On raconte qu'il a posé sur son dos une énorme dalle et qu'il est passé, comme une tortue sous sa carapace, à travers une pluie de balles, et qu'avec une torche de résine allumée et beaucoup de brai, il a mis le feu à la porte de la halle aux grains. On dit qu'El Pípila s'appelle Juan José Martínez et on dit aussi qu'il a d'autres noms, tous les noms des Indiens qui sont ou ont été dans les mines de Guanajuato.

(197)

1810
Guadalajara

Hidalgo

Tout le monde dans le village de Dolores sait que le curé Hidalgo, le large bord de son chapeau entre le soleil et les pages de son livre, avait l'habitude de lire en marchant dans les rues. C'est pur miracle que ni les chevaux ni l'Inquisition ne l'aient écrasé, car lire ce qu'il lisait était bien plus dangereux que simplement de lire. Il traversait le nuage de poussière des rues de Dolores à pas lents, avec, toujours, un livre en français lui cachant le visage, un de ces livres qui parlent de contrat social, des droits de l'homme et des libertés du citoyen ; et s'il ne saluait pas, c'est parce qu'il était pris par son sujet et non par impolitesse.

Le curé Hidalgo s'est soulevé avec les vingt Indiens qui travaillaient avec lui à faire des pots et des écuelles et, au bout d'une semaine, ils furent cinquante mille. Alors l'Inquisition s'attaqua à lui. Le Saint-Office de Mexico le déclara *hérétique, apostat, négateur de la virginité de Marie, matérialiste, libertin, défenseur de la fornication, séditieux, schismatique et sectaire de la liberté française.*

La Vierge de Guadalupe envahit Guadalajara à la tête de l'armée des insurgés. Miguel Hidalgo ordonne d'enlever des murs le portrait du roi Ferdinand et répond à l'Inquisition en décrétant l'abolition de l'esclavage, la confiscation des biens des Européens, la suppression des tributs que paient les Indiens et le retour à ces derniers des terres de culture qui leur ont été usurpées.

(127, 203 et 321)

1810
Pié de la Cuesta

Morelos

C'est un curé de campagne, comme Hidalgo. Comme Hidalgo, il est né au pays des Tarasques, dans les montagnes de Michoacán, où l'évêque Vasco de Quiroga avait créé, il y a deux siècles et demi, son utopie communautaire — région de délivrance, après le ravage des fléaux et le travail de milliers d'Indiens jetés dans les mines de Guanajuato.

— *Je ne décolère pas lorsque je parcours ces terres du Sud.*

José María Morelos, berger et muletier, curé de Caracuaro, rejoint la révolution. Il se lance sur les routes avec vingt-cinq lances et quarante fusils. Derrière le foulard de soie blanche qui ceint son front, la troupe s'accroît de jour en jour.

A la recherche des Indiens d'Atoyac, cachés dans les palmeraies, Morelos traverse le petit village de Pié de la Cuesta.

— Qui vive ?

— Dieu saint ! disent les Indiens.

Morelos leur parle. Désormais au cri de *Qui vive ?*, ils répondront : *Amérique !*

(332 et 348)

1811
Buenos Aires

Moreno

Moreno pensait que les grandes fortunes entre les mains de quelques-uns sont des eaux stagnantes qui n'irriguent pas la terre. *Pour ne pas changer simplement de tyran, sans détruire complètement la tyrannie,* ce qu'il faut, disait-il, c'est exproprier les capitaux parasitaires amassés grâce au commerce colonial. Pourquoi aller chercher en Europe, et à des intérêts exorbitants, l'argent surabondant dans le pays ? Ce qu'il faut acquérir à l'étranger, prônait-il, ce sont des machines et des semences au lieu d'y acheter des pianos Stoddart et des potiches chinoises.

L'État, pensait Moreno, doit devenir le grand promoteur de la nouvelle nation indépendante. La révolution doit être terrible et habile, implacable avec ses ennemis, vigilante à l'égard de ceux qui se contentent de l'observer.

Il a eu un instant le pouvoir ou il a cru le détenir.

Grâce à Dieu ! soupirent les marchands de Buenos Aires, Mariano Moreno, *ce démon de l'enfer*, est mort en haute mer. Ses amis French et Beruti prennent le chemin de l'exil. Un ordre d'incarcération est lancé contre Castelli.

Cornelio Saavedra fait saisir les exemplaires du *Contrat social* de Rousseau que Moreno avait édité et diffusé ; il fait savoir qu'il n'y a de place pour aucun Robespierre, au Río de la Plata.

(2 et 267)

1811
Buenos Aires

Castelli

Ils étaient deux : une plume, une voix. Mariano Moreno, un Robespierre qui écrivait, et l'autre qui parlait. *Tous sont pervers* disait un commandant espagnol, mais Castelli et Moreno *le sont au suprême degré.* Juan José Castelli, le grand orateur, est prisonnier à Buenos Aires.

Usurpée par les conservateurs, la révolution sacrifie les révolutionnaires. Les accusations pleuvent : Castelli était coureur, ivrogne, joueur, profanateur des lieux saints. Le prisonnier, agitateur des Indiens, justicier des pauvres, porte-parole de la cause américaine, ne peut même pas se défendre. Un cancer lui ronge la bouche et il faut l'amputer de la langue.

A Buenos Aires, la révolution reste muette.

(84)

1811
Bogota

Nariño

Nous avons changé de maîtres, écrit Antonio Nariño, en Colombie. *La Bagatela*, journal qu'il a fondé, qu'il dirige et rédige de la première à la dernière page, n'épargne la tête d'aucun fantoche, il n'est pas un puissant qui demeure sur son piédestal. Nariño dénonce le fait que le soulèvement patriotique des Colombiens est en train de se transformer en une mascarade et il exige que l'indépendance soit décrétée une fois pour toutes. Il exige aussi, voix dans le désert, qu'on reconnaisse le droit de vote aux plus humbles et que la volonté du peuple en haillons ait autant de valeur que celle des messieurs en habits de velours.

Nous avons changé de maîtres, écrit-il. Il y a quelques mois, le peuple avait envahi la grand-place de Bogota, les hommes avaient incarcéré le vice-roi tandis que les femmes jetaient la vice-reine à la prison des putains. Le fantôme de José Antonio Galán, capitaine des *comuneros,* planait sur la foule en furie. Les docteurs, les évêques, les marchands, les propriétaires de terres et d'esclaves avaient eu une sacrée frousse. Et ils firent le serment d'éviter à tout prix *les erreurs des libertins de France*; ils facilitèrent l'évasion du vice-roi et de la vice-reine.

Nous avons changé de maîtres. Des messieurs aux chemises bien amidonnées et aux casaques pleines de boutons gouvernent la Colombie. *Même au ciel, il y a une hiérarchie,* dit dans son sermon le chanoine de la cathédrale, *les doigts de la main eux-mêmes n'ont pas tous la même taille.* Les dames se signent et leur tête s'incline, laissant voir une tignasse pleine de boucles, de fleurs et de rubans sous la mantille noire. La Junte des notables publie ses premiers décrets. Entre autres mesures patriotiques, elle décide de dépouiller les Indiens dépouillés de tout ce qui leur reste. Sous prétexte de les libérer du tribut, la Junte arrache aux Indiens leurs terres communautaires pour les obliger à servir dans les grandes haciendas qui arborent un poteau au milieu de leur patio.

(185 et 235)

Chanson du monde à l'envers
pour guitare avec accompagnement de chant

On a vu, parmi tant d'errements,
Peindre le monde à contresens :
Le renard poursuivant le chien,
Aux trousses du juge, un coquin ;
Les pieds en l'air se dressant,
La bouche sur le sol marchant ;
L'eau, par le feu apaisée,
L'aveugle enseignant l'alphabet,
Les bœufs, dans un char installés,
Que traîne le charretier.

Au bord d'un homme,
Une rivière est assise
Qui son cheval aiguise
Et donne à boire à son couteau.

(179)

1811
Chilapa

L'homme au gros ventre

A Mexico, l'ordre militaire est en train de triompher du soulèvement populaire. Hidalgo a été fusillé à Chihuahua. On dit qu'au bout de quatre mois de chaînes et de tourments, il aurait renoncé à ses idées. L'indépendance dépend maintenant des forces regroupées de Morelos.

Ignacio López Rayón envoie à Morelos un message urgent, c'est un avertissement : *Je sais de source sûre que le vice-roi a payé quelqu'un pour vous tuer. Je ne peux rien vous dire de cet homme, si ce n'est qu'il a un gros ventre.*

A l'aube, crevant les chevaux, le messager arrive au campement de Chilapa.

A midi, l'assassin vient offrir ses services à la cause nationale. Les bras croisés, Morelos se laisse abreuver de discours patriotiques. Sans mot dire, il invite l'assassin à s'asseoir à sa droite et à partager son déjeuner. Morelos mastique longuement chaque bouchée. Il regarde manger l'assassin qui regarde son assiette.

Le soir, ils dînent ensemble. L'assassin mange, parle et s'étrangle. Morelos, immobile et poli, cherche son regard.

— J'ai un mauvais pressentiment, dit-il soudain et il attend une crispation. La chaise craque. Pour détendre l'atmosphère il dit :

— Encore ce rhumatisme ! Il va pleuvoir.

Son regard sombre stoppe le rire.

Il allume un cigare. Il observe la fumée. L'assassin n'ose pas se lever. Il bredouille des remerciements. Morelos approche son visage du sien.

— Je vais être curieux, dit-il.

Il note le recul de l'assassin et compte les gouttes de sueur qui perlent à son front. La question tarde à venir.

— Avez-vous sommeil ?

Et aussitôt :

— Me ferez-vous l'honneur de dormir à côté de moi ?

Ils s'allongent, séparés par une bougie qui se consume sans vouloir mourir. Morelos lui tourne le dos. Il respire profondément, il va même jusqu'à ronfler. Avant le point du jour il entend le bruit des sabots du cheval qui s'éloigne. Au milieu de la matinée, il charge son assistant d'écrire ceci : Lettre à Ignacio López Rayón : *Merci de l'avertissement. Il n'y a plus, dans ce campement, d'autre gros ventre que le mien.*

(348)

1811

Prairies de la Bande orientale
Aucun homme ne vaut plus qu'un autre

disent les cavaliers gardiens de troupeaux. La terre ne peut pas avoir de maître puisque l'air n'en a pas. Il n'est de meilleur toit que les étoiles, ni de gloire qui se puisse comparer à la liberté d'aller sans but, sur un cheval ami, à travers les prés ondulants comme une mer.

Si l'on a du bétail à faire tourner dans un champ ouvert, on a presque tout. Les gauchos ne mangent que de la viande parce que la verdure, c'est de l'herbe et l'herbe c'est pour les vaches. La grillade s'accompagne de cigares et de canne à sucre et aussi de guitares qui chantent les événements et les miracles.

Les gauchos, hommes libres, que le propriétaire terrien utilise et expulse à son gré, se regroupent en armes autour de José Artigas. Les plaines s'embrasent à l'est du fleuve Uruguay.

(277 et 278)

1811
Aux bords du fleuve Uruguay

L'exode

Buenos Aires pactise avec le vice-roi et retire ses troupes qui assiégeaient Montevideo. José Artigas refuse d'accepter cet armistice qui rend sa terre aux Espagnols et il jure qu'il poursuivra la lutte, fût-ce *avec les dents et les ongles.*

Le caudillo émigre vers le nord pour organiser l'armée de l'indépendance et tout un peuple dispersé se regroupe et prend naissance sur son passage. La troupe errante rassemble de farouches gauchos, des peones, des paysans et des propriétaires patriotes. Il y a aussi des femmes qui soignent les blessés ou empoignent l'épée et des moines qui baptisent tout au long du chemin les soldats nouveau-nés. Ceux qui avaient un toit choisissent les intempéries, ceux qui étaient tranquilles choisissent le danger. Maîtres d'école et maîtres du couteau, docteurs à l'élocution facile, hors-la-loi méfiants qui ont des morts sur la conscience avancent vers le nord. Avec eux marchent des arracheurs de dents, des guérisseurs, des déserteurs des navires et des fortins, des esclaves fugitifs. Les Indiens brûlent leurs campements et se joignent à la troupe avec leurs flèches et leurs lassos. La longue caravane de chariots, de chevaux et de gens à pied va vers le nord. Sur son passage, la terre qui prendra le nom d'Uruguay et qui veut être une patrie se dépeuple. Elle-même s'en va avec ses fils, elle s'en va à travers eux et il ne reste rien derrière. Pas même des cendres, pas même le silence.

(277)

1812
Cochabamba

Femmes

A Cochabamba, beaucoup d'hommes ont fui. Pas une femme. Sur la colline, une clameur se fait entendre. Les femmes du peuple de Cochabamba, assiégées, combattent au milieu d'un cercle de feu. Encerclées par cinq mille Espagnols, elles résistent en tirant avec des canons d'étain délabrés et quelques arquebuses ; et elles se battent jusqu'au dernier cri.

La longue guerre d'indépendance en réveillera l'écho. Quand sa troupe flanchera, le général Manuel Belgrano lancera un cri infaillible pour secouer les tièdes et ranimer leur courage. Le général demandera à ses soldats hésitants : « Où sont donc les femmes de Cochabamba ? »

(5)

1812
Caracas

Bolivar

Un tremblement de terre a rasé Caracas, La Guaira, San Felipe, Barquisimeto et Mérida. Ce sont les villes vénézuéliennes qui ont proclamé l'indépendance. A Caracas, centre de l'insurrection créole, dix mille morts gisent sous les décombres. On n'entend que litanies et malédictions tandis que la foule cherche les corps entre les pierres.

Dieu serait-il espagnol ? Le tremblement de terre a avalé l'échafaud dressé par les patriotes et n'a laissé debout aucune des églises où l'on avait chanté le *Te Deum* en l'honneur de la république naissante. Dans l'église détruite de las Mercedes, se dresse, intacte, la colonne qui porte le blason impérial de l'Espagne. Coro, Maracaibo, Valencia et Angostura, villes fidèles au roi, n'ont pas ressenti la moindre secousse.

A Caracas, l'air est brûlant. Des ruines s'élève une épaisse poussière qui bouche la vue. Un moine harangue la foule. Il déclare, ce moine, que Dieu ne supporte pas qu'on se paie sur sa tête.

— *Vengeance !*

La foule se rassemble autour de lui, là où se dressait le couvent de San Jacinto. Juché sur ce qui reste de l'autel, le moine exige le châtiment de ceux qui sont responsables de la colère de Dieu.

Vengeance ! rugit ce fléau du Christ et son doigt accusateur désigne un officier patriote, qui, les bras croisés, contemple la scène. La foule se retourne contre l'officier, petit, bien charpenté, en brillant uniforme, et elle se rue pour l'écraser.

Simon Bolivar ne supplie pas, ne recule pas, il attaque. Sabre en main, il traverse la foule en furie, grimpe sur l'autel et renverse du plat de son sabre ce moine apocalyptique.

Le peuple, muet, se disperse.

(116)

1813

Chilpancingo

L'indépendance, c'est la révolution sinon, c'est un mensonge

En trois campagnes militaires, Morelos a conquis une bonne partie du territoire du Mexique. Le Congrès de la future république, Congrès errant, pérégrine derrière son chef. Les députés dorment à même le sol et mangent des rations de soldats.

A la lumière d'une grosse bougie de suif, Morelos rédige les bases de la Constitution nationale. Il propose une Amérique libre, indépendante et catholique ; il remplace les tributs des Indiens par un impôt sur le revenu et augmente le salaire journalier du pauvre ; il confisque les biens de l'ennemi ; il établit la liberté du commerce, mais avec des barrières douanières ; il supprime l'esclavage et la torture et liquide le régime des castes qui base les différences sociales sur la couleur de la peau, de sorte que *seuls le vice et la vertu distingueront désormais un Américain d'un autre.*

Les créoles riches vont de frayeur en frayeur. Les troupes de

Morelos avancent, se livrant à des expropriations et divisant les domaines. Guerre contre l'Espagne ou soulèvement des esclaves ? Cette indépendance-là ne leur convient pas. Ils en feront une autre.

(348)

1814
San Mateo

Boves

Au Venezuela, le mot *indépendance* ne signifie pas encore grand-chose d'autre que *liberté du commerce* pour les riches créoles.

Le chef des Espagnols, un hercule à la barbe rousse et aux yeux verts, est le caudillo des nègres et des basanés. Les esclaves s'enfuient, à la recherche de José Tomas Rodrígues Boves, le papa Boves. Dix mille cavaliers des plaines mettent le feu aux plantations et en décapitent les maîtres au nom de Dieu et du roi. L'étendard de Boves, un squelette sur fond noir, promet saccage et revanche, guerre à mort contre l'oligarchie du cacao qui prétend se libérer du joug de l'Espagne. Sur les terres de San Mateo, Boves entre à cheval dans la demeure de la famille Bolivar et, de la pointe de son couteau, il grave son nom sur la porte du vestibule principal.

Les lances n'hésitent pas, les balles n'hésitent pas. Mais avant de tuer avec du plomb, Boves fusille avec des salves de poudre pour voir la tête que feront les victimes. Il partage les demoiselles des meilleures familles entre ses soldats les plus courageux. Il prend plaisir à toréer les patriotes les plus fougueux après leur avoir planté des banderilles dans la nuque. Il décapite comme si c'était une blague.

D'ici peu il sera transpercé par une lance. On l'enterrera les pieds liés.

(160)

1815
San Cristóbal Ecatepec

Le lac est venu le chercher

Les Espagnols s'emparent de José Maria Morelos dans les coteaux épineux de Tezmalaca. Après de nombreuses erreurs et défaites, ils lui ont donné la chasse dans le maquis, alors qu'il était seul, les vêtements en lambeaux sans armes ni éperons.

Ils l'enchaînent. Ils l'engueulent. Le colonel Eugenio Villasana lui demande :

— *Que feriez-vous, si vous étiez le vainqueur et moi le vaincu ?*

— *Je vous donne deux heures pour vous confesser,* répond le curé Morelos, *et je vous fusille.*

On l'emmène dans les cellules secrètes de l'Inquisition.

On l'humilie à genoux. Et on l'exécute dans le dos.

Le vice-roi dit que le rebelle s'est repenti avant de mourir. Le peuple mexicain, lui, dit que le lac a entendu la fusillade et que ses eaux se sont agitées, qu'il a débordé et qu'il est venu chercher son corps.

(178 et 332)

1815
Paris

Navigants en mer ou en bibliothèque

Julien Mellet, écrivain et voyageur, raconte au public européen ses aventures en Amérique du Sud. Entre autres choses, il décrit *une danse très vive et lascive* qui se danse beaucoup à Quillota, au Chili, et qui a été apportée *par les nègres de la Guinée.* Mellet copie, en ayant l'air de ne pas s'en apercevoir, la description d'une danse des nègres de Montevideo, exactement telle que l'a publiée le voyageur Anthony Helms, à Londres, il y a huit ans. Helms quant à lui avait emprunté son texte, ligne pour ligne, à un livre que Dom Pernetty avait publié à Paris en 1770. Pernetty, pour sa part, avait décrit de première main la danse des esclaves de Montevideo avec des mots étonnamment semblables à ceux du père Jean-Baptiste Labat dans son ouvrage consacré aux nègres d'Haïti publié il y a un demi-siècle à La Haye.

Des Caraïbes à la ville chilienne de Quillota, en passant par Montevideo, et de La Haye à Paris, en passant par Londres, ces phrases du père Labat ont voyagé beaucoup plus que leur auteur. Sans passeport ni déguisement.

(19)

1815

Mérida du Yucatán

Ferdinand VII

En habits d'apparat, les gentilshommes traversent la place d'Armes de Mérida, blanche de poussière et de soleil, et pénètrent dans la cathédrale en procession solennelle. A l'ombre des portails, les Indiens vendeurs de tamales et de colliers se demandent pourquoi les cloches sonnent si gaiement et à qui appartient la tête couronnée qu'on voit sur l'étendard de ces messieurs.

L'aristocratie coloniale se réjouit des nouvelles venues de Madrid. On a appris ici, avec retard, que les Français avaient été chassés et que maintenant c'est Ferdinand VII qui règne en Espagne. Les messagers racontent qu'autour du monarque on entend crier : *Vive les chaînes !* Tandis que tintent les grelots des bouffons, le roi Ferdinand fait emprisonner ou fusiller les guérilleros qui l'ont porté sur le trône ; il restaure l'Inquisition et rend leurs privilèges au clergé et à la noblesse.

(339)

1815
Curuzú-Cuatiá

Le cycle du cuir au Río de la Plata

A la pointe de la lance, la lame trace une courbe pour chercher les pattes de l'animal qui fuit. Une seule coupure : le cavalier frappe à coup sûr et le taurillon chancelle, ouvre la bouche et tombe. Le cavalier saute à terre. Il décapite et dépèce la bête.

On ne tue pas toujours de cette façon. Il est plus facile de pousser à grands cris le bétail marron vers les enclos et de passer au couteau des milliers et des milliers de bovins et de chevaux sauvages partis en flèche vers la mort ; plus facile encore de les surprendre dans leur sommeil au cœur de la montagne.

Le gaucho arrache la peau et l'étend sur le sol. Ce qui ne sera pas mangé est abandonné aux corbeaux.

Les frères Robertson, John et William, commerçants écossais, se promènent sur ces terres avec de longs sacs qui semblent des saucisses pleines d'écus d'or. D'une ferme de Curuzú-Cuatiá, ils expédient dix mille peaux vers le village de Goya, dans soixante chariots.

Les énormes roues de bois gémissent sous le poids et l'aiguillon pique les bœufs. Les chariots pénètrent dans la campagne, escaladent des collines, traversent des marécages et des fleuves en crue. Le soir, ils sont tous groupés autour des feux. Tandis que les gauchos fument en buvant du maté, l'air s'imprègne de la forte odeur de la viande en train de griller sur la braise. Après la grillade, on écoute légendes et guitares.

Du village de Goya, les peaux poursuivront leur voyage jusqu'au port de Buenos Aires, puis traverseront la mer jusqu'aux tanneries de Liverpool.

Leur prix sera multiplié plusieurs fois quand elles reviendront au Río de la Plata, quelque temps après, transformées en bottes, en chaussures ou en cravaches des manufactures britanniques.

(283)

1815
Buenos Aires

Les grands cherchent un roi en Europe

La plume d'oie trace ces mots : *José Artigas, traître à la patrie.* C'est en vain qu'on lui a proposé de l'or et des galons. Boutiquiers experts en unités de mesure et balances de précision, les patriciens de Buenos Aires calculent le prix d'Artigas, mort ou vif. Ils sont disposés à verser six mille duros pour la tête du meneur des campagnes en rébellion.

Pour exorciser ces terres du démon gaucho, Carlos de Alvear les propose aux Anglais : *Ces provinces,* écrit-il à Lord Castlereagh, *souhaitent appartenir à la Grande-Bretagne, sans aucune condition.* Et il implore Lord Strangford : *La nation britannique ne peut abandonner à leur sort les habitants du Río de la Plata alors même qu'ils se jettent dans ses bras généreux...*

Manuel de Sarratea se rend à Londres à la recherche d'un monarque à couronner à Buenos Aires. L'intérieur du pays, républicain et fédéral, menace les privilèges du port et n'importe quelle décision provoque la panique. A Madrid, Manuel Belgrano et Bernardino Rivadavia, qui avaient été d'ardents républicains, proposent le trône à l'infant Francisco de Paula, frère de Ferdinand VII. Les émissaires de Buenos Aires lui promettent un pouvoir héréditaire sur une région qui embrasserait tout le Río de la Plata, le Chili et le Pérou. Le nouveau royaume indépendant aurait un drapeau bleu et blanc, la liberté et la propriété y seraient sacrées et la cour serait composée de créoles distingués, tous promus ducs, comtes et marquis.

Personne n'accepte.

(2 et 278)

1815
Campement de Purificación

Artigas

Ici, dans cet endroit où le fleuve se met en colère et s'agite en bouillonnements et en tourbillons, sur la meseta purpurine entourée de gorges et de cañons, le général Artigas gouverne. Ces milliers de foyers créoles pauvres, ces chaumières de terre aux fenêtres de cuir sont la capitale de la Confédération des peuples de l'intérieur du Rió de la Plata. Devant la cabane du gouvernement, les chevaux attendent les messagers qui courent au galop pour rapporter les résultats des consultations et emporter les décrets. Pas de brandebourgs ni de décorations sur l'uniforme du caudillo du Sud.

Artigas, fils de la prairie, a été contrebandier, puis chasseur de contrebandiers. Il connaît le passage de chaque rivière, les secrets de chaque forêt et la saveur des pâturages de chaque contrée, et il connaît aussi, jusqu'au plus profond de leur âme, ces farouches cavaliers qui n'ont rien d'autre à offrir que leur vie et qui la donnent en combattant, lance au poing dans un tourbillon hallucinant.

Les drapeaux d'Artigas flottent sur la région qu'arrosent l'Uruguay et le Paraná et qui s'étend jusqu'aux montagnes de Córdoba. Cet immense espace recouvre les provinces qui refusent d'être des colonies de Buenos Aires après s'être libérées de l'Espagne.

Le port de Buenos Aires vit le dos tourné à la terre qu'il méprise et craint. Penchés aux miradors, les commerçants attendent les navires qui ne ramènent aucun roi, mais apportent des nouveautés en matière de vêtements, de langage et de pensée.

Devant l'avalanche des marchandises européennes, Artigas veut élever des barrières qui défendent *nos arts et nos fabriques* avec, cependant, libre accès pour les machines, les livres et les médicaments ; il fait dériver vers le port de Montevideo le commerce provincial dont Buenos Aires usurpe le monopole. La ligue fédérale artiguiste ne veut pas de roi, mais des assemblées et des congrès d'habitants ; et, comble de scandale, le caudillo décrète la réforme agraire.

(277 et 278)

1816
Campagnes de la Bande orientale

La réforme agraire

A Buenos Aires, on pousse de hauts cris. A l'est du fleuve Uruguay, Artigas exproprie les familles Belgrano et Mitre, celle du beau-père de San Martín, les familles de Bernardino Rivadavia, de Azcuénaga, Almagro et Díaz Vélez de leurs terres. A Montevideo on déclare que la réforme agraire est un *projet criminel.* Artigas détient en prison, fers aux pieds, Lucas Obes, Juan María Pérez et quelques autres spécialistes du menuet et des tours de passe-passe.

Pour les propriétaires terriens, dévoreurs d'hectares par la grâce du roi, par fraude ou par vol, le gaucho ne représente que de la chair à canon ou un serf attaché à une ferme. S'il se refuse à l'être, il n'y a qu'à le mener au supplice ou lui tirer une balle dans la peau. Artigas, lui, veut que chaque gaucho devienne propriétaire d'un lopin de terre.

La foule des misérables envahit les domaines. Les campagnes de la Bande orientale rasées par les guerres commencent à se couvrir de chaumières, de terres ensemencées et d'enclos. La paysannerie hier écrasée écrase à son tour. Tous ceux qui ont perdu des hommes dans cette guerre d'indépendance refusent de retomber dans l'abandon et le désarroi. Le conseil municipal de Montevideo traite *de bandit, de pervers, de fainéant et d'agité* Encarnación Benitez, soldat d'Artigas, qui galope, répartissant des terres et des vaches, à la tête d'une *horde de scélérats.* Les humbles trouvent refuge à l'abri de sa lance, mais on n'élèvera jamais la moindre statue à ce Noir analphabète, emporté, féroce parfois, et jamais une rue, jamais le moindre petit chemin ne portera son nom.

(335)

1816
Colline de Chicote

L'art de la guerre

L'infanterie royaliste a encerclé une poignée de patriotes du Alto Pérou sur la colline de Chicote.

— *Je ne laisserai pas l'ennemi me faire prisonnier !* crie le soldat Pedro Loayza, et il se jette dans le précipice.

— *Nous mourrons pour la patrie !* proclame le commandant Eusebio Lira, et il prend son élan pour se jeter à son tour.

— *Nous mourrons si nous sommes idiots !* l'interrompt José Santos Vargas, tambour major de la musique.

— *Mettons le feu à la brousse !* propose le sergent Julián Renaga.

Les hautes herbes crépitent et le vent entraîne les flammes jusqu'aux rangs ennemis.

Le feu se répand à grands flots. Les assiégeants fuient en hâte, ils jettent leurs fusils et leurs cartouchières et crient miséricorde au Tout-Puissant.

(347)

1816
Tarabuco

Juana Azurduy

qui a appris le catéchisme et qu'on destinait à être nonne au couvent de Chuquisaca, est lieutenant-colonel des armées de guérilla de l'indépendance. De ses quatre fils, seul reste en vie celui dont elle a accouché en pleine bataille entre les hennissements des chevaux et les coups de canon ; et la tête de son mari est accrochée à la pointe d'une pique espagnole.

Juana galope dans les montagnes à la tête des hommes. Son châle bleu clair flotte au vent. D'une main elle tient les rênes de son cheval et de l'autre, elle tranche les têtes avec son épée.

Tout ce qu'elle absorbe se transforme en courage. Les Indiens ne l'appellent pas Juana. Ils l'appellent Pachamama, ils l'appellent Terre.

(126)

1816
Port-au-Prince

Pétion

Haïti gît, en ruine, assiégée par les Français et mise à l'écart par tous les autres. Aucun pays n'a reconnu l'indépendance des esclaves qui ont mis Napoléon en déroute.

L'île est divisée en deux.

Au nord, Henri Christophe s'est proclamé empereur. Dans le château de Sans-Souci, la nouvelle noblesse noire, le duc de Marmelade et le comte de Limonade dansent le menuet, tandis que les laquais noirs aux perruques de neige font la révérence et que les hussards promènent leurs bonnets à plumes dans des jardins imités de Versailles.

Au sud, Alexandre Pétion préside la république. Il distribue des terres aux anciens esclaves et il essaie de créer une nation de paysans très pauvres, mais libres et armés, sur les cendres des plantations rasées par la guerre.

Simon Bolivar débarque sur la côte sud d'Haïti à la recherche d'un refuge et d'une aide. Il arrive de la Jamaïque où il a vendu jusqu'à sa montre. Personne ne croit en sa cause. Ses brillantes campagnes militaires n'ont été qu'un mirage. Francisco de Miranda agonise, enchaîné à un mur de l'arsenal de Cadix ; et les Espagnols ont reconquis le Venezuela et la Colombie qui préfèrent le passé ou ne croient pas encore en l'avenir que leur promettent les patriotes.

Pétion reçoit Bolivar dès son arrivée, aux premières heures du nouvel an. Il lui remet sept navires, deux cent cinquante hommes, des mousquets, de la poudre, des vivres et de l'argent. Il y met une seule condition. Pétion qui est né esclave, fils d'une Noire et d'un Français, exige qu'il donne la liberté à tous les esclaves des terres qu'il libérera.

Bolivar lui serre la main. La guerre va changer de direction. L'Amérique aussi, peut-être.

(115, 116 et 202)

1816
Mexico

El Periquillo Sarniento

Le premier roman latino-américain est né dans une imprimerie de la rue Zuleta. En trois volumes, José Joaquín Fernández de Lizardi raconte les mésaventures d'El Periquillo Sarniento (la Perruche galeuse) et les lecteurs les dévorent et se régalent. Le vice-roi a interdit le quatrième volume au moment où il allait sortir, mais il n'y a aucun moyen de se saisir du personnage.

El Periquillo, fils américain du monde picaresque espagnol, a envahi les rues de Mexico. Il se promène partout, mettant à nu les mœurs coloniales ; il saute de la table du tripot à l'étude du notaire et du fauteuil du barbier au plancher de la prison. Il ne prend pas grand plaisir à ses aventures. Son père l'ennuie avec ses sermons édifiants. Car Lizardi, en moraliste éclairé, tire de chaque aventure une morale.

(9, 111 et 303)

1817
Santiago du Chili

Le souffle de Lucifer

Pour ne pas se tacher les doigts, les jeunes élégants fument en tenant leur cigarette avec de petites pinces en or, mais Santiago du Chili est entouré d'ordures, des quatre côtés. Au nord, les maisons donnent sur le dépotoir du rio Mapocho. Au sud, on déverse les ordures de la Cañada. Le soleil se lève sur les détritus entassés aux versants de la colline de Santa Lucía et les derniers rayons de la journée viennent mettre en lumière les déchets des faubourgs de San Miguel et de San Pablo.

C'est d'un de ces tas d'ordures qu'a surgi le visiteur qui, hier soir, a traversé la ville, rafale de soufre qui fit trembler les petites bougies de suif dans les lanternes et qui est resté là, curieux ou menaçant, près du temple de la compagnie, jusqu'à ce que la voix du veilleur annonce onze heures.

— *Ave Maria purísimaaaa !*

Le diable s'enfuit à toute vitesse.

La chaussure qu'il a perdue passe de maison en maison, dans tout Santiago. Un moine la transporte, recouverte d'une serviette, sur un plateau d'argent. Et les dévotes se signent.

(256)

1817
Santiago du Chili

Manuel Rodríguez

Qui parle d'émancipation américaine signe sa condamnation. Qui reçoit une lettre de Mendoza va tout droit au gibet ou au poteau d'exécution. On tient compte de la délation au tribunal de vigilance de Santiago du Chili.

De Mendoza ou sur le chemin de Mendoza, les patriotes sont en train de réorganiser l'armée défaite par les Espagnols. Le vent de la résistance va et vient à travers la cordillère, sous les tourbillons de neige, sans laisser de trace.

Le messager glisse un ordre, à Santiago, au milieu d'un combat de coqs et un autre au cours d'une étincelante soirée mondaine, en même temps qu'il reçoit des renseignements entre deux courses de chevaux dans les faubourgs. Trois petits coups de heurtoir, le messager s'annonce dans une maison principale et presque en même temps, il apparaît à dos de cheval ou à dos de mule, galopant dans la prairie. Le guérillero se lance à l'assaut de Melipilla, pourtant il est en train de traverser le village de San Fernando. Le guérillero se bat à Rancagua, et au même instant, il descend de cheval à Pomaire où il boit un verre de vin.

Le gouverneur espagnol a mis à prix la tête de Manuel Rodríguez, le messager, le guérillero, mais sa tête circule cachée sous le capuchon du moine, le sombrero du muletier, le panier du marchand ambulant ou le haut-de-forme de feutre du grand seigneur. Personne ne peut s'en saisir parce qu'il vole sans bouger et que sans bouger, il entre sans entrer, il sort sans sortir.

(106)

1817
Montevideo

Images pour une épopée

Une énorme armée arrive de Rio de Janeiro, par terre et par mer, avec mission d'anéantir José Artigas et de détruire jusqu'à la moindre trace évoquant son contagieux exemple. Les troupes du Brésil envahissent le pays, le mettent à feu et à sang et annoncent qu'elles débarrasseront les campagnes des bandits. Le général Lecor promet de rétablir les droits de la propriété et de l'héritage qui ont été malmenés.

Lecor entre à Montevideo sous un dais. Le père Larrañaga et Francisco Javier de Viana remettent les clés de la ville au rédempteur des latifundia, tandis que les dames parsèment de fleurs et de rubans bleus le chemin de ce défilé encore jamais vu de soldats galonnés, décorés et empanachés. Les cloches de la cathédrale, lasses de sonner le glas, carillonnent. Les encensoirs vont et viennent et les hommes d'affaires vont et viennent, eux aussi, de révérences en baise-mains interminables.

(195, 278 et 335)

1817
Quito

Manuela Saenz

La ville de Quito est née au milieu des volcans, tout là-haut, loin de la mer et, entre la cathédrale et le palais sur la grand-place, est née Manuela. Elle est arrivée à Quito, en lit de soie, sur des draps de Bruxelles, fruit des amours secrètes de Simon Saenz, le tueur des créoles qui s'étaient soulevés ici.

A quinze ans, elle s'habillait en garçon, fumait et domptait les chevaux. Elle ne montait pas en amazone mais à califourchon et à cru. Sa meilleure amie était son esclave noire Jonatas qui miaulait comme un chat, chantait comme un oiseau et marchait en ondulant comme un serpent.

Manuela avait seize ans quand on l'a enfermée dans un des

nombreux couvents de cette ville bigote et pécheresse où les moines aident les vieilles nonnes à bien mourir et les jeunes à bien vivre. Au couvent de Santa Catalina, Manuela a appris à broder, à jouer du clavecin, à simuler les vertus et à s'évanouir en faisant les yeux blancs. A dix-sept ans, folle des uniformes, elle s'est enfuie avec Fausto d'Elhuyar, officier du roi.

A vingt ans elle est étincelante. Tous les hommes ont envie d'être l'huître de cette perle. On la marie à James Thorne, respectable médecin anglais. La fête dure toute une semaine.

(295)

1818
Campement de Colonia

La guerre de ceux d'en bas

La troupe d'Artigas n'est plus qu'un peuple dénudé. Ceux qui n'ont plus rien d'autre qu'un cheval, les nègres et les Indiens savent que leur sort se joue dans cette guerre. Des campagnes et des rivières, ils attaquent par surprise à l'épée et au couteau, par petits commandos, l'armée bien équipée et nombreuse du Brésil, et se dispersent aussitôt comme des oiseaux.

Tandis que le clairon sonne au massacre, sur la terre envahie, le gouvernement de Buenos Aires diffuse un avertissement à *ceux qui ont des biens à perdre.* Il s'agit d'une brochure signée « l'ami de l'ordre » qui traite Artigas de : *génie malfaisant, apôtre du mensonge, loup cruel, fléau de sa patrie, nouvel Attila, opprobre du siècle, honte du genre humain.*

Quelqu'un apporte ces papiers au campement d'Artigas. Artigas ne lève même pas les yeux du foyer.

Mes gens ne savent pas lire, dit-il.

(277)

1818

Corrientes

Andresito

Ce sont eux qui ont le plus de droits, a dit Artigas en parlant des Indiens, et ils ont subi beaucoup de pertes pour lui avoir été fidèles.

Andrés Guacurarí, Andresito, Indien guarani, fils adoptif d'Artigas, est leur chef. En période de crue, il a envahi Corrientes, il y a deux mois, flèches contre fusils et il a écrasé les alliés de Buenos Aires.

Avec pour tout vêtement la poussière du chemin et quelques haillons, les Indiens d'Andresito sont entrés dans la ville. Ils amenaient avec eux quelques enfants indiens que les habitants de Corrientes avaient tenus en esclavage. Ils trouvèrent silence et volets clos. Le commandant de la garnison avait enterré sa fortune dans son jardin et le notaire est mort de peur.

Les Indiens n'avaient pas mangé depuis longtemps, mais ils ne s'emparèrent de rien, ne demandèrent rien. Ils offrirent une représentation théâtrale en hommage aux principales familles de la ville. D'immenses ailes de papier argenté déployées sur une carapace de bambou transformaient les Indiens en anges gardiens. Pour rien, car personne ne vint, ils jouèrent la tentation de saint Ignace, vieille pantomime datant des jésuites.

— *Ils ne veulent pas assister à des fêtes d'Indiens ?*

Andresito alluma un énorme cigare et la fumée lui sortait par les oreilles et par les yeux.

Au matin, les tambours appelèrent aux armes. Sous la menace des lances, les plus respectables gentilshommes de Corrientes furent obligés de couper l'herbe sur la place et de balayer les rues jusqu'à ce qu'elles soient transparentes. Les caballeros se livrèrent à cette noble tâche toute la journée et le soir, au théâtre, ils applaudirent à rendre sourds tous les Indiens.

Andresito gouverne à Corrientes, jusqu'à ce qu'Artigas le rappelle.

Les Indiens s'en vont maintenant sur la route. Ils portent encore ces énormes ailes argentées. Vers l'horizon, les anges chevauchent et le soleil leur donne des ombres et des lumières d'aigles en vol.

(283)

1818
Río Paraná

Les corsaires patriotes

La troupe d'Andresito descend vers Santa Fe en longeant le fleuve. Sur les eaux du Paraná, la flottille des corsaires patriotes accompagne les Indiens.

Canots, barques et quelques brigantins bien armés rendent la vie impossible aux navires marchands du Brésil. Le pavillon tricolore d'Artigas navigue et combat sur les rivières et en mer. Les corsaires dévalisent les navires ennemis en de fulminants abordages et exportent les fruits de leur pillage jusqu'aux lointaines Antilles.

Pedro Campbell est l'amiral de cette escadre de bateaux et de barques.

Campbell était arrivé ici avec les envahisseurs anglais, il y a quelques années. Il déserta et se mit à galoper dans les plaines. Ce gaucho irlandais avec ses anneaux aux oreilles et son regard menaçant sous sa tignasse rousse fut bientôt renommé. Quand Artigas le nomma chef des corsaires, Campbell avait déjà été blessé dans divers duels entre des paysans et était responsable de quelques morts, et jamais il n'avait trahi. Tout le monde sait que son couteau d'argent est un serpent qui ne mord jamais dans le dos.

(277 et 283)

1818
San Fernando de Apure

La guerre à mort

Bolivar chevauche à la tête d'une armée brisée par les défaites. Un capuchon de pèlerin jette une ombre sur son visage et dans l'ombre, ses yeux étincellent et regardent, avides. Il sourit mélancoliquement.

Bolivar monte le cheval de feu Rafael López. La selle porte encore les initiales d'argent du mort, un officier espagnol qui a tiré sur Bolivar alors que le chef des patriotes dormait dans un hamac.

L'offensive au nord a échoué.

A San Fernando de Apure, Bolivar passe en revue le reste de sa troupe.

Il est fou ! pensent ou murmurent les soldats nu-pieds, blessés, exténués, quand il leur annonce que bientôt, ils porteront la guerre, cette guerre sainte, cette guerre à mort jusqu'à la Colombie et au Pérou, jusqu'à la cime de Potosí.

(53 et 116)

1819

Angostura

Images scolaires : l'Assemblée constituante

Sous un taud, dans un bateau qui navigue sur l'Orénoque, Bolivar dicte aux secrétaires son projet de constitution. Il écoute, corrige et revient dicter au campement, près du feu de camp qui le protège des moustiques. D'autres bateaux amènent des députés venant de Caracas, de Barcelona, de Cumaná, de Barinas, de Guyane et de l'île Margarita. Le vent de la guerre a changé tout à coup de direction, peut-être pour rendre hommage à l'obstination de Bolivar et, en une rafale soudaine, la moitié du Venezuela est passée aux mains des patriotes.

Les délégués au congrès débarquent au port d'Angostura, petit village dont les maisons semblent avoir été dessinées par des mains d'enfants. Sur une presse-jouet, on imprime ici, semaine après semaine, *le Courrier de l'Orénoque.* De la *selva,* le porte-parole de la pensée républicaine diffuse les articles des docteurs créoles et des avis annonçant l'arrivée de bière, de plumes, de selles et de soldats volontaires venant de Londres.

Trois salves de canon saluent Bolivar et son état-major. Les oiseaux s'enfuient, seul un ara continue à se promener, indifférent, avec des allures de gros matou.

Les députés montent les escaliers de pierre jusqu'au perron.

Francisco Antonio Zea, alcade d'Angostura, ouvre la séance. Dans son discours, il compare cette ville patriote à Memphis,

Thèbes, Alexandrie et Rome. Le congrès confirme Bolivar dans ses fonctions de chef de l'armée et de président avec pleins pouvoirs. Le cabinet est désigné.

Ensuite, Bolivar prend place à la tribune. *Les ignorants* dit-il, *confondent la réalité et l'imagination, la justice et la vengeance.* Il expose ses idées sur la création nécessaire de la Grande Colombie et il jette les bases de son projet de constitution élaboré à partir de la grande charte des Anglais.

(202)

1820
Passage du Boquerón

Fin

Les trois grands ports du sud, Rio de Janeiro, Buenos Aires et Montevideo n'avaient pas réussi à venir à bout des troupes de partisans de José Artigas, le chef de l'intérieur des terres.

Mais la mort a emporté la plupart de ses partisans. La moitié des hommes de la campagne orientale gît dans les estomacs des charognards. Andresito agonise en prison. Lavallega et Campbell sont eux aussi détenus ainsi que tous les fidèles. Certains ont trahi. Fructuoso Rivera traite Artigas de *criminel* et l'accuse *d'avoir mis la propriété à la merci du despotisme et de l'anarchie.* Francisco Ramíres d'Entre Ríos proclame qu'*Artigas est la cause et l'origine de tous les maux de l'Amérique du Sud.* Estanislao López change aussi de camp, à Santa Fe.

Les chefs possesseurs de terres font cause commune avec les commerçants des ports et le chef de la révolution va de désastre en désastre. Il n'a plus derrière lui que les dernières troupes d'Indiens et de nègres et une poignée de gauchos en guenilles commandés par Andrés Latorre, le dernier de ses officiers.

Sur la rive du Paraná, Artigas choisit le meilleur de ses cavaliers. Il lui remet quatre mille pièces d'argent, tout ce qui lui reste, pour les porter aux prisonniers, au Brésil.

Ensuite, il plante sa lance sur la rive et traverse le fleuve. A contrecœur, cet homme qui n'a pas voulu que l'indépendance de l'Amérique devienne une embuscade pour ses fils les plus pauvres s'en va au Paraguay. Il part en exil.

(227)

Vous

Vous vous enfoncez dans l'exil, sans vous retourner. Je vous vois, je vous suis des yeux : le Paraná s'étire avec des langueurs de lézard et là-bas, votre vieux poncho déchiré qui flotte au trot du cheval s'éloigne et va se perdre dans la verdure.

Vous ne dites pas adieu à votre terre. C'est à peine si elle ose y croire. Mais peut-être ne savez-vous pas encore que vous partez pour ne plus revenir.

Le paysage s'assombrit. Vous partez, vaincu, et votre terre en perd l'haleine. Les fils qui lui naîtront, les amants qu'elle connaîtra lui rendront-ils le souffle ? Ceux qui naîtront de cette terre, ceux qui y entreront seront-ils dignes d'une si profonde tristesse ?

Votre terre. Notre terre du Sud. Elle aura encore tellement besoin de vous don José ! Chaque fois qu'elle sera blessée et humiliée par ceux qui la convoitent, chaque fois que les sots la croiront muette ou stérile, comme vous lui manquerez ! Car vous, don José Artigas, général des humbles, vous êtes ce qu'elle a dit de mieux.

1821
Campement de Laurelty

Saint Balthazar, le roi nègre, le mage des mages

Les Paraguayens accourent des villages voisins et des contrées lointaines pour voir ces êtres étranges à la peau couleur de nuit. On ne connaissait pas les nègres au Paraguay. Les esclaves qu'Artigas avait libérés et qui ont suivi leur chef sur la route de l'exil s'installent à Laurelty.

Balthazar, le roi nègre, choisi pour souhaiter à Dieu la bienvenue, les accompagne. Ils travaillent les potagers en invoquant saint Balthazar ; pour lui, résonnent les tambours et les chants de guerre ramenés d'Afrique jusqu'aux plaines du Río de la Plata. Les compagnons d'Artigas, les *Artigas-cué* revêtent des capes rouges et des couronnes de fleurs quand arrive le six janvier ; et ils dansent pour demander au roi mage que l'esclavage ne revienne jamais et qu'il les protège contre les mauvais esprits qui laissent la tête molle et contre les poules qui chantent comme des coqs.

(66)

1821
Carabobo

Paez

A quinze ans, il s'est mis à tuer ; il a tué pour se défendre et il a été obligé de s'enfuir dans les montagnes. Il est devenu cavalier nomade dans les immenses plaines du Venezuela. Cavalier, chef de cavaliers. José Antonio Paez, Paez l'homme des llanos, vole à la tête des bergers à cheval, artistes de la lance et du lasso, qui montent à cru et attaquent en trombe, semant l'effroi. Il monte un cheval blanc, parce qu'un cheval blanc galope mieux. Quand il n'est pas en campagne, il apprend à lire et à jouer du violoncelle.

Les gauchos dénudés qui, du temps de Boves, avaient servi l'Espagne, mettent l'Espagne en déroute à la bataille de Carabobo. A coups de machette, ils s'ouvrent un passage dans l'impossible brousse de l'Ouest, marais et broussailles, surprennent et défont l'ennemi.

Bolivar nomme Paez commandant en chef des forces armées vénézuéliennes. Le gaucho entre à Caracas, et comme lui, il arbore une guirlande de fleurs.

Au Venezuela, le sort en est jeté.

(202)

1822
Guayaquil

San Martín

Rencontre à Guayaquil. Entre la mer des Caraïbes et l'océan Pacifique s'ouvre une route parsemée d'arcs de triomphe ; le général Bolivar accourt, venant du nord. Du sud, arrive José San Martín, le général qui a traversé la cordillère des Andes à la poursuite de la liberté du Chili et du Pérou.

Bolivar parle. Il fait des offres.

Je suis las, coupe, laconique, San Martín. Bolivar ne le croit pas ; peut-être son manque de confiance vient-il de ce qu'il ne sait pas encore que la gloire aussi peut fatiguer.

San Martín a derrière lui trente ans de batailles, d'Oran à Maipu. Soldat, il s'est battu pour l'Espagne. Général expérimenté, il s'est battu pour l'Amérique. Pour l'Amérique et jamais contre elle : quand le gouvernement de Buenos Aires lui a ordonné d'écraser les hordes fédérales d'Artigas, San Martín a désobéi et a lancé son armée dans les montagnes, pour continuer sa campagne pour l'indépendance du Chili. Buenos Aires qui ne pardonne pas lui refuse aujourd'hui le pain et le sel. On ne veut pas de lui à Lima non plus. On le surnomme : *le roi José.*

Mésentente à Guayaquil. San Martín, grand joueur d'échecs, évite la partie.

Je suis las de commander, dit-il, mais Bolivar entend autre chose : *Vous ou moi, il n'y a pas de place pour deux.*

Puis, il y a un banquet et un bal. Bolivar danse au centre du salon. Les dames se l'arrachent. San Martín est étourdi par le bruit. Après minuit, sans prendre congé, il part vers les quais. Ses bagages sont déjà dans la goélette.

Il donne l'ordre de lever l'ancre. Il se promène sur le pont, lentement, suivi de son chien et poursuivi par les moustiques. Le bateau s'écarte de la côte et San Martín contemple la terre d'Amérique qui s'éloigne, s'éloigne...

(53 et 54)

1822
Buenos Aires

Oiseau chanteur

A la limite du hameau de Morón, les os d'un poète qui jusqu'à hier avait un nom et une guitare sont avalés par la fosse commune.

Mieux vaut aller maigrelet
Aller en aigle et sans peine...

Bartolómeo Hidalgo, le troubadour des campements d'Artigas, n'a vécu qu'un instant, toujours pris dans le tourbillon des chansons et des batailles, et il est mort en exil. Les chiens de la faim lui ont broyé les poumons. Hidalgo déambulait de par les rues et les places de Buenos Aires, vendant ses couplets qui chantaient la liberté et dévoilaient ses ennemis. Ils ne lui donnaient guère à manger, mais beaucoup à vivre ; car tandis que le corps sans linceul s'en va en terre, ses couplets, nus eux aussi et populaires, volent dans les airs.

(125)

1822
Rio de Janeiro

Trafic fou

Le *Diario do Rio de Janeiro* annonce les nouveautés qui viennent d'arriver de Londres : machines pour réparer les rues, appareils pour soigner les poumons, machines pour extraire le manioc, tours, alambics et cuisinières à vapeur, lunettes, longues-vues, couteaux, peignes, selles capitonnées aussi et étriers d'argent, harnais très élégants et lanternes pour les carrosses.

On voit encore dans les rues quelques cavaliers solitaires et quelques vieux palanquins dorés attardés, mais la mode exige qu'on arrache des étincelles aux pavés en conduisant une voiture anglaise dernier modèle. Les rues de Rio de Janeiro sont un vrai danger. Les accidents pour excès de vitesse se multiplient et le pouvoir des cochers grandit.

Gants blancs, chapeau haut de forme, du haut de leur siège, les cochers laissent tomber des regards fanfarons sur les autres esclaves noirs et s'amusent à semer la panique parmi les piétons. Ils ont la réputation d'être ivrognes, maquereaux et bons guitaristes ; ils sont indispensables à la vie moderne. Une voiture vaut une fortune quand elle est vendue avec un cheval rapide et un nègre habile.

(119)

1822
Quito

Douze nymphes l'attendent sur la grand-place

et chacune d'elles a dans les mains une couronne. La musique et les feux d'artifice éclatent soudain ; le bruit des sabots des chevaux sur les pavés de pierre semble celui d'une grosse pluie. A la tête de son armée, Bolivar entre à Quito, gladiateur maladif, tout en nerfs, avec son épée d'or plus longue que le corps. Des fleurs et des mouchoirs brodés pleuvent des balcons. Les balcons sont des autels d'où les habitantes de Quito permettent que l'on rende hommage à la beauté de leurs seins presque nus au milieu des dentelles et des mantilles. Manuela Saenz, éblouissante figure de proue, se lève ; elle approche sa main et de cette main tombe une couronne de laurier. Bolivar lève la tête et lui lance un regard pénétrant comme une lance.

Cette nuit, ils dansent. Ils dansent la valse à en avoir le vertige, et tourne le monde, tandis que crissent les jupons et que vole la longue et sombre chevelure de cette femme incomparable.

(202, 249 et 295)

1823
Lima

Leurs mains sont enflées à force d'applaudir

Il arrive d'El Callao, à cheval, entre deux files de soldats, sur une route semée de fleurs. Lima accueille le général Bolivar avec cent salves, cent drapeaux, cent discours et des banquets de cent couverts.

Le Congrès lui octroie les pleins pouvoirs pour chasser les Espagnols qui ont repris la moitié du Pérou. Le marquis Torre Tagle lui offre une biographie de Napoléon, un jeu d'épées de Tolède et des bouquets de phrases fleuries : *La victoire t'attend sur les cimes glacées des Andes pour ceindre ton front de ses lauriers et les nymphes du Rimac entonnent déjà des hymnes pour célébrer ton triomphe.* Le ministre de la Guerre s'adresse à la déesse Fortune et lui ordonne : *prends ton vol majestueux du pied du Chimborazo jusqu'aux cimes de nos Andes et attends là-haut l'immortel Bolivar pour ceindre son front des lauriers du Pérou.*

Le Rimac, *le fleuve qui parle,* est le seul à se taire.

(53 et 202)

1824
Lima

Malgré tout

Il arrive d'El Callao, à cheval, entre deux files de soldats, sur une route semée de fleurs. Lima reçoit le chef des Espagnols, le général Monet. Le drapeau du roi est hissé et acclamé. Le drapeau flotte et flottent les discours. Le marquis Torre Tagle se confond en remerciements et supplie l'Espagne de sauver le Pérou de la menace de ce maudit Bolivar, *le monstre colombien.*

Lima préfère continuer à sommeiller parmi les blasons fanés et rêver une Arcadie coloniale où vice-roi, saints et gentilshommes, gueux et coquettes échangent soupirs et révérences au milieu des sables mouvants de l'Amérique, sous un ciel qui refuse pluies et soleil, mais qui envoie des anges pour défendre les murailles de la ville. A l'intérieur, on respire un parfum de jasmin. Au-dehors, la solitude et le danger vous guettent. A l'intérieur, baise-mains, processions, cortèges : n'importe quel fonctionnaire imite le roi, et n'importe quel moine le pape. Dans les palais, le stuc imite le marbre ; dans les soixante-dix églises d'or et d'argent, le rite imite la foi.

Loin de Lima, Bolivar gît, malade, dans le petit village côtier de Pativilca. *De toutes parts,* écrit-il dévoré par la fièvre, *m'arrivent les échos du désastre... Tout prend naissance et meurt sous mes yeux, comme déchiré par un éclair... Poussière, cendres, néant.*

Le Pérou tout entier, à l'exception de quelques rares vallées, est de nouveau aux mains de l'Espagne. Les gouvernements indépendants de Buenos Aires et du Chili ont abandonné la cause de la liberté de ces terres et les Péruviens eux-mêmes n'ont pas l'air de beaucoup s'y intéresser.

— Alors, maintenant, que comptez-vous faire ? demande quelqu'un à cet homme mal en point et seul.

— *Triompher,* dit Bolivar.

(53, 202 et 302)

1824
Montevideo

Chroniques de la ville, du fauteuil du barbier

Pas la moindre brise pour faire tinter la petite cuvette de laiton accrochée par un fil de fer au trou de la porte du barbier, annonçant qu'ici on rase la barbe, on arrache les dents et on applique des ventouses.

Soit par simple habitude, soit pour secouer les somnolences de l'été, le barbier andalou discourt et chante tout en finissant de couvrir de savon le visage de son client. Entre une phrase et un fandango, on entend gratter le rasoir. D'un œil, le barbier surveille la lame qui court entre la mousse tandis que de l'autre il surveille les habitants de Montevideo qui courent dans les rues poussiéreuses. Sa langue est plus acérée que sa lame et personne n'échappe à ses morsures. Le client, prisonnier du barbier tant que dure le rasage, demeure muet, immobile ; il écoute la chronique des mœurs et des événements et, de temps en temps, il essaie de la suivre en jetant un coup d'œil en coin vers les victimes qui passent. Un attelage de bœufs arrive, il emmène une morte au cimetière. Derrière le chariot, un moine égrène le rosaire. Une cloche sonne le glas, par routine pour prendre congé de cette défunte de troisième classe. Le convoi passe devant la boutique du barbier. Le rasoir s'arrête en l'air. Le barbier se signe et profère des paroles sans le moindre esprit caustique :

— Pauvrette ! Elle n'a jamais été heureuse.

Le corps de Rosalia Villagrán traverse la ville occupée par les ennemis d'Artigas. Il y a déjà longtemps qu'elle croyait être une autre ; elle s'imaginait qu'elle vivait à une autre époque et dans un autre monde. A l'hôpital de la Charité, elle embrassait les murs et discutait avec les colombes. Rosalia Villagrán, l'épouse d'Artigas, est entrée dans la mort sans un centime pour payer son cercueil.

(315)

1824

Plaine de Junin

La bataille silencieuse

Bolivar reconstitue son armée et, magie de sa courageuse obstination, triomphe dans la plaine péruvienne de Junin. Les meilleurs cavaliers du monde montent à la charge lances et sabres au poing et anéantissent tout. On n'entend pas un coup de feu de toute la bataille.

Dans cette armée américaine on trouve, pêle-mêle, des gauchos des bords du Río de la Plata, des paysans du Chili et des gens de la Grande Colombie qui combattent, les rênes attachés aux genoux ; des patriotes péruviens et équatoriens, des héros de San Lorenzo et de Maipu, Carabobo et Pichincha. Les hommes ont des lances de Guayaquil et des ponchos de Cajamarca, des chevaux avec des selles de Lambayeque et des étriers de

Trujillo. Des Anglais, des Allemands, des Français et même des Espagnols, conquis par le Nouveau Monde, des Européens vétérans des guerres lointaines sur le Guadiana, le Rhin ou la Seine suivent aussi Bolivar.

Au coucher du soleil, la vie abandonne les blessés. Sous la tente de Bolivar agonise le lieutenant-colonel Sowersby, un Anglais qui avait accompagné Napoléon à Borodino ; et, non loin de là, un petit chien hurle auprès du corps d'un officier espagnol. Ce petit chien a couru pendant toute la bataille de Junin, suivant toujours le cheval de son ami. Maintenant, le général Miller veut l'attraper ou le chasser, mais il n'y a rien à faire.

(202)

1825
La Paz

Bolivie

Le drapeau impérial tombe, soumis, aux pieds d'Antonio José de Sucre, général à vingt-trois ans, grand maréchal à trente, l'officier préféré de Bolivar. La foudroyante bataille de la petite pampa d'Ayacucho a mis fin à la domination espagnole au Pérou et sur tout le continent.

Quand la nouvelle arrive à Lima, Bolivar saute sur la table de la salle à manger et se met à danser, piétinant les assiettes et cassant verres et bouteilles.

Plus tard, Bolivar et Sucre chevauchant côte à côte, sous les arcs de triomphe, entrent dans la ville de La Paz. Là, un pays vient de naître. Le Haut-Pérou, qui avait été incorporé au vice-royaume de Lima et de Buenos Aires, prend maintenant le nom de république de Bolivar et s'appellera Bolivie pour que ses fils perpétuent le nom du libérateur.

José Mariano Ruyloba, moine d'un grand talent oratoire, bouche d'or, avait préparé une allocution de bienvenue. Le destin a voulu qu'il meure avant que Bolivar puisse l'entendre. L'allocution était rédigée en grec.

(202)

1825
Potosí

Images scolaires : le héros sur la cime

A Potosí, Bolivar monte au sommet de la montagne d'argent. Bolivar parle. L'Histoire retiendra ses paroles : *Cette montagne dont les entrailles font l'étonnement et provoquent l'envie du monde entier...* Les drapeaux des nouvelles nations et les cloches des églises volent... *Je considère toute cette opulence comme peu de chose quand je la compare...* Les bras de Bolivar embrassent, en un geste, mille lieues. Les vallons multiplient les salves des canons et l'écho répète ses paroles... *avec la gloire d'avoir apporté victorieux l'étendard de la liberté depuis les lointaines plages brûlantes...*

L'Histoire parlera du grand homme au sommet de la montagne. Mais elle ne dira rien des mille rides qu'ont profondément creusées les amours et les souffrances, sur ce visage encore jeune. L'Histoire ne s'occupera pas des poulains qui galopaient sur sa poitrine, tandis qu'il étreignait la terre comme on étreint une femme, sur les hauteurs de Potosí. La terre comme si elle était *cette* femme : celle qui aiguise ses lames et d'un regard le met à nu et lui pardonne. Celle qui sait l'écouter au milieu des grondements des canons, des discours et des ovations quand il lui annonce : *Toi, tu seras seule, Manuela. Et moi, je serai seul au milieu du monde. Et nous n'aurons d'autre consolation que la gloire de nous avoir vaincus.*

(53, 202 et 238)

1825
Potosí

La dette anglaise vaut un Potosí

Les colonies espagnoles qui naissent à l'indépendance courbent les épaules. Dès le premier jour, il leur faut arracher la pierre de plus en plus lourde qu'elles ont au cou et sous le poids de laquelle elles ploient. La dette anglaise née du soutien britannique en armes et en soldats se multiplie par le truchement des usuriers et des marchands. Les prêteurs et les intermédiaires, alchimistes experts, vous transforment n'importe quel caillou en joyau d'or, et les commerçants anglais trouvent dans ces régions leurs marchés les plus lucratifs. Les nouvelles nations qui craignent une reconquête espagnole ont besoin de la reconnaissance officielle de l'Angleterre ; or, l'Angleterre ne reconnaît personne sans lui avoir fait signer au préalable un traité d'amitié et de commerce qui assure la libre invasion de ses marchandises industrielles.

J'ai encore plus horreur des dettes que des Espagnols, écrit Bolivar au général Santander et il lui raconte que pour les payer, il a vendu aux Anglais les mines de Potosí pour deux millions et demi de pesos. Il écrit, en outre : *J'ai conseillé au gouvernement du Pérou de vendre à l'Angleterre toutes ses mines, toutes ses terres et tous ses domaines et lui ai indiqué tous les autres moyens qui pourraient lui permettre de régler sa dette qui n'atteint pas moins de vingt millions.*

La riche montagne de Potosí appauvrie appartient maintenant à une grande firme de Londres, la fantomatique *Potosí, La Paz and Peruvian Mining Association.* Comme cela se produit souvent dans les délires, en pleine fièvre de spéculation, le nom est plus grand que le capital. L'entreprise annonce un million de livres mais n'en réunit pas cinquante mille.

(40, 172 et 234)

La malédiction de la montagne d'argent

Potosí qui a donné tant d'argent n'en fournit plus guère. La montagne ne veut plus.

Pendant plus de deux siècles, la montagne a entendu les Indiens gémir dans ses entrailles. Les Indiens, les condamnés aux mines, la suppliaient de tarir ses filons. Et elle a fini par maudire la convoitise.

Depuis lors, de mystérieuses caravanes de mules pénétraient dans la montagne et emportaient en cachette les chargements d'argent. Personne ne pouvait les voir, personne ne pouvait les prendre et la montagne s'est vidée de nuit en nuit.

Quand une mule se cassait une patte, car les chargements de minerai étaient très lourds, on pouvait voir, le lendemain, un scarabée boitant tristement sur la route.

(247)

1826
Chuquisaca

Bolivar et les Indiens

Les lois n'ont jamais été appliquées dans les colonies espagnoles d'Amérique. Dans la pratique, les lois, bonnes ou mauvaises, n'ont jamais existé, non plus que les nombreuses ordonnances royales touchant à la protection des Indiens dont la multiplicité suffit à montrer l'inefficacité ; pas plus, d'ailleurs, que les ordonnances interdisant la circulation des Juifs ou de certains romans. Cette tradition n'empêche pas les créoles éclairés, généraux et docteurs, de considérer que la Constitution est la panacée du bien public.

Simon Bolivar brode des constitutions avec ferveur. Il présente aujourd'hui au Congrès un projet de Constitution pour la nouvelle république qui portera son nom. D'après ce texte, il y aura, en Bolivie, un président à vie et trois Chambres législatives, celle des tribuns, celle des sénateurs et celle des censeurs : *ceci fort inspiré de l'Aréopage d'Athènes et des censeurs de Rome,* dit Bolivar.

Ceux qui ne savent pas lire n'auront pas le droit de vote. Autrement dit, seule une poignée d'hommes sélectionnés pourra s'exprimer en votant. Presque tous les Boliviens, en effet, parlent quechua ou aymara, ils ignorent l'espagnol et ne savent pas lire.

Comme en Colombie et au Pérou, Bolivar a décrété, dans ce nouveau pays, l'abolition du tribut indigène et du travail forcé des Indiens ; il a pris des mesures pour répartir les terres des communautés en lots privés.

Et pour que les Indiens, qui sont l'immense majorité du pays, puissent recevoir les lumières de la civilisation européenne, Bolivar a fait venir à Chuquisaca son vieux maître Simon Rodríguez et l'a chargé de fonder des écoles.

(42 et 172)

1826

Chuquisaca

Maudite soit l'imagination créatrice

Simon Rodríguez, le maître de Bolivar, est revenu en Amérique. Pendant un quart de siècle, don Simon a voyagé de l'autre côté de la mer. Là-bas, il a été l'ami des socialistes de Paris, de Londres et de Genève ; il a travaillé avec les typographes de Rome et les chimistes de Vienne. Il a même enseigné l'alphabet dans un petit village russe.

Après une longue étreinte, Bolivar le nomme directeur de l'Éducation pour la jeune nation.

Simon Rodríguez commence son travail contre les mensonges et la peur, consacrés par la tradition, dans une école modèle, à Chuquisaca. Les dévotes poussent des cris, les docteurs croassent, les chiens du scandale aboient : Horreur ! Ce fou de Rodríguez a la prétention de mélanger les enfants des meilleures familles avec les petits métis qui, hier encore, dormaient dans la rue. Que cherche-t-il ? Veut-il que ces orphelins l'emportent au ciel ? Ou veut-il les corrompre pour qu'ils aillent avec lui en enfer ? Dans les salles de classe, on n'entend plus réciter le catéchisme, plus de latin de sacristie ni de règles de grammaire, mais le vacarme des scies et des marteaux qui agacent les oreilles des moines et des avocaillons bien élevés que le travail manuel dégoûte. *Une école de putains et de voleurs !* Ceux qui considèrent le corps humain comme un péché et la femme comme un ornement poussent de hauts cris, car dans l'école de don Simon, garçons et filles s'assoient côte à côte, serrés les uns contre les autres : et le comble, c'est qu'ils apprennent en jouant !

Le préfet de Chuquisaca prend la tête d'une campagne contre *ce satyre qui est venu corrompre la morale de notre jeunesse.* Peu de temps après, le maréchal Sucre, président de Bolivie, exige la démission de Simon Rodríguez sous prétexte qu'il n'a pas présenté de comptes assez détaillés.

(296 et 298)

Les idées de Simon Rodríguez : « Pour enseigner à penser »

On fait passer l'auteur pour un fou... Qu'on lui permette, cependant, de transmettre ses folies à ceux qui deviendront des parents.

Il faut éduquer tout le monde sans distinction de race ou de couleur. Ne nous faisons pas d'illusions : sans éducation du peuple il n'y aura jamais de véritable société.

Instruire n'est pas éduquer : enseignez et vous aurez des gens instruits ; éduquez et vous aurez des gens qui agiront.

Faire réciter par cœur ce qui n'a pas été compris, c'est faire des perroquets. Ne demandez jamais à un enfant quelque chose dont vous ne pouvez lui dire le pourquoi. Habitué comme il est à reconnaître toujours la raison à la base des ordres qu'on lui donne, elle lui manque lorsque l'enfant ne la voit pas et demande : « pourquoi ? » Apprenez aux enfants à poser des questions afin qu'en cherchant le pourquoi des ordres qu'on leur donne, ils s'habituent à obéir à la raison et non pas à l'autorité comme les gens bornés ou aux habitudes, comme les gens stupides.

Dans les écoles, les garçons et les filles doivent étudier ensemble. D'abord, parce que, ainsi, dès le plus jeune âge, les hommes apprennent à respecter les femmes ; et ensuite parce que de cette façon, les femmes apprennent à ne pas avoir peur des hommes.

Les garçons doivent apprendre les trois principaux métiers : maçonnerie, menuiserie et serrurerie, parce qu'on fait tout ce qui est nécessaire avec de la terre, du bois et du métal. Il faut donner de l'instruction et des métiers aux femmes pour qu'elles ne se prostituent pas par nécessité ou qu'elles ne fassent pas des mariages par calcul, pour assurer leur subsistance.

N'importe qui peut tromper celui qui est ignorant. N'importe qui peut acheter celui qui n'a rien.

(297)

1826

Buenos Aires

Rivadavia

Sur les bords escarpés des ravins, sur la côte limoneuse du Río de la Plata se dresse le port qui accapare la richesse de tout le pays.

Au Coliseo de Buenos Aires, le consul britannique occupe la loge du vice-roi d'Espagne. Les patriciens du pays utilisent des expressions de France et portent des gants d'Angleterre ; et c'est ainsi qu'ils glissent dans la vie indépendante.

De la Tamise afflue un torrent de marchandises fabriquées, d'après des modèles argentins, dans le Yorkshire et le Lancashire. A Birmingham on copie dans ses moindres détails la bouilloire de cuivre dont on se sert pour chauffer l'eau du maté, on produit des étriers en bois, des lassos à boules et des lassos ordinaires pour les provinces. Les fabriques et les ateliers de tissage des provinces résistent mal à cet assaut. Un seul bateau apporte vingt mille paires de bottes à des prix de braderie et un poncho de Liverpool coûte cinq fois moins cher qu'un poncho de Catamarca.

Les billets de banque argentins sont imprimés à Londres et la Banque Nationale, qui comporte une majorité d'actionnaires britanniques, détient le monopole des émissions. Derrière cette banque se trouve la *River Plate Mining Association* qui verse à Bernardino Rivadavia un salaire annuel de mille deux cents livres sterling.

D'un fauteuil qui deviendra sacré, Rivadavia multiplie la dette publique et les bibliothèques publiques. Le cultivé juriste de Buenos Aires qui roule en carrosse à quatre chevaux dit être le président d'un pays qu'il ne connaît pas et qu'il méprise. Et au-delà des murailles de Buenos Aires, le pays tout entier le déteste.

(55, 271 et 342)

1826
Panama

Des patries qui sont des solitudes

Le nouveau-né a lancé ses premiers cris. Et ce furent les derniers. De tous les invités au baptême, quatre seulement sont venus à Panama pour assister à une extrême-onction. La douleur, douleur paternelle, contracte le visage de Bolivar. Compassion et condoléances sonnent creux. Les cloches carillonnent pour l'unité hispano-américaine.

Bolivar avait convoqué les nouvelles nations pour qu'elles s'unissent, sous l'égide de l'Angleterre, en une seule patrie. Il n'avait pas convoqué les États-Unis ni Haïti, *qui sont étrangers à nos arrangements américains,* mais il a voulu que l'Angleterre intègre la ligue hispano-américaine pour la défendre du péril de la reconquête espagnole.

Londres n'a aucun intérêt à l'union de ses nouveaux dominions. Le Congrès de Panama n'a accouché que de déclarations édifiantes, car les anciens vice-royaumes ont mis au monde des pays liés au nouvel empire d'outre-mer et n'ayant plus de liens les uns avec les autres. L'économie coloniale, mines et plantations produisant pour l'étranger, villes qui préfèrent le bazar à la fabrique, tout cela n'est pas fait pour ouvrir la voie à une grande nation mais bien plutôt à un archipel. Les pays indépendants sont en train de se désagréger alors que Bolivar rêve d'une grande patrie. Ils n'ont pas signé entre eux le moindre accord de commerce, par contre ils sont envahis par des marchandises européennes et presque tous sont acquéreurs de la doctrine du libre-échange qui est le principal produit d'exportation britannique.

A Londres, le Premier ministre George Canning exhibe son trophée à la Chambre des communes.

(202 et 207)

1826
Londres

Canning

La perle de la Couronne prend la parole. Le plébéien George Canning, chef de la diplomatie britannique, consacre son œuvre devant la Chambre des communes. Canning étend les bras, il déploie ses ailes de faucon.

J'ai appelé le Nouveau Monde à la vie, proclame l'architecte de l'empire, *pour redresser la balance de notre Vieux Monde.*

Un rire fuse, dans un coin. Suit un long silence. Canning dresse dans l'obscurité son profil de fantôme et la plus grande ovation jamais entendue dans cette salle éclate soudain.

L'Angleterre est l'axe de la planète. Lord Castlereagh avait beaucoup fait pour le projet impérial, jusqu'à ce qu'un soir, déprimé, il se tranche la gorge avec un rasoir. A peine arrivé au pouvoir, Canning, le successeur de Lord Castlereagh, annonça que l'ère de la chevalerie appartenait désormais au passé. Les gloires militaires devaient maintenant céder le pas aux subtilités de la diplomatie. Les contrebandiers, disait-on, ont fait plus pour l'Angleterre que les généraux ; c'est maintenant le temps des hommes d'affaires et ce sont les banquiers qui gagneront les véritables batailles pour la domination du monde.

La patience du chat est plus efficace que la furie du tigre.

(171 et 280)

1828
Bogota

Ici, on la déteste

On ne baisse même pas la voix pour l'appeler *l'Étrangère* ou *la Messaline,* et tout bas, on lui donne des noms bien pires. On dit qu'à cause d'elle, Bolivar est chagrin et couvert de rides et qu'elle consume, au lit, tous ses dons.

Manuela Saenz s'est battue épée au poing à Ayacucho. Les moustaches qu'elle avait arrachées à un ennemi ont été le talisman de l'armée patriotique. Quand Lima s'est rebellée contre Bolivar, elle s'est déguisée en homme et a visité toutes les casernes, avec en main un pistolet et une bourse d'argent. Ici, à Bogota, elle se promène à l'ombre des cerisiers, vêtue en capitaine et escortée de deux négresses qui portent des uniformes de hussards. Il y a quelques jours, un soir, au cours d'une fête, elle a fusillé une poupée en tissu accrochée au mur au-dessus d'un écriteau qui disait : *Francisco de Paula Santander meurt pour trahison.*

Santander s'est fait dans l'ombre de Bolivar, au cours des années de guerre ; c'est Bolivar qui l'a nommé vice-président. Aujourd'hui, Santander voudrait assassiner le *monarque sans couronne* au cours d'un bal masqué ou en l'attaquant par trahison.

Le veilleur de nuit de Bogota, lanterne à la main, lance sa dernière annonce. Les cloches de l'église qui font peur au diable lui répondent et appellent au recueillement.

Des coups de feu retentissent, des gardes tombent. Les assassins font irruption dans l'escalier. Grâce à Manuela qui, en mentant, distrait leur attention, Bolivar réussit à se sauver par la fenêtre.

(53, 202 et 295)

1828
Bogota

Extrait de la lettre de Manuela Saenz à son mari James Thorne

Non, non, cela suffit, au nom du ciel ! Pourquoi m'obligez-vous à vous écrire alors que je m'étais juré de ne pas le faire ? Allons ! A quoi cela vous avance-t-il, si ce n'est à me causer le chagrin de vous dire mille fois non ? Monsieur, vous êtes un excellent homme, comme il en existe peu ; je ne dirai jamais de vous autre chose que ce que vous êtes. Mais, mon ami, vous abandonner, vous, pour le général Bolivar, cela signifie quelque chose, alors que si c'était n'importe quel autre mari qui n'ait pas vos qualités que j'avais abandonné, cela ne voudrait rien dire du tout.

... Je sais fort bien que rien ne peut me lier à lui dans ce que vous appelez l'honneur. Mais me croyez-vous moins honorable parce qu'il est mon amant et non pas mon époux ? Moi, je ne vis pas avec des préoccupations sociales inventées pour nous tourmenter mutuellement.

Laissez-moi tranquille, mon cher Anglais. Faisons autre chose. Disons qu'au ciel nous nous marierons à nouveau, mais pas sur la terre... Là-haut, tout sera à l'anglaise, car la vie monotone est le propre de votre nation (dans le domaine des amours, j'entends, car pour le reste quelle nation est plus habile dans le commerce et la marine ?) Vous faites l'amour sans plaisir ; la conversation, sans grâce, et vous marchez lentement ; vous saluez en faisant la révérence ; vous vous levez et vous vous asseyez avec précaution ; vous plaisantez sans rire. Ce sont là des habitudes divines ; mais moi, misérable mortelle qui ris de moi-même, de vous et de ce sérieux anglais, comme le ciel me conviendrait mal !

(238)

1829
Corrientes

Bonpland

C'est à travers les neuf mille lieues qu'il a parcourues et les soixante mille plantes qu'il a recueillies qu'il a découvert l'Amérique. Quand il est revenu à Paris, l'Amérique lui a manqué. La découverte de cette nostalgie lui a fait comprendre qu'il appartenait à la même terre que les racines et les fleurs qu'il avait récoltées. Cette terre l'appelait comme jamais l'Europe ne l'avait fait ; et il a traversé à nouveau la mer pour la retrouver.

Il a été professeur à Buenos Aires et cultivateur dans les plantations du haut Paraná. C'est là qu'il a été surpris par les soldats de Gaspar Rodríguez de Francia, dictateur suprême et perpétuel du Paraguay. Ils l'ont roué de coups et emmené en canot à l'amont du fleuve.

Il est resté neuf ans prisonnier au Paraguay. Comme espion, a dit, semble-t-il, le dictateur Francia qui règne par la terreur et le mystère. Des rois, des empereurs, des présidents sont intervenus pour faire libérer l'illustre savant, mais démarches et missions, supplications et menaces n'ont servi à rien.

Le dictateur l'avait condamné un jour de vent du nord, un vent qui agit sur son caractère. Un jour de vent du sud, il a décidé de le libérer. Et comme Bonpland ne voulait pas quitter le pays, il l'a expulsé.

Bonpland n'avait pas été prisonnier dans une cellule. Il travaillait sur des terres qui produisaient du coton, de la canne à sucre et des oranges et il avait créé une distillerie d'eau-de-vie, un atelier de menuiserie et un hôpital ; il accouchait les femmes et les vaches de toute la région et il donnait des potions infaillibles contre les rhumatismes et la fièvre. Le Paraguay s'est attaché à son prisonnier aux pieds nus et à la chemise flottante, à ce chercheur de plantes rares, à cet homme malchanceux qui savait donner tant de bonheur aux autres ; et voilà que maintenant il part, parce que des soldats l'emmènent de force.

A peine a-t-il traversé la frontière qu'il se fait voler ses chevaux en territoire argentin.

(255)

1829

Asunción, Paraguay

Francia, le Suprême

Il n'y a pas de voleurs, au Paraguay, à moins que ce ne soit sous terre ; il n'y a pas de riches non plus, ni de mendiants. Ce n'est pas au son de la cloche que les enfants accourent à l'école, mais au battement du tambour. Bien que tout le monde sache lire, il n'existe pas d'imprimerie, pas de bibliothèque et l'on n'y reçoit de l'extérieur ni livres, ni journaux, ni bulletins. Quant à la poste, elle a disparu, faute d'utilisation.

Cerné, en amont du fleuve, par la nature et les voisins, le pays vit sur ses gardes, s'attendant toujours à un coup de patte de l'Argentine ou du Brésil. Afin que les Paraguayens se repentent de leur indépendance, Buenos Aires leur a coupé toute issue vers la mer et leurs bateaux pourrissent sur les quais ; mais ils sont là, dignes dans leur misère. Dignité, isolement national : debout sur les vastes estuaires, Gaspar Rodríguez de Francia commande et veille. Le dictateur vit seul et c'est dans la solitude qu'il mange le pain et le sel de sa terre, dans des plats qu'il fait d'abord goûter aux chiens.

Tous les Paraguayens sont des espions ou sont épiés. Très tôt, le matin, tout en aiguisant son rasoir, le barbier Alejandro apporte au Suprême les premières nouvelles concernant les bruits qui courent et les conspirations qui se préparent. A la nuit tombée, le dictateur chasse les étoiles au télescope ; elles aussi lui apprennent ce que trament ses ennemis.

(82 et 281)

1829

Rio de Janeiro

La dette extérieure fait boule de neige

Il y a sept ans que le prince Pedro s'est proclamé empereur du Brésil. Le pays a acquis son indépendance en frappant aux portes des banquiers britanniques : le roi Juan, le père de Pedro, avait dévalisé la banque et avait emporté à Lisbonne les derniers grammes d'or et d'argent. Les premiers millions de livres sterling sont bientôt arrivés de Londres. Les revenus des douanes ont été hypothéqués en garantie et les intermédiaires du pays ont reçu 2 % sur chaque prêt.

A l'heure actuelle, le Brésil doit le double de ce qu'il a reçu et la dette roule et croît comme une boule de neige. Les créanciers font la loi et chaque Brésilien est endetté dès sa naissance.

Dans un discours solennel l'empereur Pedro révèle que le trésor public est épuisé, dans *un état misérable,* et que le pays est menacé de la ruine totale. Cependant il annonce qu'il est encore possible de le sauver. L'empereur a résolu de prendre *des mesures qui anéantiront d'un seul coup la cause de la catastrophe actuelle.* Et il explique quelles sont ces mesures radicales : elles consistent en de nouveaux emprunts que le Brésil espère recevoir des maisons Rothschild et Wilson, de Londres, avec des intérêts élevés, mais honorables.

Pendant ce temps, les journaux annoncent que l'on prépare

mille fêtes pour célébrer le mariage de l'empereur avec la princesse Amélie. Les petites annonces de location ou de vente proposent des esclaves noirs, des fromages et des pianos qui viennent d'arriver d'Europe, des casaques anglaises en drap fin et des vins de Bordeaux. L'hôtel do Globo, dans la rue Quitanda, cherche *un cuisinier blanc et étranger qui ne soit ni buveur ni fumeur de cigares,* et au 76 de la rue Ouvidor, on demande *une dame parlant français pour s'occuper d'un aveugle.*

(186 et 275)

1830

Rio Magdalena

La barque descend vers la mer

Terre verte, terre noire. Là-bas, dans le lointain, le brouillard estompe les montagnes. Simon Bolivar descend le Magdalena qui l'emporte.

— *Non...*

Dans les rues de Lima, ceux-là mêmes qui lui avaient offert une épée incrustée de diamants sont en train de brûler la Constitution. Ceux qui l'appelaient « Père de la Patrie » brûlent son effigie dans les rues de Bogota. A Caracas, il est officiellement déclaré « ennemi du Venezuela ». Là-bas, à Paris, les articles diffamatoires à son sujet redoublent de violence ; et les amis qui savent faire son éloge sont incapables de le défendre.

— *Je ne peux pas.*

C'était donc cela, l'histoire des hommes ? Ce labyrinthe, ce vain jeu d'ombres ? Le peuple vénézuélien maudit les guerres qui lui ont enlevé la moitié de ses fils dans des régions lointaines et qui ne lui ont rien apporté. Le Venezuela se retire de la Grande Colombie, l'Équateur aussi s'en sépare tandis que Bolivar descend le Magdalena en bateau, sous un taud sale, jusqu'à la mer.

— *Je n'en peux plus.*

Au Venezuela, les nègres sont toujours esclaves, en dépit des lois. En Colombie et au Pérou, les lois édictées pour *civiliser* les

Indiens sont appliquées de façon à les dépouiller. Le tribut, impôt colonial que les Indiens paient parce qu'ils sont Indiens, est entré à nouveau en vigueur en Bolivie.

C'était donc cela, c'était donc cela l'Histoire ? Toute grandeur devient médiocrité. Derrière chaque promesse surgit la trahison. Les personnages les plus éminents deviennent des propriétaires terriens voraces. Les fils de l'Amérique se détroussent les uns les autres. Sucre, le préféré, l'héritier qui avait échappé au poison et au poignard tombe dans les bois, sur la route de Quito, atteint par une balle.

— *Je n'en peux plus. Allons-nous-en.*

Sur le fleuve flottent caïmans et madriers. Bolivar, la peau jaunie, les yeux éteints, tremblant de fièvre et délirant, descend le Magdalena vers la mer, vers la mort.

(53 et 202)

1830
Maracaibo

Le gouverneur proclame

Bolivar, le génie du mal, le flambeau de l'anarchie, l'oppresseur de la patrie, a cessé d'exister.

(202)

1830
La Guaira

Diviser pour régner

Le consul nord-américain de La Guaira, J. G. Williamson, prophète et protagoniste de la désintégration de la Grande Colombie avait envoyé au Département d'État un rapport bien documenté. Un mois à l'avance il avait annoncé le retrait du Venezuela et la fin des taxations qui ne convenaient pas aux États-Unis.

Simon Bolivar est mort le 17 décembre. Un autre 17 décembre, il y a de cela onze ans, il avait fondé la Grande Colombie qui était née de la fusion de la Colombie et du Venezuela et qu'avaient rejointe, par la suite, l'Équateur et Panama. La Grande Colombie est morte avec lui.

Un autre consul nord-américain, William Tudor, a contribué, de Lima, à tisser les fils de la conspiration contre le projet américain de Bolivar, *le fou dangereux de Colombie.* Tudor n'était pas seulement préoccupé par la lutte de Bolivar contre l'esclavage, mauvais exemple pour le sud des États-Unis, mais aussi et surtout par *l'accroissement excessif* de l'Amérique libérée du joug espagnol. C'est à juste titre que le consul a dit que *l'Angleterre et les États-Unis ont des raisons d'État communes et puissantes* contre le développement d'une nouvelle puissance. L'amiral britannique Fleming, pendant ce temps, faisait l'aller et retour entre Valence et Carthagène pour entretenir la division.

(207 et 280)

1830
Montevideo

Images scolaires : le serment à la Constitution

Le gouvernement anglais, avait dit Lord John Ponsonby, *ne consentira jamais à ce que, seuls, deux États, le Brésil et l'Argentine, soient les maîtres exclusifs des côtes orientales de l'Amérique du Sud.*

Sous l'influence de Londres et sous sa protection, l'Uruguay devient indépendant. La plus rebelle des provinces du Río de la Plata, qui a expulsé les Brésiliens de son sol, se détache du vieux tronc et acquiert sa vie propre. Le port de Buenos Aires se libère enfin du cauchemar de cette farouche Prairie où se souleva Artigas.

A l'église Matriz de Montevideo, le père Larrañaga offre à Dieu un cantique d'action de grâces. La ferveur illumine le visage du prêtre, comme lors du *Te Deum* qu'il chanta, il y a quelques années, du même autel, en hommage aux envahisseurs du Brésil.

Le serment à la Constitution est prononcé du perron du Conseil. Les dames, qui aux yeux de la loi n'existent pas, assistent à la consécration juridique de la nouvelle nation comme si elles étaient concernées. D'une main elles retiennent leurs immenses peignes, dangereux par ces jours de grand vent, et de l'autre, elles tiennent, ouvert sur leur poitrine, leur éventail décoré de peintures patriotiques. Les hauts cols amidonnés empêchent les messieurs de tourner la tête.

La Grande Charte retentit, article après article, au-dessus d'une mer de chapeaux hauts de forme. Aux termes de la Constitution de la nouvelle république, ne seront pas citoyens les hommes qui offrirent leur poitrine aux balles espagnoles, portugaises ou brésiliennes. L'Uruguay n'est pas fait pour les gauchos pauvres, ni pour les Indiens qu'on est en train d'exterminer, ni pour les nègres qui ignorent encore qu'une loi les a libérés. Ceux qui sont domestiques, peones ou simples soldats, les marginaux, les ivrognes et les illettrés n'auront pas le droit de vote.

A la tombée de la nuit, il y a foule au théâtre du Coliseo. C'est la première de *l'Heureux Stratagème (Luinganno felice) ou le Triomphe de l'innocence,* de Rossini, le premier opéra complet à être chanté dans cette ville.

(278)

1830
Montevideo

La patrie ou la tombe

Le premier poète du Parnasse urugayen, Francisco Acuña de Figueroa, a débuté dans les lettres en composant une ode en vers octosyllabiques à la gloire de l'Espagne. Quand les gauchos d'Artigas se sont emparés de Montevideo, il s'est enfui à Rio de Janeiro. Là, il a consacré ses rimes à chanter les louanges du prince portugais et de sa cour. Toujours avec sa lyre à l'épaule, don Francisco est revenu à Montevideo avec les envahisseurs brésiliens et il s'est fait le chantre des troupes d'occupation. Quelques années plus tard, au lendemain de l'expulsion des troupes brésiliennes, les muses lui ont soufflé à l'oreille des vers décasyllabiques, lauriers de mots destinés à ceindre les tempes des héros de l'indépendance, et maintenant, ce poète rampant compose l'hymne national du pays qui vient de naître. Et nous, Uruguayens, nous voilà désormais condamnés à écouter, debout, ses vers.

(3)

1832
Santiago du Chili

Industrie nationale

Au Chili aussi, les gentilshommes s'habillent à la mode française, imitent Byron dans la façon de nouer leur cravate et à leur table, la cuisine française fait loi ; ils prennent le thé à l'anglaise et boivent le coup à la française.

Quand Vicente Pérez Rosales a installé sa fabrique d'alcool il a acheté à Paris les meilleurs alambics et une bonne quantité d'étiquettes avec des dessins dorés, sur lesquelles était écrit, en fins caractères, *Old Champagne Cognac.* A la porte de son bureau, il a fait poser cet écriteau :

Importation
directe

Le goût n'était pas parfait, parfait, mais presque, presque et personne ne s'est plaint de brûlures d'estomac. Les affaires marchaient à merveille et la fabrique n'y suffisait pas. Mais voilà que Vicente fut pris soudain d'une attaque de patriotisme et qu'il décida qu'il ne pouvait pas continuer à vivre dans la trahison.

— Cette bonne renommée ne revient qu'au Chili !

Il jeta au feu toutes les étiquettes européennes et son bureau étrenna un panneau encore plus grand qui disait :

Fabrique nationale

Les bouteilles portent maintenant un nouvel habit, des étiquettes qui disent : *Cognac chilien.*

Et il n'en vend pas une seule.

(256)

Images du marché à Santiago du Chili

— *Basilic ! Œillets pour les filles bien roulées !*

— Comprimés !

— Des boutons, de jolis boutons à un réal le carton !

— Allumettes !

— Voyez mes courroies, mes fines courroies de sangle, fines comme un gant !

— *La charité, pour l'amour de Dieu !*

— Viande de bœuf !

— *La charité pour un pauvre aveugle !*

— Balaiaiais ! Profitez-en, ce sont les derniers !

— Tabac à chiquer, tabac à chiquer !

— Médailles miraculeuses ! A la pièce ou si vous préférez, tout le lot à forfait !

— Petits gâteaux imprégnés d'eau de vie !

— *Lames, fines lames pour se défendre !*

— Lames de couteaux !

— Pour qui mon lasso ?

— *Du pain, du bon pain !*

— Clochettes pour le bétail ! Il ne m'en reste plus qu'une !

— Pastèèèque, mon cœur !

— *Du pain, du bon pain que des mains de femmes ont pétri !*

— Pastèèèque !

— *Tout chaud mon bon pain !*

(288)

1833

Arequipa

Les lamas

Heureuses créatures ! dit Flora Tristan.

Flora parcourt le Pérou, la patrie de son père, et, dans les montagnes, elle découvre *le seul animal que l'homme n'a pas pu avilir.*

Les doux lamas sont plus agiles que les mules et grimpent plus haut. Ils supportent le froid, la fatigue et les lourdes charges. Sans rien demander en échange, ils fournissent aux Indiens des montagnes transport, lait, viande et les poils propres et brillants qui recouvrent leurs corps. Par contre, ils ne se laissent jamais attacher, ni maltraiter, et ils n'acceptent pas qu'on leur donne des ordres. Quand ils interrompent leur marche altière, l'Indien les supplie de continuer. Si quelqu'un les bat, ou les menace, les lamas se jettent à terre et, dressant leur long cou, ils tournent leurs yeux, les plus beaux yeux de la Création, vers le ciel et, tout doucement, ils meurent.

— *Heureuses créatures !* dit Flora Tristan.

(337)

1833

San Vicente

Aquino

La tête d'Anastasio Aquino tombe dans le panier du bourreau.

Qu'il repose en guerre ! Le caudillo des Indiens du Salvador avait dressé trois mille lances contre les voleurs de terre. Il avait vaincu les mousquets, allumés au feu du cigare, et il avait dénudé saint Joseph, sur le grand autel d'une église. Enveloppé dans le manteau du père du Christ, il avait promulgué des lois pour que les Indiens ne soient plus jamais esclaves, ni soldats, pour qu'ils ne meurent plus de faim et ne s'enivrent pas. Mais d'autres troupes sont arrivées et il a dû chercher refuge dans les montagnes.

Son lieutenant, un nommé Cascabel, l'a donné à l'ennemi.

— *Je suis un tigre sans griffes ni crocs* dit Aquino en voyant qu'on l'entravait dans les fers et les chaînes et il avoua à Navarro que de toute sa vie il n'avait jamais eu peur que des colères ou des larmes de sa femme.

— Me voilà *prêt à jouer à colin-maillard,* dit-il, lorsqu'on lui banda les yeux.

(87)

1834
Paris

Tacuabé

D'un bout à l'autre du Queguay, la cavalerie du général Rivera a atteint le sommet de l'œuvre civilisatrice, grâce à une bonne ligne de tir. Il ne reste pas un Indien vivant en Uruguay.

Le gouvernement a fait don des quatre derniers Indiens à l'Académie des sciences naturelles de Paris. Il les expédie dans la cale d'un navire, en fret, au milieu d'autres paquets et valises.

Le public français paie un droit d'entrée pour voir les sauvages, rares échantillons d'une race éteinte. Les scientifiques notent leurs gestes, leurs habitudes et leurs mesures anthropométriques ; d'après la forme de leurs crânes, ils concluent à la pauvreté de leur intelligence et à la violence de leur tempérament.

Au bout de deux mois, les Indiens se laissent mourir. Les académiciens se disputent leurs cadavres.

Le guerrier Tacuabé qui s'est enfui avec sa fille qui venait de naître est le seul à survivre. Il arrive, on ne sait comment, dans la ville de Lyon, et là, il s'évanouit.

Tacuabé était le musicien. Au musée, il jouait de la musique quand le public s'en allait. Il frottait son arc avec une petite baguette humectée de salive et il arrachait de doux accords à la corde de crins. Les Français qui l'ont épié derrière les rideaux de leurs fenêtres racontent qu'il obtenait ainsi des sons très doux, étouffés, presque inaudibles, comme s'il parlait à voix basse.

(19)

1834
Ville de Mexico

Aimer, c'est donner

Devant toutes les portes des maisons, une calebasse pleine de vinaigre veille. Mille bougies brûlent devant chaque autel. Les médecins ordonnent saignées et fumigations de chlorure. Des fanions rouges signalent les maisons atteintes du choléra. Des chants lugubres et plaintifs signalent le passage des chariots pleins de morts dans les rues désertes.

Le gouverneur publie une ordonnance interdisant l'absorption de certains aliments. Selon cette ordonnance, ce sont les piments et les fruits qui ont répandu le choléra à Mexico.

Dans la rue Espíritu Santo, un cocher est en train de couper une énorme chirrimoya. Il s'assied confortablement sur son siège pour la savourer tranquillement. Un passant l'arrête au moment où il ouvre la bouche.

— *Insensé ! Ne vois-tu pas que tu es en train de te suicider ? Ne sais-tu donc pas que ce fruit conduit au cimetière ?*

Le cocher hésite. Il contemple la pulpe laiteuse mais n'arrive pas à se décider à y mordre. Finalement, il se lève, fait quelques pas et offre la chirrimoya à sa femme qui est assise au coin de la rue.

— *Mange-la, toi, mon cœur.*

(266)

1835
Iles Galapagos

Darwin

De sombres collines surgissent de la mer et du brouillard. Sur les rochers, des tortues grosses comme des vaches se déplacent lentement ; dans les anfractuosités, glissent des iguanes, dragons sans ailes.

— *C'est la capitale de l'enfer,* déclare le capitaine du *Beagle.*

— *Les arbres eux-mêmes se trouvent mal,* confirme Charles Darwin, pendant qu'on jette l'ancre.

Dans ces îles, les îles Galapagos, Darwin entrevoit la solution du *mystère des mystères* ; c'est ici qu'il a l'intuition du processus de transformation continuelle de la vie sur terre ; ici, il découvre que les pinsons ont adapté leur bec, que celui qui broie des graines grosses et dures a pris la forme d'un casse-noix et celui qui suce le nectar des cactus a pris la forme de pinces. Il s'est produit la même chose pour la carapace et le cou des tortues, remarque Darwin, selon qu'elles se nourrissent au ras du sol ou qu'elles préfèrent les fruits qui poussent en hauteur.

C'est aux Galapagos que se trouve l'origine de toutes mes thèses, écrira Darwin. *Je vais de surprise en surprise,* dit-il maintenant dans son journal de voyage.

Quand le *Beagle* quitta, il y a quatre ans, un port d'Angleterre, Darwin croyait encore, au pied de la lettre, chaque mot des Saintes Écritures. Il croyait que Dieu avait créé le monde tel qu'il est actuellement, en six jours et qu'il avait terminé son ouvrage comme l'affirme l'archevêque Usher, à 9 h du matin le samedi 12 octobre de l'an 4004 avant J.-C.

(4 et 88)

1835

Columbia

Texas

Il y a quinze ans, un convoi de chariots traversa en grinçant les prairies désertes du Texas et les cris sinistres des hiboux et des coyotes lui souhaitèrent la malvenue. Le Mexique a cédé des terres aux trois cents familles qui sont venues de Louisiane avec leurs esclaves et leurs charrues. Il y a cinq ans, il y avait déjà vingt mille colons nord-américains au Texas et ils avaient beaucoup d'esclaves achetés à Cuba ou dans les cours des domaines où les gentilshommes de Virginie et du Kentucky élèvent des petits nègres. Les colons hissent maintenant leur propre drapeau dont l'emblème est un ours ; ils refusent de payer des impôts au gouvernement du Mexique et de se plier à la loi mexicaine qui a aboli l'esclavage sur tout le territoire national.

Le vice-président des États-Unis, John Calhoun, pense que

Dieu a créé les nègres pour couper du bois, récolter le coton et transporter de l'eau pour le peuple élu. Les fabriques de textiles réclament de plus en plus de coton, le coton de plus en plus de terres et de nègres. Il existe *de puissantes raisons,* a dit Calhoun l'an dernier, pour que le *Texas fasse partie des États-Unis.* Aussi le président Jackson, qui souffle les frontières avec des poumons d'athlète, a-t-il expédié au Texas son ami Sam Houston.

L'âpre Houston s'ouvre le passage à coups de poing, devient général de l'armée et proclame l'indépendance du Texas. Le nouvel État, qui sera bientôt une étoile de plus du drapeau des États-Unis, est plus étendu que la France.

Et la guerre avec le Mexique éclate.

(128 et 207)

1836

San Jacinto

Le monde libre s'agrandit

Sam Houston offre des terres à quatre centavos l'acre. Des bataillons de volontaires nord-américains affluent de partout et des bateaux chargés d'armes arrivent de New York et de La Nouvelle Orléans.

La comète avait annoncé une catastrophe sur le Mexique. Ce ne fut d'ailleurs une surprise pour personne, car le Mexique vit dans un état de catastrophe permanent depuis que les assassins d'Hidalgo et de Morelos ont déclaré l'indépendance à leur profit.

La guerre ne dure pas longtemps. Le général mexicain Santa Anna arrive, fait sonner la charge, s'élance au massacre et fusille les ennemis à El Alamo. Mais à San Jacinto, il perd quatre cents hommes en un quart d'heure. Santa Anna cède le Texas en échange de sa vie et s'en retourne à Mexico avec son armée vaincue, son cuisinier personnel, son épée de sept mille dollars, ses innombrables décorations et son wagon de coqs de combat.

Le général Houston célèbre son triomphe en se proclamant président du Texas.

La Constitution du Texas confère au maître un droit perpétuel sur ses esclaves, étant donné qu'il s'agit de propriétés légitimement acquises. Le mot d'ordre des troupes victorieuses était : *Accroître le périmètre de la liberté.*

(128)

1836

El Alamo

Portrait du héros des frontières

Quand la guerre du Texas a commencé, alors que la chance souriait encore aux troupes mexicaines, le colonel Davy Crockett est tombé transpercé par les baïonnettes. Il est tombé au fort d'El Alamo, avec sa troupe de bandits héroïques, et les charognards ont mis fin à son histoire.

Les États-Unis qui grossissent en mangeant les terres des Indiens et des Mexicains ont perdu là un de leurs héros de l'Ouest. Davy Crockett avait un fusil nommé Betsy qui tuait cinq ours par balle.

Crockett pourrait bien avoir été le fils de Daniel Boone, le légendaire pionnier du siècle précédent, tueur très viril et solitaire qui détestait le monde civilisé mais qui gagnait sa vie en mettant des colons sur les terres volées à ses amis indiens. Et il pourrait bien aussi avoir été le père de Natty Bumppo, un personnage de roman tellement célèbre qu'il semble être de chair et d'os.

Depuis que Fenimore Cooper a publié *le Dernier des Mohicans,* Natty Bumppo, le noble et rude chasseur, fait partie de la vie quotidienne des États-Unis. Tout ce qu'il connaît de la morale, c'est la nature qui le lui a enseigné et il puise son énergie dans les montagnes et dans les bois. Il est laid. Il ne reste plus qu'une seule dent dans son énorme bouche. Il protège, sans rien en attendre en échange, les belles vierges blanches qui, grâce à lui, passent indemnes à travers le bocage et le désir.

Natty Bumppo fait à grands mots l'éloge du silence et ne ment pas quand il dit ne pas avoir peur de la mort et avoir de l'admiration pour les Indiens qu'il tue pourtant, mais avec mélancolie.

(149 et 218)

1836
Hartfort

Le colt

Samuel Colt, ingénieur, dépose à Hartfort, Connecticut, le brevet du *revolving pistol* qu'il a inventé. Il s'agit d'un pistolet à tambour tournant, à cinq coups, qui tue cinq fois en vingt secondes.

C'est du Texas qu'arrive la première commande.

(305)

1837
Ville de Guatemala

Morazán

Une avalanche de soutanes s'abat sur la ville. L'éclair qui a déclenché la peur, c'est Rafael Carrera, et partout, on entend des grondements dans la ville de Guatemala.

— *Vive la religion ! A mort, les étrangers ! A mort Morazán !*

Pas un cierge qui ne brûle. Les nonnes prient si vite qu'en neuf secondes elles expédient neuf neuvaines. Les chœurs entonnent *salve* et malédictions contre Morazán avec la même ferveur.

Francisco Morazán, président de Centramérique, est *l'étranger mécréant* qui a déchaîné ces furies mystiques. Morazán, né au Honduras, ne s'est pas contenté de réunir les provinces centraméricaines en une seule nation. Il a, en outre, relégué au rang de simples citoyens comtes et marquis et il a créé des écoles publiques où l'on enseigne les choses de la terre sans rien dire du ciel. Selon ses lois, il n'est plus besoin de croix pour les tombes ni de curé pour les mariages. Rien ne distingue plus l'enfant conçu dans le lit conjugal de l'enfant fait sans contrat préalable, sur la paille de l'étable ; l'un et l'autre sont les héritiers de leurs parents, au même titre. Et, ce qui est plus grave encore : Morazán a séparé l'Église de l'État, il a déclaré la liberté de croire ou de ne pas croire et il a supprimé les dîmes et les prémices aux fonctionnaires du Seigneur et mis leurs biens en vente.

Les nonnes accusent Morazán d'être responsable du fléau qui s'abat sur le Guatemala. Le choléra tue et, du haut de la chaire, pleuvent des accusations tonitruantes : Morazán a empoisonné les eaux, l'Antéchrist a signé un pacte avec le diable pour lui vendre les âmes des morts.

Les villages de la montagne se soulèvent contre l'empoisonneur. Rafael Carrera, l'éleveur de porcs, qui prend la tête de l'insurrection, a vingt ans à peine et il a déjà trois balles dans le corps. Il va, couvert de scapulaires et de médailles, une branche verte piquée dans son chapeau.

(220 et 253)

1838
Buenos Aires

Rosas

Grand dompteur de poulains et d'hommes, Juan Manuel de Rosas est le caudillo des campagnes du Río de la Plata. Guitariste et danseur, il sait raconter les meilleures histoires qui font peur ou rire autour des feux de bois, mais il est fait de marbre et ses propres fils l'appellent *patron*. Il fait mettre en prison la cuisinière qui lui rate un poulet et lui-même se fait donner le fouet quand il viole, par inattention, une des règles qu'il a établies.

Ses fermes d'élevage sont les plus prospères et ses saloirs les mieux organisés. Il possède les meilleurs des grands pâturages qui s'étendent du port de Buenos Aires aux campements des Indiens.

Rosas gouverne. Il a promulgué une loi douanière pour protéger la production argentine de ponchos et de vêtements, de chaussures, de véhicules, de bateaux, de vins et de meubles, et il a fermé les voies fluviales de l'intérieur aux marchandises étrangères.

La Revue des deux mondes exige que la France administre une leçon de civilisation et de discipline aux *fils dégénérés de la conquête espagnole.* Une escadre française sous le commandement de l'amiral Le Blanc entreprend le blocus de Buenos Aires, seul port argentin habilité pour le commerce d'outremer.

(166, 271 et 336)

1838
Buenos Aires

L'abattoir

Esteban Echeverría écrit le premier conte de la littérature du Río de la Plata. Dans *El matadero* (l'Abattoir), la dictature de Rosas est décrite comme la poursuite d'un docteur de Buenos Aires, sans défense, par une pègre armée de couteaux.

Né dans les faubourgs, élevé dans la bagarre, mais éduqué à Paris, Echeverria méprise *la racaille.* Un abattoir du sud de la ville lui offre la meilleure des toiles de fond pour décrire les chiens disputant les entrailles à de noires éventreuses et pour raconter comment les grossièretés jaillissent à flot des lèvres des gens du peuple tout comme le sang jaillit de la gorge des bêtes.

L'égorgeur du conte porte une chiripa, pagne replié en pantalon, vêtement typique des gauchos. Il a le visage barbouillé de sang et il enfonce son poignard jusqu'au manche dans la gorge de l'animal ; ensuite, il traque le monsieur instruit vêtu d'une redingote qui refuse de lui rendre hommage.

(104)

Quelques données supplémentaires sur le cannibalisme en Amérique

Dans sa dernière charge de cavalerie, le colonel Juan Ramón Estomba lance ses cavaliers contre le néant. La guerre contre l'Espagne est terminée, mais la guerre des Argentins contre les Argentins est encore plus atroce. Le colonel Estomba lève son sabre et aboie : *A la charge !* Et, au milieu d'un tonnerre de hurlements et de bruit de sabres, les chevaux foncent contre un horizon vide.

Cette nation déchirée est folle de rage. Les héros de l'indépendance se dévorent entre eux. Estanislao López a reçu la tête de Pancho Ramírez enveloppée dans une peau de mouton, il l'a mise dans une cage de fer et, toute la nuit, il s'est délecté en la regardant. Gregorio Lamadrid a enchaîné et traîné dans les rues la mère de Facundo Quiroga, avant que Facundo ne tombe dans une embuscade, l'œil transpercé par une balle. Dans un enclos, sur la bouse de vache, Juan Lavalle a fusillé Manuel Dorrego et, depuis lors, le fantôme de Dorrego poursuit Lavalle et lui mord les talons jusqu'à ce qu'il l'attrape et le plaque à coups de feu au corps nu de sa maîtresse, pour que Lavalle ait la chance de mourir à l'intérieur d'une femme.

(55, 103 et 110)

1838
Tegucigalpa

Centramérique

La Fédération Centraméricaine est mise en pièces pendant que Morazán se bat au Guatemala contre la foule enhardie par les moines.

Les faibles liens qui avaient réuni les régions se mettent à craquer l'un après l'autre.

Le Costa Rica et le Nicaragua rompent le pacte fédéral. A son tour, le Honduras se déclare indépendant. La ville de Tegucigalpa célèbre à cors et à cris et à grands discours l'échec de son fils qui, d'ici, avait lancé, il y a dix ans, la grande campagne d'unification. Les rancœurs des provinces, les jalousies et les convoitises, tous ces vieux poisons sont plus puissants que la passion de Morazán.

La République fédérale de Centramérique est déchirée en quatre morceaux. Il y en aura bientôt cinq et même six. Pauvres lambeaux. Et ils auront les uns envers les autres plus de haine que de regret.

(220)

1839
Copán

Une ville sacrée est vendue pour 50 dollars

et John Lloyd Stephens, ambassadeur des États-Unis en Amérique Centrale, s'en rend acquéreur. C'est la ville maya de Copán, au Honduras, envahie par la forêt vierge, au bord d'un fleuve.

A Copán, les dieux ont été faits pierre, et pierre les hommes que les dieux ont choisis ou punis. A Copán ont vécu, il y a plus de mille ans, les savants astronomes qui ont découvert le secret de l'étoile du matin et qui ont mesuré l'année solaire avec une précision encore jamais atteinte.

Le temps a mutilé mais n'a pas vaincu les temples aux belles frises et aux perrons ciselés. Les divinités apparaissent encore sur les autels, jouant à cache-cache entre les plumages des masques. Le jaguar et le serpent ouvrent encore leurs gueules sur les stèles dressées dans les broussailles et hommes et dieux respirent à travers ces pierres silencieuses, jamais muettes.

(133)

1839
La Havane

Les tambours parlent, les corps disent

Le capitaine général de Cuba décide d'autoriser les danses avec tambours dans les plantations, à condition qu'elles aient lieu les jours de fête et sous la suveillance des contremaîtres.

Les contremaîtres seront chargés de veiller à ce que les tambours ne transmettent pas de mots d'ordre de rébellion. Le tambour nègre, tambour vivant, ne joue pas seul. Le tambour converse avec d'autres tambours, le tambour mâle appelle, aime le tambour femelle et parle dangereusement avec les hommes et avec les dieux. Quand les tambours les appellent, les dieux accourent et pénètrent dans les corps et de là, ils volent.

Dans les temps très anciens, le scorpion Akeke tua l'ennui en plantant son aiguillon dans un couple humain. Depuis lors, c'est en dansant que les nègres sortent du ventre de leur mère, c'est en dansant qu'ils disent l'amour et la douleur ou la rage et c'est en dansant qu'ils traversent cette vie féroce.

(22, 222 et 241)

1839
La Havane

Annonces de presse

PARTIE ÉCONOMIQUE

Vente d'animaux

A vendre : une négresse créole, jeune, saine et sans défauts, très humble et fidèle, bonne cuisinière, ayant quelques dons pour la lessive et le repassage ; parfaite pour s'occuper des enfants. Pour cinquante pesos. S'adresser rue Daoiz, numéro 150, pour tous renseignements 3 || 11.

A vendre : un beau cheval, de bel aspect, six empans trois pouces de haut.

A louer : appartements, négresses pour le service de la maison, nègres pour les champs et pour tous travaux. On fournit des négrillons pour jouer avec les enfants. Tous renseignements rue Daoiz, numéro 11 mzo 21.

Des sangsues supérieures viennent d'arriver de la péninsule. En vente...

(276)

1839
Valparaiso

L'éclaireur

Au bas de la côte, dans le quartier de la Rinconada du port chilien de Valparaiso, sur le porche d'une maison quelconque on peut lire cet écriteau :

> LUMIÈRES ET VERTUS AMÉRICAINES
> A savoir : bougies de cire, patience, savon, résignation, colle forte, amour du travail.

A l'intérieur, fumée de cuisine et cris d'enfants. C'est là que vit Simon Rodríguez. Le maître de Bolivar a dans sa maison une école et une petite fabrique. Il apprend aux enfants la joie de créer et il paie les frais de l'école en fabriquant des bougies et du savon.

(298)

1839
Veracruz

Pour l'amour de Dieu, donne-moi un mari Même s'il est vieux, manchot ou mal bâti

L'ambassadeur d'Espagne pose pour la première fois les pieds sur la terre mexicaine. Il ne rencontre, à Veracruz, d'autres oiseaux que des charognards à l'affût de cadavres. Au bras de son épouse, il s'en va de par les rues sinistres afin d'observer les coutumes du pays.

Dans une église, l'ambassadeur voit un saint que l'on roue de coups. Les vieilles filles lui réclament un miracle à coups de pierres, les jeunes lui jettent des pierres avec espoir et croient que les mieux ajustées leur donneront le meilleur mari ; quant à celles qui sont trop fanées et qui n'attendent plus de saint Antoine de Padoue ni mari ni consolation, elles le criblent de cailloux et lui crient des insultes. On l'a mis dans un bien triste état, ce pauvre saint Antoine : visage abîmé, moignon à la place des mains, quant à sa poitrine, ce n'est plus qu'un trou. On dépose des fleurs à ses pieds.

(57)

1840

Ville de Mexico

Mascarade

Les couturiers et les coiffeurs français de la ville de Mexico courent sans arrêt de maison en maison, de dame en dame. Qui sera la plus élégante au grand bal donné au profit des pauvres ? Quelle beauté prévaudra ?

Mme Calderón de la Barca, épouse de l'ambassadeur d'Espagne, essaye le costume national mexicain, le vêtement typique de la vallée de Puebla. Le miroir renvoie, joyeux, l'image qu'il reçoit : blouse blanche de dentelles à l'aiguille et au fuseau, jupe rouge, petites paillettes brillantes sur les jupons brodés. Mme Calderón serre autour de sa taille la jupe colorée et la fait virevolter. Elle se coiffe avec la raie au milieu et attache ses nattes avec un anneau.

Toute la ville apprend la nouvelle. Le conseil des ministres se réunit pour conjurer le danger. Trois ministres (Affaires étrangères, Intérieur et Guerre) se présentent chez l'ambassadeur et lui adressent un avertissement officiel. Les dames de la haute société n'en croient pas leurs oreilles : évanouissements, sels, éventails. Une dame si convenable, s'habiller de façon si inconvenante ! Et en public ! Les amis donnent des conseils, le corps diplomatique fait pression : attention, évitez le scandale, ces vêtements sont ceux de femmes de réputation douteuse !

Mme Calderón de la Barca renonce au costume national. Elle n'ira pas au bal vêtue en Mexicaine. Elle portera des vêtements de paysanne italienne du Latium. Une des dames patronnesses de la fête viendra déguisée en reine d'Écosse. D'autres seront des courtisanes françaises ou des paysannes suisses, anglaises ou aragonaises ou se draperont dans d'extravagants voiles de Turquie.

La musique flottera sur une mer de perles et de brillants. On dansera sans grâce : la faute n'en sera pas aux pieds mais aux chaussures minuscules et blessantes.

(57)

Haute société mexicaine
C'est ainsi que commence toute visite :

— *Comment allez-vous ? Vous allez bien ?*
— *A vos ordres. Et vous-même ?*
— *Rien de nouveau. A vos ordres.*
— *La nuit a-t-elle été bonne ?*
— *A vos ordres. Merci.*
— *J'en suis ravie. Et comment allez-vous, madame ?*
— *A votre disposition. Et vous-même ?*
— *Mille merci. Et monsieur ?*
— *Serviteur. Rien de neuf.*
— *Veuillez prendre un siège.*
— *Vous d'abord, mademoiselle.*
— *Non, madame, vous d'abord, je vous en prie.*
— *Bon, pour vous obéir, et sans cérémonie. Je déteste les compliments et l'étiquette.*

(57)

Les cris de la rue, tout au long d'une journée dans la ville de Mexico

— Du charbon, monsieur !
— *Du beurre ! Du beurre à un réal et demi !*
— De la bonne viande salée !
— Qui veut du suiiif.
— BOUTOOOONS !
— *Piments forts du Chili !*
— Bananes ! oranges ! grenades !
— PETITS MIROIRS !
— Petites tortillas levées de maïs, toutes chaudes, sorties du four !

— *Qui veut des nattes de Puebla, des nattes de plus de cinq mètres ?*

— Gâteaux au miel, fromage au miel, lait caillé, mélasse, délicieuse mélasse !

— *Bonbons ! bouchées à la noix de coco ! meriiingues !*

— A qui mon dernier petit billet à un demi-réal ?

— TORTIIIILLAS !

— Qui veut des noix ?

— TORTILLAS AU LAIT CAILLÉ !

— Canards, mon âme, canards tout chauds !

— *Tamales, jolis petits tamales !*

— Marrons grillés ! Chauds les marrons !

(57)

Haute société mexicaine
Ainsi prend congé le médecin

Contre le lit :

— *Madame, je suis à vos ordres.*

— *Merci beaucoup, monsieur.*

Près du lit :

— *Voyez en moi, madame, votre plus humble serviteur.*

— *Bonjour, Monsieur.*

Il fait une halte près de la table :

— *Madame, je vous baise les pieds.*

— *Et moi, je vous baise la main.*

Près de la porte :

— *Madame, ma pauvre demeure et tout ce qu'elle contient, et moi-même, bien qu'inutile, tout ce que j'ai vous appartient.*

— *Merci beaucoup, monsieur.*

Il me tourne le dos pour ouvrir la porte mais se retourne vers moi après l'avoir ouverte.

— *Au revoir, Madame, serviteur !*

— *Au revoir, monsieur.*

Il sort enfin, mais passe encore la tête par l'entrebâillement de la porte.

— *Au revoir, madame.*

(57)

1840
Ville de Mexico

Initiation d'une nonne entrant au Carmel

Tu as choisi la bonne voie
Et rien ne pourra t'en écarter
ô élue !

A seize ans, elle dit adieu au monde. Elle a parcouru en voiture les rues de la ville qu'elle ne verra plus jamais. Ses parents et ses amis qui ne la verront plus jamais assistent à la cérémonie au couvent de Sainte-Thérèse.

Personne, personne, rien
ne pourra t'en écarter

Elle prendra son repas avec les autres épouses du Christ, dans une écuelle de terre, avec une tête de mort au milieu de la table. Elle fera pénitence pour les péchés qu'elle n'a pas commis, délits mystérieux auxquels d'autres prennent plaisir et qu'elle apaisera en se tourmentant la chair avec un cilice et une couronne de piquants. Elle dormira seule à jamais, sur un lit de mortification, elle revêtira des habits de grosse toile qui grattent la peau.

Loin des batailles de la grande Babylone
des corruptions, des tentations, des dangers
loin...

Elle est couverte de fleurs, de perles et de diamants. On lui enlève tous ses ornements.

jamais

Au son de l'orgue, l'évêque exhorte et bénit. L'anneau pastoral, une énorme améthyste, trace une croix sur le front de la jeune fille agenouillée.

Les nonnes chantent :

Ancilla Christi sum

On l'habille de noir. Les nonnes s'agenouillent, face contre terre, ailes noires déployées autour du cercle des bougies.

Et l'on tire le rideau comme on refermerait un cercueil.

(57)

1842
San José de Costa Rica

Même si le temps t'oublie, la terre ne t'oubliera pas

Dans la ville de Guatemala, dames et moines préparent Rafael Carrera, caudillo des montagnes, à exercer une vaste dictature. On lui essaie un tricorne, une casaque, une épée de cérémonie ; on lui apprend à marcher avec des bottes vernies, à écrire son nom, à lire l'heure sur une montre en or. Carrera, éleveur de porcs, va continuer à exercer son métier par d'autres moyens.

A San José de Costa Rica, Francisco Morazán, lui, se prépare à mourir. Difficile courage. Morazán, amoureux de la vie, débordant de vie, a bien du mal à s'en arracher. Il passe la nuit, les yeux fixés au plafond de sa cellule, à prendre congé. Le monde a beaucoup représenté pour lui. Le général a du mal à lui dire adieu. Il aurait aimé gouverner davantage et se battre moins. Il a passé des années à guerroyer, à machette nue, pour la grande patrie centraméricaine, alors que celle-ci s'obstinait à craquer.

Avant le clairon militaire, chante l'oiseau moqueur. Ce chant de l'oiseau vient du fond du ciel et du plus profond de l'enfance, comme autrefois, comme toujours, à la fin des ténèbres. Cette fois, il annonce la dernière aube.

Morazán fait face au peloton d'exécution. Il se découvre le chef et donne lui-même l'ordre de préparer les armes et de mettre en joue, il règle le tir et commande le feu.

La décharge le rend à la terre.

(220)

1844

Ville de Mexico

Les petits coqs de combat

L'Église, propriétaire terrienne et usurière, possède la moitié de Mexico. L'autre moitié appartient à une poignée de gentilshommes et aux Indiens parqués dans leurs communautés. Celui qui détient le pouvoir présidentiel est le général López de Santa Anna qui veille à la tranquillité publique et à la bonne santé de ses coqs de combat.

Santa Anna gouverne un coq dans les bras. C'est ainsi qu'il reçoit les évêques et les ambassadeurs et il est capable d'abandonner une réunion de son cabinet pour soigner un coq blessé. Il a fondé plus d'aires de combat de coqs que d'hôpitaux et édicté pour leurs batailles plus de règles que de décrets pour l'éducation. Sa cour privée est composée d'amateurs de combats de coqs, de joueurs et de veuves de colonels qui n'ont jamais existé.

Il aime beaucoup un coq qui imite la poule et joue les coquettes face à l'ennemi jusqu'au moment où il le frappe, quand il l'a bien embobiné ; mais à tous les autres, il préfère le féroce Pedrito. Il a ramené Pedrito de Veracruz, avec de la terre de là-bas pour qu'il puisse se vautrer sans nostalgie. Santa Anna lui-même lui attache le couperet dans l'arène. Il lance des paris avec les muletiers et les vagabonds et il mordille les plumes du rival pour lui porter malheur. Quand il ne lui reste plus de pièces de monnaie, il jette ses décorations dans l'arène :

— *Huit à cinq !*

— *Huit à quatre si vous voulez !*

Un éclair traverse le tourbillon de plumes et d'un coup de couperet, Pedrito arrache les yeux et ouvre la gorge de n'importe quel champion. Santa Anna danse sur un pied et le tueur dresse sa crête, bat des ailes et chante.

(225 et 309)

1844
Ville de Mexico

Santa Anna

fronce les sourcils, son regard se perd dans le vague ; il pense à un coq tombé au combat ou à sa propre jambe, celle qu'il a perdue, véritable gage de gloire militaire.

Il y a six ans, au cours d'une petite guerre contre le roi de France, un coup de canon lui a arraché une jambe. De son lit de mort, le président mutilé dicta à ses secrétaires un laconique message d'adieu à la patrie, de quinze pages ; mais, à son habitude, il revint à la vie et au pouvoir.

Un cortège a accompagné la jambe, de Veracruz jusqu'à la capitale. La jambe est arrivée sous un dais, escortée par Santa Anna dont la tête, coiffée d'un chapeau à plumes blanches, apparaissait penchée à la fenêtre de sa voiture. Derrière lui, en grande tenue, venaient les évêques, les ministres, les ambassadeurs et toute une armée de hussards, de dragons et de cuirassiers. La jambe est passée sous des milliers d'arcs fleuris, de village en village, au milieu d'une rangée de drapeaux et, sur son passage, ce n'étaient que répons, discours, odes, hymnes, coups de canon et cloches carillonnantes.

A l'arrivée au cimetière, le président a prononcé, devant le caveau, un hommage final à cette partie de lui-même que la mort avait emportée en acompte.

Depuis lors, la jambe manquante lui fait mal. Aujourd'hui, elle le fait souffrir plus que jamais, car le peuple s'est soulevé, il a brisé le monument où elle était conservée et il la traîne dans les rues de Mexico.

(227)

1845
Vuelta de Obligado

L'invasion des marchands

Il y a trois ans, l'escadre britannique humilia le Céleste Empire. Après le blocus de Canton et de tout le littoral, l'invasion anglaise a imposé aux Chinois la consommation de l'opium, au nom de la liberté du commerce et de la civilisation occidentale.

Après la Chine, ce fut le tour de l'Argentine. Les années de blocus de Buenos Aires n'ont pas servi à grand-chose, pour ne pas dire à rien. Juan Manuel de Rosas, qui fait adorer son portrait et gouverne entouré de bouffons habillés en rois, refuse toujours l'ouverture des voies fluviales argentines. Et les banques et les commerçants d'Angleterre et de France réclament depuis des années le châtiment d'une telle insolence.

Beaucoup d'Argentins tombent en les défendant, mais en définitive, les bateaux de guerre des deux pays les plus puissants du monde finissent par briser à coups de canon les chaînes tendues à travers le Paraná.

(271 et 336)

1847
Ville de Mexico

La conquête

Le Mexique scintille sous nos yeux, avait dit, ébloui, le président Adams, au début du siècle.

Au premier coup de dent, le Mexique a perdu le Texas et maintenant, les États-Unis ont tout le Mexique dans leur assiette.

Le général Santa Anna, rompu aux retraites, s'est enfui vers le sud, abandonnant dans les tranchées une traînée d'épées et de cadavres. De défaite en défaite, son armée de soldats ensanglantés, jamais payés, mal nourris, recule et avec eux les antiques canons traînés par des mules et, à leur suite, une caravane de femmes portant dans leurs couffins enfants, hardes et tortillas. L'armée de Santa Anna qui compte plus d'officiers que de soldats n'est efficace que pour tuer ses compatriotes misérables.

Dans le château de Chapultepec, les cadets mexicains, presque des enfants refusent de se rendre. Ce n'est pourtant pas l'espoir qui soutient leur résistance obstinée aux bombardements. Les pierres s'écroulent sur leurs corps et les vainqueurs plantent le drapeau étoilé qui flotte maintenant à travers la fumée, sur la vaste vallée.

Les conquérants entrent dans la capitale. La ville de Mexico : huit ingénieurs, deux mille moines, deux mille cinq cents avocats et vingt mille mendiants.

Le peuple, découragé, gronde.

Des terrasses, pleuvent des pierres.

(7, 127, 128 et 187)

1848
Ville de Guadalupe Hidalgo

Les conquérants

A Washington, le président Polk proclame que son pays est déjà aussi étendu que l'Europe. Rien ne peut arrêter l'irruption de cette jeune nation dévorante. Vers le sud et vers l'ouest, les États-Unis grandissent en tuant des Indiens, en écrasant leurs voisins ou en payant. Ils ont acheté la Louisiane à Napoléon et ils offrent à l'Espagne cent millions de dollars pour l'île de Cuba.

Mais le droit de conquête est ce qu'il y a de plus glorieux et de moins cher. Le traité avec le Mexique est signé dans la ville de Guadalupe Hidalgo. Le Mexique cède aux États-Unis, sous la menace des armes, la moitié de son territoire.

(128)

1848
Ville de Mexico

Les Irlandais

Sur la grand-place de la ville de Mexico, les vainqueurs châtient. Ils fouettent les Mexicains rebelles. Ils marquent au fer rouge les Irlandais déserteurs qu'ils pendent ensuite au gibet.

Le bataillon des Irlandais de Saint-Patrick était arrivé avec les envahisseurs, mais il a lutté aux côtés des envahis. Du nord à Molino del Rey, ils ont pris fait et cause pour les Mexicains et ont décidé de partager leur sort, leur triste sort. Nombreux sont ceux qui sont tombés en défendant, sans munitions, le couvent de Churubusco. Les prisonniers au visage brûlé pendent au pilori.

(128)

1848
Ibiray

Un vieillard au poncho blanc dans une maison en pierre rouge

Il n'a jamais aimé les villes. Sa patrie, c'est ce jardin du Paraguay, et sa voiture, c'est cette petite brouette remplie d'herbes médicinales. Il marche en s'aidant d'une canne et le nègre Ansina qui chante des airs joyeux l'aide à travailler la terre et à recevoir, sans ombres mauvaises, la lumière de chaque jour.

— *José Artigas, pour vous servir.*

Il offre le maté, il est courtois mais il parle peu aux visiteurs qui lui arrivent de temps en temps d'Uruguay.

— *Ainsi, on entend encore parfois mon nom là-bas.*

Il a plus de quatre-vingts ans, vingt-huit ans d'exil et il ne veut pas rentrer au pays. Les idées auxquelles il a cru et les gens qu'il a aimés y sont toujours rejetés. Artigas sait combien le monde et la mémoire sont attristants et il préfère se taire. Il n'existe pas d'herbe pour soigner les blessures de l'âme.

(277)

José Artigas selon Domingo Faustino Sarmiento

C'est un brigand, ni plus, ni moins. Trente ans de pratique de l'assassinat et du vol lui confèrent des titres indestructibles à l'exercice du pouvoir sur une foule de paysans indiens troublés par une révolution politique parmi lesquels vient s'imposer le nom terrifiant d'Artigas comme chef de bande. Qui lui obéissait? Les races d'Indiens primitifs ou sauvages dont il prenait la tête parce qu'il était l'adversaire le plus acharné, le plus sauvage et le plus cruel des Blancs... Grossier, car il n'a jamais fréquenté les villes, étranger à toute tradition humaine de gouvernement libre, il commandait, bien qu'il soit blanc, des indigènes encore moins éduqués que lui...

Compte tenu des antécédents et des actes d'Artigas, la raison, les instincts des hommes de race blanche se révoltent à l'idée qu'on puisse lui prêter une quelconque pensée politique ou un sentiment humain.

(311)

1848

Buenos Aires

Les amants (I)

Dramatis personae

CAMILA O'GORMÀN. Née à Buenos Aires, il y a vingt ans, dans une maison à trois patios. Élevée en odeur de sainteté pour être successivement vierge, épouse et mère dans le droit chemin qui conduit à la paix conjugale, aux travaux d'aiguille, aux soirées au piano et au rosaire récité avec une mantille sur la tête. Elle s'est enfuie avec le curé de la paroisse d'El Socorro. Et c'est elle qui en a eu l'idée.

LADISLAO GUTIERREZ. Ministre de Dieu, vingt-cinq ans, neveu du gouverneur de Tucumán. Il n'a plus pu trouver le sommeil depuis qu'il a posé l'hostie sur la langue de cette femme agenouillée à la lumière des cierges. Il a fini par laisser tomber le missel et la soutane et il a déclenché une fuite d'angelots et de pigeons du clocher.

ADOLFO O'GORMAN. Il commence tous ses repas en récitant les dix commandements, à la place d'honneur d'une énorme table d'acajou. D'une chaste épouse il a engendré un fils prêtre, un fils policier et une fille en fuite. Père exemplaire, il est le premier à réclamer un châtiment exemplaire pour *l'affreux scandale* qui déshonore sa famille. Dans une lettre à Juan Manuel Rosas, il réclame une sévère punition pour *cet acte, le plus atroce dont on ait jamais entendu parler dans ce pays.*

FELIPE ELORTONDO Y PALACIO. Secrétaire de la Curie. Il écrit aussi à Rosas et réclame la capture des amants et un châtiment impitoyable pour éviter que des crimes semblables ne viennent à se produire dans l'avenir. Dans sa lettre, il précise qu'il n'a rien eu à voir dans la nomination du curé Gutierrez, nomination faite par l'évêque.

JUAN MANUEL DE ROSAS. Il ordonne la poursuite des amants. Des messagers partent au galop de Buenos Aires. Ils emportent un imprimé décrivant les fugitifs. Camila : *Blanche aux yeux noirs, au regard agréable, grande, mince, bien proportionnée.* Ladislao : *brun, mince, barbu, cheveux crépus.* Justice sera faite, promet Rosas, *pour satisfaire la religion et les lois et pour empêcher le relâchement de la morale, le libertinage et le désordre.* Tout le pays est aux aguets.

Participent également :
LA PRESSE D'OPPOSITION. De Montevideo, Valparaiso et La Paz, les ennemis de Rosas invoquent la morale publique. Dans le journal *El Mercurio chileno,* on peut lire : *l'affreuse corruption des mœurs a atteint de tels extrêmes sous l'horrible tyrannie du « Calígula del Plata » que les prêtres impies et sacrilèges de Buenos Aires s'enfuient avec les jeunes filles de la meilleure société sans que l'infâme satrape prenne la moindre mesure contre ces monstrueuses immoralités.*

LES CHEVAUX. Ils emportent les amants vers le nord à travers champs, en évitant les villes. Celui de Ladislao est brun doré et haut sur jambes. Celui de Camila est grisâtre, gros et trapu. Comme leurs cavaliers, ils dorment à la belle étoile. Ils sont infatigables.

LES BAGAGES. Celui de Ladislao : un poncho de laine, quelques vêtements, une paire d'épées, une paire de pistolets, une mèche d'amadou, une cravate de soie et un encrier de cristal. Celui de Camila : un châle de soie, quelques vêtements, quatre jupons de lin, un éventail, une paire de gants, un peigne et un anneau d'or cassé.

(166 et 219)

Les amants (II)

Ils sont deux par une erreur que la nuit corrige.

1848
Santos Lugares

Les amants (III)

Ils s'enfuient en été. Ils passent l'automne dans le port de Goya, au bord du Paraná. Là, ils ont changé de nom. En hiver, ils sont découverts ; on les dénonce et ils sont pris.

On les emporte vers le sud dans des chariots séparés. Les roues laissent des cicatrices sur le chemin. On les enferme dans des cellules séparées de la prison de Santos Lugares.

S'ils se repentent, ils seront pardonnés. Camila, enceinte, ne se repent pas. Ladislao non plus. On leur rive des fers aux pieds. Un prêtre asperge les fers d'eau bénite.

On les fusille dans la cour, les yeux bandés.

(219)

1848
Bacalar

Cecilio Chi

Les épis de maïs ont parlé. Ils annoncent la famine. Les immenses plantations de canne à sucre sont en train de dévorer les champs de maïs des communautés mayas dans la région mexicaine du Yucatán. On achète des hommes, comme en Afrique, on les paie avec de l'eau-de-vie. *Les Indiens entendent par le dos,* dit le fouet.

Et la guerre éclate. Las de se faire tuer dans des guerres étrangères, les Mayas accourent à l'appel du tambour de bois creux. Ils surgissent des talus, de la nuit, du néant, la machette dans une main, une lanterne dans l'autre ; ils mettent le feu aux haciendas, brûlant leurs propriétaires et les enfants de leurs maîtres et, en même temps, les reconnaissances de dettes qui font des Indiens et des fils d'Indiens des esclaves.

Le tourbillon maya se développe et détruit. Cecilio Chi se lance avec quinze mille Indiens contre les canons qui tirent au hasard et c'est ainsi que tombe l'orgueilleuse Valladolid du Yucatán qui se croit si noble, si castillane, et que tombent Bacalar et de nombreux villages et garnisons, les uns derrière les autres.

Cecilio Chi extermine les ennemis en invoquant l'ancien rebelle Jacinto Canek et le prophète, plus ancien encore, Chilam Balam. Il annonce que le sang coulera sur la place de Mérida et montera jusqu'aux chevilles des gens. Il offre de l'eau-de-vie et des feux d'artifice aux saints patrons de chaque village qu'il occupe ; si les saints refusent de changer de camp et continuent à servir le maître, Cecilio Chi les décapite et les jette au feu.

(144 et 273)

1849

Au bord du Río de la Plata

Un cavalier nommé Variole

Cette année, la variole ou le choléra emportent un Indien pawnee sur quatre. Les Kiowas, leurs ennemis de toujours, y ont échappé grâce au vieux père Saynday.

Le vieux filou s'en allait, marchant à travers prés, de crève-cœur en désespoir. *Mon monde est fini,* constatait-il quand il cherchait, en vain, des cerfs ou des buffles et quand il s'apercevait que la rivière Washita ne lui donnait plus que de la boue rougeâtre au lieu d'eau claire. *Bientôt mon peuple kiowa sera parqué comme des vaches.* Absorbé par ses mélancoliques réflexions, le vieux père Saynday déambulait, quand soudain, il vit se lever une ombre, là-bas, à l'est, à la place du soleil. Une grande tache sombre arrivait, grandissait et traversait la prairie. Quand elle fut près, il découvrit que la tache était un cavalier, tout de noir vêtu, avec un grand chapeau et un cheval noir. Le cavalier avait au visage d'atroces cicatrices.

— Je me nomme Variole, dit-il.

— Jamais entendu ce nom, dit Saynday.

— Je viens de loin, de l'autre côté de la mer, expliqua l'inconnu. J'apporte la mort.

Il s'enquit des Kiowas. Le vieux père Saynday sut le faire changer de direction. Il lui expliqua que les Kiowas ne valaient pas la peine qu'on s'intéressât à eux. C'était un petit peuple comptant peu de gens et très pauvre, par contre il lui recommanda les Indiens pawnees qui sont nombreux, beaux et puissants, et il lui montra les rivières au bord desquelles ils vivent.

(198)

1849

San Francisco

L'or de Californie

Les Chiliens accourent en masse de Valparaiso, avec une paire de bottes, un poignard, une lanterne et une pelle.

Porte d'or est le nom qu'on donne maintenant à l'entrée de la baie de San Francisco. Jusqu'à hier, San Francisco était le village mexicain de Yerbas Buenas. Dans ces terres usurpées au Mexique par une guerre de conquête, il y a des pépites de trois kilos d'or pur.

La baie ne peut pas contenir autant de bateaux. Dès que l'ancre touche le fond, les aventuriers s'élancent au-delà des collines. Personne ne perd de temps en surprise ou en salutations. Le joueur enfonce ses bottes dans la boue.

— *Vive ma bonne aubaine ! A moi le filon !* Rien qu'en touchant cette terre, le crève-la-faim devient roi et la belle qui l'avait dédaigné meurt de dépit. Vicente Pérez Rosales qui vient d'arriver écoute ses compatriotes exprimer leurs pensées : « Maintenant, me voilà doué, car au Chili, nul ne peut être imbécile s'il est riche ! » *Ici, qui perd du temps perd de l'or.* Bruit incessant de marteaux, monde en effervescence, vacarme d'accouchement : du néant surgissent des tentes foraines où l'on trouve des outils, de l'alcool et de la viande séchée contre des bourses de cuir pleines de poudre d'or. Les corbeaux croassent et croassent les hommes venus de tous les pays ; nuit et jour déferle le tourbillon des lévites, des costumes de marins, des fourrures de l'Oregon, des bonnets de la province de Maule, des poignards français, des chapeaux chinois, des bottes russes et des balles brillent aux ceinturons des vachers.

Une Chilienne assez jolie sourit comme elle peut sous son ombrelle de dentelle, étouffée par son corset et par la foule qui la soulève sur la boue pavée de bouteilles cassées. Ici, dans ce port, elle est Rosario Améstica. Elle était Rosario Izquierdo quand elle est née à Quilicura il y a un nombre mystérieux d'années, elle a été ensuite Rosarito Villaseca à Talcahuano, Rosarito Toro à Talca et Rosarito Montalva à Valparaiso.

Du gaillard d'arrière d'un bateau, un bonimenteur offre des dames à la foule. Il les exhibe une à une et en fait l'éloge.

— *Voyez, messieurs, quelle taille ! quelle jeunesse ! quelle beauté ! quelle...*

— Qui m'en offre le plus ? presse ce rabatteur.
— Qui me donnera le plus pour cette fleur incomparable ?

(256)

1849
El Molino

Ils étaient là

L'homme lance un appel et l'or flamboie dans le sable et dans les rochers. Des étincelles d'or sautent en l'air ; docile, l'or arrive aux mains de l'homme du fond des rivières et des chutes de Californie.

El Molino est l'un des nombreux campements qui ont poussé sur les rivages de l'or. Un jour, les mineurs d'El Molino voient apparaître une rangée de fumées persistantes derrière les cyprès d'une montagne. Dans la nuit, ils aperçoivent une rangée de feux qui semblent se moquer du vent. Quelqu'un reconnaît ces signes, il s'agit du télégraphe indien, il convoque à la guerre contre les intrus.

En un clin d'œil, les mineurs forment un détachement de cent soixante-dix fusils et ils attaquent par surprise. Ils ramènent plus de cent prisonniers. Ils en fusillent quinze pour l'exemple.

(256)

Cendres

Depuis qu'il avait fait ce rêve du Lapin Blanc, le vieux ne parlait plus d'autre chose. Voilà déjà longtemps qu'il avait du mal à parler, mais il ne pouvait pas s'arrêter. L'âge lui avait fait pleurer les yeux et l'avait courbé sans retour. Il vivait dans une sorte de panier, le visage dissimulé derrière ses genoux pointus, dans la position de retour au ventre de la terre. Dans son panier, il circulait porté sur le dos d'un de ses fils ou petits-fils.

Et il racontait son rêve à tout le monde. *Le Lapin Blanc nous dévorera,* balbutiait-il. *Il dévorera notre semence, notre herbe, notre vie.* Il disait que le Lapin Blanc arriverait monté sur un animal plus grand que le cerf, un animal aux pieds ronds et avec de longs poils au col.

Le vieux ne parvint pas à voir la fièvre de l'or, sur cette terre de Californie. Avant l'arrivée des mineurs à cheval, il annonça :

— *La vieille racine est prête à croître.*

On l'a brûlé dans son panier, sur le bois qu'il avait lui-même choisi.

(229)

1849
Baltimore

Poe

Aux portes d'une taverne de Baltimore, un moribond gît sur le dos, membres écartés, soufflant dans son vomi. Une main pieuse le traîne, au petit matin, vers l'hôpital, rien de plus, jamais rien de plus.

Edgar Allan Poe, fils de comédiens loqueteux du coin, poète vagabond, reconnu et s'avouant coupable de désobéissance et d'extravagances, avait été condamné par d'invisibles tribunaux et trituré par d'invisibles tenailles.

Il s'est perdu en se cherchant. Pas en cherchant l'or de Californie, non, en se cherchant lui-même.

(99 et 260)

1849
San Francisco

Les pantalons de Lévi

L'éclat des violences et des miracles n'aveugle pas Lévi Strauss qui arrive de sa lointaine Bavière et en un battement de paupières, il se rend compte qu'ici le mendiant devient millionnaire et le millionnaire mendiant ou cadavre en un tour de main ou en une détente de revolver. En un clin d'œil, il remarque que les pantalons s'effilochent vite dans ces mines de Californie et il décide de donner aux fortes toiles qu'il a apportées la meilleure destinée. Il ne vendra pas de bâches ni de tentes, il vendra des pantalons, de rudes pantalons pour des hommes rudes occupés au rude travail d'excavation dans les rivières et les galeries. Pour que les coutures ne craquent pas, il les renforce avec des attaches de cuivre. Derrière, sous la ceinture, il grave son nom sur des étiquettes de cuir.

Bientôt les vachers de tout l'Ouest adopteront ces pantalons de serge bleue de Nîmes qui résistent au soleil et aux années.

(113)

1850
San Francisco

La voie du développement

Le Chilien Pérez Rosales s'en va chercher fortune dans les mines de Californie. Il apprend qu'à quelques miles de San Francisco on paie des prix fabuleux pour tout ce qui se mange. Il se procure quelques sacs de viande avariée, quelques pots de confiture et une barque. Comme il s'apprête à sortir du port, un agent de la douane le vise à la tête de son fusil :

— *Halte-là !*

Cette barque n'a pas le droit de naviguer sur les fleuves des États-Unis, *parce qu'elle a été construite à l'étranger et que sa quille n'est pas en bois américain.*

Les États-Unis défendent leur marché national depuis

l'époque de leur premier président. Ils fournissent l'Angleterre en coton, mais leurs tarifs douaniers interdisent l'entrée des toiles anglaises ainsi que celle de tous les produits qui peuvent porter préjudice à leur industrie. Les planteurs du Sud veulent des vêtements anglais qui sont bien meilleurs et moins chers, et ils se plaignent de ce que les fabriques de tissus du Nord leur imposent leurs vilains et coûteux tissus, depuis les langes du nouveau-né jusqu'au linceul des défunts.

(162 et 256)

1850
Buenos Aires

La voie du sous-développement
La pensée de Domingo Faustino Sarmiento

Nous ne sommes ni des industriels ni des navigateurs et l'Europe nous pourvoira, pendant de longs siècles, en produits manufacturés, en échange de nos matières premières.

(310)

1850
Río de la Plata

Buenos Aires et Montevideo au milieu du siècle

Le poète Xavier Marmier a décidé d'entreprendre le voyage de son fauteuil de l'Académie française jusqu'au Río de la Plata.

Les grandes puissances sont parvenues à un accord avec Rosas. Le blocus de Buenos Aires a été levé. Marmier a l'impression de se promener rue Vivienne quand il parcourt la rue du Pérou. Dans les vitrines, il trouve des soieries de Lyon et le *Journal des Modes*, des romans de Dumas et de Sandeau et des poèmes de Musset ; mais à l'ombre des portails du Cabildo, on peut voir déambuler des nègres nu-pieds, en uniformes de soldats et l'on entend résonner sur les pavés le trot d'un cheval de gaucho.

Quelqu'un explique à Marmier qu'aucun gaucho ne fait son affaire à quelqu'un sans avoir auparavant baisé la lame de son poignard et juré par l'Immaculée Conception et, si le défunt était un être cher, le tueur le monte sur son cheval et l'attache à la selle afin qu'il entre à cheval au cimetière. Plus loin, sur les places des faubourgs, Marmier découvre les chariots, ces navires de la pampa, qui, de l'intérieur des terres, apportent le cuir et le blé et s'en retournent en emportant des tissus et des boissons venus du Havre ou de Liverpool.

Le poète traverse le fleuve. Voici sept années que Montevideo est assiégée, de dos, par l'armée du général Oribe. Mais la ville survit, face au fleuve-mer, grâce aux navires français qui débarquent sur ses quais marchandises et argent. Un des journaux de Montevideo s'intitule *le Patriote français* et la majorité de la population est française. Dans ce refuge des ennemis de Rosas, note Marmier, *les riches sont devenus pauvres et tous sont devenus fous.* Un galant paie une once d'or pour mettre un camélia dans les cheveux de sa fiancée, et la maîtresse de maison offre à la visiteuse une branche de chèvrefeuille incrustée dans un cadre d'argent, de rubis et d'émeraudes. Pour les dames de Montevideo, la guerre entre les gens d'avant-garde et les conservateurs semble plus importante que la guerre contre les paysans uruguayens, une vraie guerre qui tue des gens. Les dames d'avant-garde portent les cheveux très courts, celles qui appartiennent au parti conservateur, elles, ont d'épais rouleaux.

(196)

1850
Paris

Dumas

Alexandre Dumas retrousse ses manches de fine batiste et d'un trait de plume, il écrit les pages épiques de *Montevideo ou la nouvelle Troie.*

Ce romancier, fantaisiste et gourmand, a reçu cinq mille francs pour cette prouesse professionnelle de l'imagination. Il appelle montagne l'humble colline de Montevideo et transforme en épopée grecque la guerre des marchands étrangers contre les cavaliers gauchos. Les troupes de Giuseppe Garibaldi qui combattent à Montevideo n'arborent pas à leur tête le drapeau de l'Uruguay, mais le classique drapeau noir des pirates aux tibias entrecroisés sur fond noir. Dans le roman de Dumas, écrit sur commande, il n'y a que des martyrs et des titans dans la défense d'une ville presque française.

(101)

1850
Montevideo

Lautréamont à quatre ans

Isidore Ducasse est né dans le port de Montevideo. Une double muraille de fortifications sépare la ville assiégée du camp. Isidore grandit dans l'étourdissement des canonnades et voit passer des chevaux en travers desquels sont couchés des cadavres.

Ses chaussures le conduisent jusqu'à la mer. Planté dans le sable, tête au vent, il demande à la mer où va la musique une fois sortie du violon et où s'en va le soleil quand vient la nuit et où s'en vont les morts. Isidore demande à la mer où est partie sa mère, cette femme dont il n'arrive pas à se souvenir, dont il ne doit pas prononcer le nom et qu'il ne sait pas imaginer. Quelqu'un lui a dit que les autres morts l'ont expulsée du cimetière. La mer qui tant parle ne répond rien et l'enfant s'enfuit vers le haut du ravin. Tout en pleurant il étreint de toutes ses forces un arbre énorme pour qu'il ne tombe pas.

(181)

1850
Chan Santa Cruz

La croix qui parle

Trois longues années de guerre indienne au Yucatán. Plus de cent cinquante mille morts, cent mille fuyards. La population a été réduite de moitié.

Un des capitaines de la rébellion, le métis José María Barrera, conduit les Indiens jusqu'à une grotte, au plus profond de la forêt. Là, la source offre son eau fraîche, à l'ombre d'un très vieil acajou. C'est de l'acajou qu'est née la petite croix qui parle.

La croix dit en langue maya :

Il est temps que le Yucatán se soulève. Moi, je tombe d'heure en heure, on me donne des coups de machette, des coups de poignard, on m'enfonce des morceaux de bois. Je vais de par le Yucatán pour racheter mes Indiens chéris.

La croix a la taille d'un doigt. Les Indiens l'habillent, ils lui mettent une chemise indienne, un huipil, et une jupe ; ils l'ornent de fils de couleur. C'est elle qui rassemblera ceux qui sont dispersés.

(273)

1851
Latacunga

« Je vais, errant et nu... »

Au lieu de penser aux Mèdes, aux Perses, aux Égyptiens, pensons donc aux Indiens. Nous avons plus d'intérêt à comprendre un Indien qu'à comprendre Ovide. Commencez votre classe en parlant des Indiens, monsieur le directeur.

Simon Rodríguez prodigue ses conseils au collège du village de Latacunga, en Équateur : qu'une chaire de langue quechua remplace la chaire de latin et que l'on enseigne la physique à la place de la théologie. Que le collège construise une fabrique de faïence et une autre de verre. Qu'on implante des maîtrises de maçonnerie, de menuiserie et de ferronnerie.

Don Simon parcourt les côtes du Pacifique et les montagnes des Andes, allant de village en village. Il n'a jamais voulu être arbre, mais vent. Voilà un quart de siècle qu'il soulève la poussière des routes d'Amérique. Depuis que Sucre l'a expulsé de Chuquisaca, il a fondé de nombreuses écoles et des fabriques de bougies, il a publié deux livres que personne n'a lus. Ces livres, il les a composés de ses propres mains, lettre par lettre, car il n'y a pas un typographe qui puisse s'y retrouver avec tant de clés et de tableaux synoptiques. Ce vieux vagabond chauve, laid et bedonnant, tanné par le soleil, transporte avec lui une malle pleine de manuscrits condamnés par le manque total d'argent et de lecteurs. Il ne transporte pas de vêtements. Il ne possède que ceux qu'il porte sur lui.

Bolivar l'appelait *mon maître, mon Socrate.* Il lui disait : *Vous avez modelé mon cœur pour ce qui est grand et beau.* Les gens se mordent les lèvres pour ne pas rire quand ce fou de Rodríguez se lance dans ses discours sur le tragique destin de ces terres hispano-américaines.

Nous sommes aveugles, aveugles !

Presque personne ne l'écoute, personne ne le croit. On le prend pour un Juif parce qu'il fait des enfants partout où il passe et qu'il ne leur donne pas des noms chrétiens. Il les appelle Épi de maïs, Calebasse, Carotte ou autres hérésies. Il a changé trois fois de nom de famille et il dit qu'il est né à Caracas, mais il dit aussi qu'il est né à Philadelphie et à Sanlúcar de Barrameda. On raconte qu'une de ses écoles, celle de Concepción, au Chili, fut détruite par un tremblement de terre que Dieu provoqua quand il sut que don Simon enseignait l'anatomie en se promenant à poil devant ses élèves.

Simon est tous les jours plus seul. Le plus audacieux, celui qui aurait dû être le plus aimé des penseurs d'Amérique, est tous les jours plus seul.

A quatre-vingts ans il écrit :

J'ai voulu faire de la terre un paradis pour tous. J'en ai fait un enfer pour moi.

(298)

Les idées de Simon Rodríguez
Nous créerons ou nous sommes perdus

Voyez comme l'Europe crée et voyez comme l'Amérique imite.

Il est des gens qui prennent pour de la prospérité le fait de voir leurs ports remplis de bateaux... étrangers, et leurs maisons transformées en magasins de vêtements... étrangers. Il arrive tous les jours des vêtements prêts à porter de l'étranger, on voit même des bonnets pour les Indiens ! Bientôt, on verra arriver des petits paquets dorés aux armes de la couronne contenant de l'argile préparée « selon un procédé nouveau » à l'usage des garçons habitués à manger de la terre !

Les femmes se confessent en français ! Les missionnaires absolvent les péchés en espagnol.

L'Amérique ne doit pas imiter servilement. Elle doit avoir son originalité.

Le savoir de l'Europe et la prospérité des États-Unis sont, en Amérique, deux ennemis de la liberté de penser. Les nouvelles républiques ne veulent rien admettre qui fasse faire un pas en avant... Les chefs d'État de ces nations n'ont consulté pour leurs institutions que la raison et ils l'ont trouvée sur leur sol. Imitez leur originalité, vous qui essayez de tout imiter !

Où irons-nous chercher des modèles ? Nous sommes indépendants mais non pas libres, maîtres de notre sol, mais pas de nous-mêmes.

Ouvrons l'Histoire et pour ce qui n'y est pas encore écrit, que chacun lise dans sa mémoire.

(285)

1851

La Serena

Les précurseurs

La misère, c'est de ne pas savoir penser ni donner à la mémoire d'autres souvenirs que la souffrance, dit Francisco Bilbao et il dit que l'exploitation de l'homme par l'homme ne laisse pas à l'homme le temps de devenir un homme. La société est divisée en deux : ceux qui peuvent tout et ceux qui font tout. Pour que renaisse le Chili, *ce géant enseveli sous la montagne*, il faut en finir avec un système qui refuse un abri à ceux qui construisent les palais et qui revêt de haillons ceux qui tissent les plus riches étoffes.

Ces précurseurs du socialisme au Chili n'ont pas trente ans. Francisco Bilbao et Santiago Arcos, jeunes bourgeois élevés à Paris, ont trahi leur classe. A la recherche d'une *société solidaire*, ils ont déclenché, tout au long de cette année, plusieurs insurrections militaires et des soulèvements populaires dans tout le pays contre les fainéants, les moines et la propriété privée.

Le dernier jour de l'année, le dernier bastion révolutionnaire s'écroule, dans la ville de La Serena. Beaucoup de *rouges* tombent devant le peloton d'exécution. Bilbao qui, en d'autres occasions, s'était échappé déguisé en femme, s'est enfui cette fois-ci par les toits et il est parti en exil en soutane, un missel à la main.

(39)

1852
Santiago du Chili

« Qu'a signifié l'indépendance pour les pauvres ? » se demande, dans sa prison, le Chilien Santiago Arcos

Le gouvernement a été, depuis l'indépendance, celui des riches. Les pauvres ont été soldats, ils ont fait partie des milices nationales, ils ont voté comme leur patron leur a ordonné de le faire, ils ont labouré la terre, fait des canaux d'irrigation, ils ont travaillé dans les mines, transporté des poids, cultivé des terres et ils ont subsisté avec un salaire d'un réal et demi. On les a fouettés, on les a mis aux fers. Les pauvres ont profité de la glorieuse indépendance à peu près comme les chevaux qui sont montés à la charge contre les troupes du roi à Chacabuco et à Maypú.

(306)

Le peuple chilien chante à la gloire du Paradis :

Saint Pierre, en tant que patron
A fait quérir vin et boissons,
Viande fraîche et beaux lardons,
Pieds de porc pour un salpicon.
Du punch aussi, et du très bon,
Un grand panier plein de galettes
Pour qu'à la cour du Paradis
Prennent du plaisir les fillettes
Sans trop se faire de souci.

Il commençait à faire nuit
Quand saint Antoine, soudain, dit :
Caracho ! par tous les diables
La fête bat maintenant son plein
Je m'en vais m'amuser un brin
Comme tous les autres s'amusent.
Tout doucement j'irai,
A sainte Claire donnerai,
Sans que personne n'ait rien vu,
Une tapette et rien de plus

(182)

1852
Mendoza

Les lignes de la main

Même les anges des autels portent un ruban rouge en Argentine. Qui refuse s'attire les foudres du dictateur. Comme beaucoup d'ennemis de Rosas, le docteur Federico Meyer Arnold a connu l'exil et la prison.

Il y a quelque temps, ce jeune professeur de Buenos Aires a publié un livre à Santiago du Chili. Cet ouvrage, émaillé de citations en français, en anglais et en latin, commençait ainsi : *J'ai vingt-deux ans à peine. Trois villes m'ont expulsé de leur sein et quatre prisons m'ont accueilli dans le leur. Cela ne m'a pas empêché de proclamer mes idées à la face du despote. Je les proclame à nouveau à la face du monde et j'attends sans crainte ce que me réserve le Destin.*

Deux mois plus tard, en tournant au coin d'une rue, le docteur Federico Meyer Arnold tombe et baigne dans son sang. Mais pas sur l'ordre du tyran. C'est la belle-mère de Federico, Doña María, native de Mendoza, femme acariâtre, qui a payé ceux qui l'ont poignardé. Elle a donné l'ordre de tuer son gendre parce qu'il ne l'a pas honorée.

(14)

1853
La Cruz

Le trésor des jésuites

Elle sait. C'est pourquoi le corbeau la poursuit, vole derrière elle tous les matins sur le chemin de la messe et l'attend à la porte de l'église.

Elle a eu ses cent ans il y a longtemps. Elle dira son secret sur son lit de mort. Sinon, la Divine Providence la punirait.

— *Dans trois jours,* promet-elle.

Et, au bout des trois jours :

— *Le mois prochain.*

Et à la fin du mois :

— *Demain, on verra.*

Quand on la poursuit, elle ouvre de grands yeux de poule et fait l'étonnée, ou elle se met à rire en faisant des mouvements de jambes comme si c'était une polissonnerie d'être aussi vieille.

Tout le village de La Cruz sait qu'elle sait. Elle était tout enfant quand elle a aidé les jésuites à enterrer le trésor dans les bois de Misiones, mais elle n'a pas oublié.

Une fois, profitant de son absence, les voisins ont ouvert un vieux coffre sur lequel elle reste assise toute la journée. Il n'y avait pas, à l'intérieur, de sac plein d'or. Dans le coffre, ils ont trouvé les ombilics desséchés de ses onze fils.

Vint l'agonie. Tout le village était au pied du lit. Elle a ouvert et refermé sa bouche de poisson comme si elle voulait parler.

Elle est morte en odeur de sainteté. Ce secret était le seul qu'elle ait détenu de toute sa vie, et elle est morte sans le révéler.

(147)

1853
Paita

Les trois

Elle ne s'habille plus en capitaine, elle ne tue plus, elle ne monte plus à cheval. Ses jambes ne la portent plus et tout son corps déborde d'embonpoint ; mais elle est assise dans son fauteuil d'invalide comme s'il s'agissait d'un trône. Elle épluche des oranges et des goyaves avec les plus belles mains du monde.

Entourée de jarres de terre, Manuela Saenz règne à l'ombre du portail de sa maison. Au loin parmi des collines couleur de mort, s'ouvre la baie de Paita. Exilée dans ce port péruvien, Manuela vit en faisant des confitures et des conserves de fruits. Les bateaux s'arrêtent pour lui en acheter. Ses friandises sont renommées sur ces côtes. Les baleiniers soupirent pour en obtenir une cuillerée.

Quand tombe la nuit, Manuela s'amuse à jeter des déchets aux chiens errants auxquels elle a donné les noms des généraux qui ont trahi Bolivar. Tandis que Santander, Paez, Córdoba, Lamar et Santa Cruz se disputent des os, son visage lunaire s'illumine. Cachant sa bouche édentée de son éventail, elle éclate de rire. Elle rit de tout son corps et fait danser toutes ses dentelles.

Parfois, du village d'Amotape, arrive un vieil ami. Le chemineau Simon Rodríguez s'assied dans un rocking-chair, près de Manuela et tous deux fument, bavardent et se taisent. Les êtres que Bolivar a le plus aimés, le maître et l'amante changent de sujet si le nom du héros surgit dans la conversation.

Quand Simon s'en va, Manuela demande qu'on lui apporte son coffre d'argent. Elle l'ouvre avec la petite clé cachée dans son corsage et elle caresse les nombreuses lettres que Bolivar a écrites à *la seule femme*, vieux papiers qui disent encore : *je veux te voir et te revoir et te toucher et te sentir et te savourer »...* Alors, elle se fait apporter une glace et longuement, elle lisse ses cheveux avec la brosse, au cas où il viendrait la visiter en rêve.

(295, 298 et 343)

1854
Amotape

Un témoin raconte comment Simon Rodríguez a quitté le monde

Dès qu'il a vu entrer le curé d'Amotape, don Simon s'est redressé sur son lit et s'est assis. Il s'est arrangé pour que le curé prenne place sur la seule chaise qu'il possédait et il a commencé à lui faire une sorte de dissertation sur le matérialisme... Le curé était stupéfait. C'est à peine s'il osait ouvrir la bouche pour l'interrompre...

(298)

1855
New York

Whitman

Faute d'éditeur, le poète paie de sa poche l'édition de *Feuilles d'herbe.*

Waldo Emerson, théologien de la Démocratie, bénit le livre, mais la presse l'attaque comme étant prosaïque et obscène.

Foules et machines rugissent dans la grandiose élégie de Walt Whitman. Le poète y embrasse à la fois Dieu et le pécheur, les Indiens et les pionniers qui les détruisent, l'esclave et le maître, la victime et le bourreau. Chaque crime se rachète dans l'extase du Nouveau Monde ; l'Amérique musclée et dominatrice n'a pas de dette envers le passé. Souffle de progrès, elle fait de l'homme le camarade de l'homme et fait naître en lui la virilité et la beauté.

(358)

1855
New York

Melville

Ce navigateur barbu est un écrivain sans lecteur. Il y a quatre ans, il avait publié l'histoire d'un capitaine qui poursuit, sur toutes les mers du monde, une baleine blanche, harpon sanglant en quête du mal, et personne ne lui a prêté la moindre attention.

Par ces temps euphoriques, sur ces terres nord-américaines en pleine expansion, la voix d'Hermann Melville détonne. Ses livres expriment le manque de confiance en cette civilisation qui attribue aux sauvages le rôle du démon et les oblige à le jouer, comme le fait le capitaine Achab avec Moby Dick sur l'immense océan. Ses livres rejettent la vérité unique et obligatoire que quelques hommes, qui se considèrent comme des élus, imposent aux autres. Ses livres doutent du vice et de la vertu, ombres d'un même néant, et enseignent que le soleil est la seule lumière digne de confiance.

(211 et 328)

1855
Territoire de Washington

« Vous mourrez étouffés par vos propres ordures. » Tel est l'avertissement que lance Seattle, chef indien

La terre n'est pas fraternelle à l'homme blanc ; elle est son ennemie. Quand il l'a conquise, elle a poursuivi son chemin. Mais toutes les choses sont liées. Ce qui arrive à la terre arrive aux fils de la terre.

Le vacarme de la ville insulte mes oreilles...

L'air représente quelque chose pour l'homme à la peau rouge. Car tous, animaux, arbres et humains, nous partageons le même souffle. Au bout de quelques jours le moribond ne sent plus la puanteur de son corps...

Peu importe le lieu où nous passerons le reste de nos jours. Il en reste peu. Quelques heures, quelques hivers. Les Blancs mourront, eux aussi. Peut-être même avant d'autres tribus. Continuez à contaminer votre couche et une nuit, vous mourrez, étouffés par vos propres ordures.

(229)

Le Far West

Est-ce que par hasard quelqu'un écoute le vieux chef Seattle ? Les Indiens sont condamnés, comme les buffles et les élans. Celui qui ne meurt pas d'un coup de feu meurt de faim ou de chagrin. De la réserve où il s'étiole, le vieux chef Seattle parle, dans la solitude, des usurpations et des exterminations. Il dit on ne sait trop quoi à propos des choses de la mémoire de son peuple qui circule dans la sève des arbres.

Le colt rugit. Comme le soleil, les pionniers blancs marchent vers l'Ouest. Une lumière de diamant les guide des montagnes. La terre promise rajeunit ceux qui y plantent la charrue pour la féconder. En un clin d'œil surgissent des rues et des maisons dans les déserts habités par les cactus, les Indiens et les serpents. Le climat, dit-on, y est tellement, tellement sain que pour inaugurer un cimetière on est obligé de tuer quelqu'un d'un coup de feu.

Le capitalisme adolescent, assaillant et glouton, transforme tout ce qu'il touche. Le bois est là pour que la hache le coupe et le désert pour que le train le traverse ; la rivière a de l'intérêt si elle contient de l'or et la montagne si elle contient du charbon ou du fer. Personne ne marche, tout le monde court, de toute urgence, harcelé, derrière l'ombre errante de la fortune et du pouvoir. L'espace est là pour être vaincu par le temps, et le temps pour que le progrès le sacrifie sur ses autels.

(218)

1856
Granada

Walker

Ce fils du Tennessee tue sur-le-champ et enterre sans épitaphe. Ses yeux sont de cendre. Il ne rit ni ne boit. Il mange parce qu'il faut s'alimenter. On ne lui connaît pas de femme depuis la mort de sa fiancée sourde-muette ; et Dieu est son seul ami digne de confiance. Il se fait appeler le Prédestiné. Il se vêt tout de noir. Il a horreur qu'on le touche.

William Walker, gentilhomme du Sud, se proclame président du Nicaragua. Des tapis rouges recouvrent la grand-place de Granada. Les trompettes brillent au soleil. La fanfare joue des marches militaires nord-américaines pendant que Walker s'agenouille et jure, la main posée sur la Bible. Vingt et un coups de canon l'acclament. Il prononce son discours en anglais, ensuite, il lève un verre d'eau et porte un toast au président des États-Unis, son compatriote et son collègue estimé. L'ambassadeur nord-américain John Wheeler compare Walker à Christophe Colomb.

Walker est arrivé au Nicaragua l'an dernier à la tête de la Phalange des Immortels. *Je donnerai l'ordre de tuer quiconque s'opposera à la marche impériale de mes troupes.* Les flibustiers, recrutés sur les quais de San Francisco et de La Nouvelle-Orléans, sont entrés comme couteau en chair.

Le nouveau président du Nicaragua rétablit l'esclavage aboli en Centramérique depuis plus de trente ans et y réinstaure le trafic négrier, le régime du servage et les travaux forcés. Il décrète que l'anglais est la langue officielle du Nicaragua et il offre des terres et des bras aux Blancs nord-américains qui désirent s'y établir.

(154, 253 et 314)

1856
Granada

Ci-gît

Five or none. Le Nicaragua c'était peu de chose. William Walker voulait conquérir l'Amérique Centrale.

Les cinq lambeaux de la patrie de Morazán, unis contre le pirate, harcèlent ses troupes. La guerre populaire tue beaucoup de Nord-Américains ; et plus encore, le choléra morbus qui flétrit la peau, rend le teint gris et foudroie.

Le messie de l'esclavage, mis en déroute, traverse le lac de Nicaragua poursuivi par des bandes de canards et un essaim de mouches porteuses du fléau.

Avant de s'en retourner aux États-Unis, Walker décide de châtier la ville de Granada. Qu'il n'en reste rien, ni ses habitants, ni ses maisons en briques de terre séchée, ni ses rues plantées d'orangers sur la grève.

Des flammes montent dans le ciel.

Au pied des quais en ruine est plantée une lance. A cette lance pend, comme un triste drapeau, un morceau de cuir sur lequel sont gravés en lettres rouges et en anglais ces mots : *Ici était Granada.*

(154 et 314)

Walker
« Défense de l'esclavage »

Les ennemis de la civilisation américaine — puisque ce sont là les ennemis de l'esclavage — ont l'air d'être plus malins que ses amis.

Le Sud doit faire quelque chose pour la mémoire des hommes courageux qui reposent en terre, au Nicaragua. Pour défendre l'esclavage, ces hommes ont abandonné leurs foyers, ils ont affronté avec calme et constance les dangers d'un climat tropical et, finalement, ils ont donné leur vie...

Il reste bien encore dans le Sud des hommes énergiques — qui en douterait ? — pour continuer la lutte contre les soldats anti-

esclavagistes. Qu'ils secouent la somnolence qui les envahit et qu'ils se préparent de nouveau au conflit !

Le meilleur endroit, pour l'exercice de l'esclavage, est l'Amérique tropicale ; c'est le lieu naturel de son empire et c'est là qu'il peut se développer. Il suffit de faire un effort.

(356)

1858
Aux sources du Gila

Les terres sacrées des Apaches

Ici, dans cette vallée où naît la rivière, entre les hauts rochers de l'Arizona, se trouve un arbre qui abrita Geronimo, il y a trente ans. Il venait de sortir du ventre de sa mère. On l'enveloppa dans une couverture, on attacha la couverture à une branche et le vent berçait l'enfant, tandis qu'une voix de vieillard suppliait l'arbre :

— *Qu'il vive et grandisse pour te voir bien des fois couvert de fruits.*

Cet arbre, il est au centre du monde. Sous sa protection, Geronimo ne confondra jamais le nord et le sud, le bien et le mal.

Tout autour, s'étend le vaste pays des Apaches. Ils vivent sur ces terres sombres depuis le temps où le premier d'entre eux, fils de l'orage, revêtit les plumes de l'aigle qui avait vaincu les ennemis de la lumière. Jamais le gibier n'a manqué, ni les herbes pour soigner les malades, ni les cavernes rocheuses où reposer après la mort.

Une poignée d'hommes à cheval sont arrivés, chargés de longs cordages et de beaucoup de bâtons. Le sang ne semble pas circuler sous leur peau et ils parlent une langue jamais entendue. Ils plantent en terre des signaux de couleur et questionnent une médaille blanche qui leur répond en remuant une petite aiguille.

Geronimo ne sait pas que ces hommes sont venus mesurer la terre des Apaches afin de la vendre.

(24 et 91)

1858
Kaskiyeh

Geronimo

Les Apaches s'en étaient allés sans armes au marché de Kaskiyeh, sur les terres du Sud, entre Sonora et Casas Grandes, pour échanger contre des vivres des peaux de buffles et de cerfs. Les soldats mexicains ont rasé leur camp et emporté leurs chevaux. Parmi les morts, gisent la mère et la femme de Geronimo et ses trois enfants.

Geronimo ne dit rien quand ses compagnons se réunissent et procèdent tristement au vote ; ils sont encerclés, désarmés, ils ne peuvent que partir.

Assis, immobile près de la rivière, il regarde les siens s'en aller derrière leur chef, Mangas Coloradas. Ici, il ne reste que les morts. Finalement, Geronimo s'en va aussi, en retournant sans cesse la tête en arrière. Il suit son peuple *d'assez près pour entendre le bruit mou des pieds des Apaches qui se retirent.*

Durant le long voyage vers le nord, il ne desserre pas les dents. Arrivé chez lui, il brûle son tepee, celui de sa mère et celui de sa femme, tout ce qui a appartenu à sa mère et à sa femme et même les jouets de ses enfants. Ensuite, tournant le dos au feu, il rejette la tête en arrière et entonne un chant de guerre.

(24)

1858
San Borja

Mort à la mort !

Son corps endolori souhaite se mêler à la terre américaine. Aimé Bonpland savait bien qu'il finirait en elle, pour continuer en elle, depuis ce jour lointain où il débarqua avec Humboldt sur les côtes des Caraïbes.

Bonpland meurt de sa mort, dans un ranch de terre et de chaume, serein, car il sait que les étoiles ne meurent pas et que ne cesseront pas de naître des fourmis et des hommes, et qu'il y aura des trèfles nouveaux et de nouvelles oranges, soleils dans les branches ; et que les poulains qui viennent de se dresser sur leurs jambes trop longues tendront le cou pour chercher la tétine. Le vieillard dit adieu au monde comme un enfant dit bonsoir avant de s'endormir.

Plus tard, un ivrogne poignarde son cadavre ; mais la sinistre imbécillité humaine est un détail sans importance.

1860

Chan Santa Cruz

Le centre de cérémonie des rebelles du Yucatán

— *Mon père ne m'a pas mise avec les gens riches, il ne m'a pas mise avec les généraux ni avec ceux qui ont de l'argent, ni avec ceux qui disent en avoir,* avait proclamé au Yucatán la Mère de la Croix, celle qui avait surgi de l'acajou en même temps que la source. Et, à l'époque où les soldats ont renversé l'acajou à coups de hache et brûlé la petite croix habillée par les Indiens, elle avait déjà eu des filles.

De croix en croix, la parole a survécu.

— *Mon père m'a mise avec les pauvres, car je suis pauvre.*

C'est autour de la croix, des croix, qu'a grandi Chan Santa Cruz, le grand sanctuaire des Mayas rebelles de la selva du Yucatán.

Les soldats de l'expédition du colonel Acereto y ont pénétré sans trouver de résistance. Il n'y avait pas un seul Indien. Ils en sont restés bouche bée. Les Mayas ont érigé là une immense église aux parois épaisses et à la voûte haute, la maison de Dieu, la maison du dieu-Tigre, et, dans ses tours, se balancent les cloches arrachées à Bacalar.

Dans cette ville sacrée et déserte, tout fait peur. Il n'y a plus beaucoup d'eau dans les gourdes, mais le colonel Acereto interdit de boire aux puits. Il y a six ans, d'autres soldats y ont bu et ils se sont mis à vomir et à mourir tandis que les Indiens leur demandaient, du bocage, si l'eau était bien fraîche.

Les soldats attendent, espérant leur retour, et désespèrent...

et les jours passent. Pendant ce temps, de cent villages et mille champs de maïs, les Indiens arrivent. Ils portent un fusil ou une machette et un petit sac de farine de maïs. Ils concentrent leurs forces dans les bois et lorsque le colonel Acereto décide de se retirer, ils balaient sa troupe d'un souffle.

L'orchestre, qui a été capturé intact, apprendra la musique aux enfants et jouera des polkas à l'église où vit et parle la croix, au milieu des dieux mayas. Ici, dans cette église, le peuple communie avec des galettes de maïs et de miel et, une fois par an, il élit les interprètes de la croix et les chefs guerriers qui portent des anneaux d'or mais qui cultivent le maïs comme tout un chacun.

(273 et 274)

1860

La Havane

Poète en crise

Au prix de treize morts au kilomètre, on a construit à Cuba le chemin de fer qui transporte le sucre des champs de Güines jusqu'au port de La Havane, des morts africains, irlandais, canariens ou chinois de Macao, esclaves ou misérables journaliers amenés de loin par les trafiquants — et l'essor du sucre en exige de plus en plus.

Il y a dix ans est arrivé à Cuba le premier chargement d'esclaves mayas du Yucatán. Cent quarante Indiens, prisonniers de guerre, ont été vendus à vingt-cinq pesos par tête ; les enfants, gratis. Par la suite, le président mexicain Santa Anna octroya le monopole du trafic au colonel Manuel Maria Jimenez et les prix ont augmenté : cent soixante pesos pour un homme, cent vingt pour une femme et quatre-vingts pour un enfant. La guerre maya a continué et avec elle les emprunts à Cuba en fusils et en argent. Le gouvernement du Yucatán touche un impôt sur chaque esclave vendu et c'est ainsi qu'il paie avec des Indiens la guerre contre les Indiens.

Le poète espagnol José Zorilla a acheté au port de Campeche un lot d'Indiens pour les vendre à Cuba. Il était prêt à s'embarquer quand la fièvre jaune a tué à La Havane son associé capitaliste, Cipriano de las Cagigas, et maintenant, l'auteur de *Don Juan tenorio* se console en écrivant des vers dans une plantation de café.

(222 et 273)

1861

La Havane

Des bras pour le sucre

La ville de La Havane va bientôt célébrer ses jeux floraux. Les intellectuels de l'Ateneo proposent un grand thème central : ils veulent que la joute littéraire soit consacrée à une demande de soixante mille nouveaux esclaves à l'Espagne. Les poètes donneraient de la sorte un coup de main au projet d'importation de nègres qui a déjà le soutien du *Diario de la marina* et la bénédiction légale du procureur de l'Audience.

Il manque des bras pour le sucre. Les nègres qu'on fait entrer en contrebande par les plages de Mariel, Cojimar et Batabanó sont rares et chers. Trois propriétaires de sucreries ont rédigé un projet de supplique disant que Cuba *gît épuisée et désolée* et priant *les autorités espagnoles de tenir compte de leur requête et de leur plainte et de les pourvoir en nègres,* esclaves doux et loyaux, auxquels *Cuba est redevable de sa prospérité économique.* Il sera facile, disent-ils, d'en ramener d'Afrique. *Ils accourront joyeux vers les bateaux espagnols dès qu'ils les verront arriver.*

(222 et 240)

Paroles de sucre

Aux grilles de La Havane on peut voir des volutes de fer et sur les colonnes, des coquillages de plâtre ; sur les paravents, des dentelles de bois, sur les vitraux, des queues de paons. Le langage des docteurs et des moines est plein d'arabesques. Dans les poèmes on recherche des rimes jamais lues et les prosateurs utilisent des adjectifs ronflants. Les orateurs recherchent le point acrobatique et fugitif ; le point suit l'adverbe ou la parenthèse et l'orateur lui lance des mots et des mots ; le discours s'étire pour essayer de le rejoindre, mais le point s'enfuit toujours plus loin et la poursuite continue, à l'infini.

Les livres de comptabilité, par contre, parlent l'âpre langage de la réalité. Dans toutes les sucreries de Cuba, on enregistre la naissance ou l'achat d'un nouveau nègre comme une entrée de bien immeuble et l'on calcule une usure de 3 % par an. La maladie d'un homme équivaut à l'imperfection d'une valve et la fin d'une vie équivaut à la perte d'une tête de bétail. *Les bêtes tuées sont des taureaux, une truie est morte au pied du kapokier. Le nègre Domingo Mondogo est mort.*

(222)

1861
Bull Run

Gris contre bleus

La bataille de la première guerre civile a lieu près de la ville de Washington. Un public très nombreux était venu en voiture ou à cheval pour assister au spectacle. Le sang commençait à peine à couler que la foule partait comme un trait, hurlant de panique, et que les chevaux s'emballaient. Bientôt les rues de la capitale s'emplissaient de mutilés et de moribonds.

Deux pays opposés avaient jusqu'à présent partagé la carte, le drapeau et le nom d'États-Unis. Un journal du Sud a annoncé dans la rubrique *Nouvelles de l'étranger* qu'Abraham Lincoln avait gagné les élections. Un mois plus tard, les États du Sud formaient un pays à part et la guerre éclatait.

Lincoln, le nouveau président, incarne les idéaux du Nord. Lors de sa campagne il a annoncé qu'il n'était pas possible qu'une moitié de la population fût libre et l'autre esclave, il a promis des fermes à la place des grands domaines et des tarifs plus élevés pour lutter contre la concurrence des industries européennes.

Nord et Sud : deux espaces, deux époques. Au Nord, des usines produisant déjà plus que les champs, toujours plus d'inventeurs qui créent le télégraphe électrique, la machine à coudre, la moissonneuse ; des villes nouvelles surgissent de toutes parts ; un million d'habitants à New York et des quais qui ne peuvent déjà plus contenir les bateaux remplis d'Européens désespérés en quête d'une nouvelle patrie. Au Sud, le patrimoine de la nostalgie, les plantations de tabac, les vastes plantations de coton, quatre millions d'esclaves noirs produisant des matières premières pour les filatures anglaises du Lancashire et de Manchester, des gentilshommes qui se battent en duel pour l'honneur souillé de leur sœur ou pour le renom de leur famille et des dames qui se promènent en calèche dans des champs de fleurs et s'évanouissent, au crépuscule, sous les vérandas des palais.

(70)

1862
Fredericksburg

Le crayon de la guerre

Assis par terre contre un mur, les jambes croisées, un jeune soldat regarde dans le vague. Sa barbe longue de plusieurs mois recouvre le col de sa vareuse. D'une main, il caresse la tête d'un chien qui dort sur ses genoux.

John Geyser, recrue de Pennsylvanie, se dessine et dessine ses compagnons pendant que la guerre tue. Le crayon les saisit et les fixe un instant sur la route de la fosse qu'on a creusée entre les tirs des canons. Les soldats chargent la carabine ou la nettoient, mangent une ration de galette et de lard ou bien regardent tristement : ils regardent tristement sans voir, ou peut-être voient-ils bien plus loin que ce qu'ils regardent.

(69)

1863
Ville de Mexico

« L'Algérie américaine »

C'est le nouveau nom donné au Mexique par la presse parisienne. L'armée de Napoléon III attaque et conquiert la capitale et les principales villes.

A Rome, le pape est fou de joie. Le gouvernement de Benito Juarez, délogé par les envahisseurs, était coupable envers Dieu et ses possessions au Mexique. Juarez avait dépouillé l'Église en lui supprimant ses dîmes sacrées, en lui confisquant ses domaines aussi étendus que le ciel et en la privant de la protection de l'État.

Les conservateurs s'allient aux conquérants. Vingt mille soldats mexicains aident les trente mille soldats de France qui viennent d'attaquer la Crimée, l'Algérie et le Sénégal. Napoléon III s'empare de Mexico au nom de l'esprit latin, de la culture latine et de la race latine et exige, au passage, un prêt immense et fantastique.

Maximilien d'Autriche, un des nombreux princes d'Europe, sans emploi, accompagné de son étonnante épouse, se charge de cette nouvelle colonie.

(15)

1863
Londres

Marx

« Napoléon III se cassera le cou dans l'affaire du Mexique, s'il n'est pas pendu avant », annonce un savant prophète très pauvre qui vit dans l'incertitude à Londres.

Tout en corrigeant et en fignolant le brouillon d'une œuvre qui va changer le monde, Karl Marx ne perd pas un détail de ce qui s'y passe. Dans des lettres et des articles, il traite Napoléon III de Lazarillo de Tormes impérial et l'invasion du Mexique d'*entreprise infâme.* Il dénonce aussi l'Angleterre et l'Espagne qui voudraient partager avec la France le territoire du Mexique, comme butin de guerre, et toutes les nations voleuses de nations habituées au massacre de milliers et de milliers d'hommes pour que les usuriers et les trafiquants accroissent le champ de leurs affaires.

Marx ne croit déjà plus que l'expansion impérialiste des pays plus développés soit une victoire du progrès sur l'arriération. Il y a quinze ans, par contre, il n'avait pas manifesté de divergence avec Engels quand celui-ci avait applaudi à l'invasion du Mexique par les États-Unis, jugeant qu'ainsi les paysans mexicains deviendraient des prolétaires et feraient tomber de leur piédestal les évêques et les seigneurs féodaux.

(129 et 201)

1865

La Paz

Belzu

Un flot d'Indiens qui se sont soulevés ont rendu le pouvoir à Belzu. Manuel Isidoro Belzu, *papa Belzu*, vengeur des pauvres, bourreau des docteurs, revient à La Paz, porté par la foule.

Pendant qu'il gouvernait, il y a quelques années, la capitale de la Bolivie a été là où il se trouvait, sur la croupe de son cheval, et les maîtres du pays qui déclenchèrent contre lui plus de quarante coups d'États militaires n'ont pas réussi à le renverser. Les marchands étrangers le haïssaient parce que Belzu leur avait interdit l'entrée du pays pour protéger les artisans de Cochabamba contre l'invasion des ponchos fabriqués en Angleterre. Les avocaillons de Chuquisaca dans les veines desquels coule de l'encre ou de l'eau avaient peur de lui ; les seigneurs des mines qui ne purent jamais lui imposer une loi ont, eux aussi, conspiré contre lui.

Belzu, svelte et beau, est revenu. Il entre au palais à cheval, d'un pas lent, comme s'il glissait sur l'eau.

(172)

Extrait d'une harangue de Belzu au peuple bolivien

L'heure est maintenant venue de demander à l'aristocratie ses titres et à la propriété privée ses fondements... C'est dans la propriété privée que se trouve la principale origine des délits et des crimes, en Bolivie. Elle est la cause de la lutte continuelle entre les Boliviens, elle est le principe dominant de cet égoïsme condamné depuis toujours par la morale universelle. Plus de propriété privée ! Plus de propriétaires ! Plus d'héritage ! A bas les aristocrates ! La terre pour tous ! C'en est fini de l'exploitation de l'homme par l'homme.

(213)

1865
La Paz

Melgarejo

Mariano Melgarejo, le plus féroce ennemi de Belzu, est un hercule capable de porter un cheval sur ses épaules. Il est né à Tarata, haute terre de hautes herbes, d'un père qu'il aime et fuit. Il est né un dimanche de Pâques.

Dieu m'a choisi pour naître le jour où Lui ressuscitait.

Avant d'apprendre à marcher il a su galoper sur les chevaux qui passaient leur tête entre les branches et avant le sein maternel il a connu la chicha qui vous fait rouler à terre ou voler, la meilleure chicha de Bolivie, lait de Tarata, maïs mâché et recraché par des vieilles à la salive sapide. Il ne savait même pas signer son nom que déjà personne ne pouvait l'arrêter quand il se lançait à la charge, dans la guerre brutale du corps à corps, la casaque en lambeaux, soulevant et assommant les gens à coups de poing, de lance ou de sabre.

Il a rendu bien des gens malheureux. Il a tué en plein jour et par des nuits sans lune, éternel révolté, cherchant les querelles, et il a été condamné deux fois à mort. Entre les bombes et les chahuts, il a connu l'exil et le pouvoir. Avant-hier, il dormait sur le trône et hier dans les replis des collines. Hier, il entrait dans cette ville de La Paz, à la tête de son armée, monté sur un énorme canon, vêtu d'un poncho rouge flambant comme un drapeau ; aujourd'hui, il traverse la place, sombre et solitaire.

(85)

1865
La Paz

Le coup d'État le plus court de l'Histoire

C'est l'heure de Belzu. Melgarejo, le vaincu, vient se rendre. Melgarejo traverse la place au milieu des cris.

— *Vive Belzu !*

Dans le vaste salon du premier étage, Belzu attend. Melgarejo entre dans le palais. Sans lever les yeux, la tête baissée, sa barbe noire touchant sa poitrine de taureau, il monte les escaliers. La foule vocifère sur la place :

— *Vive Belzu ! Papa Belzu !*

Melgarejo s'avance vers Belzu. Le président se lève et lui ouvre les bras.

— *Je te pardonne !*

A travers les fenêtres ouvertes les cris éclatent.

— *Papa Belzu !*

Melgarejo se laisse étreindre et tue. Le coup de feu retentit. Le corps tombe.

Le vainqueur apparaît au balcon. Il montre le cadavre, il l'offre.

— *Belzu est mort ! Vive qui ?*

(85)

1865
Appomatox

Le général Lee rend son épée incrustée de rubis

Les soldats du Nord, en pleine et irrésistible avance, attendent des ordres pour l'assaut final. A ce moment, un nuage de poussière venant des lignes ennemies se lève et grandit. De l'armée affamée et disloquée des gris se détache un cavalier, il porte un chiffon blanc au bout d'un bâton.

Au cours des dernières batailles, les soldats du Sud portaient leur nom inscrit sur le dos pour qu'on puisse les reconnaître parmi les morts. Le Sud, écrasé, avait perdu la guerre et continuait par un sentiment obstiné de l'honneur.

Maintenant, le général vaincu Robert Lee rend, de ses mains gantées, son épée incrustée de rubis. Le général victorieux, Ulysses Grant, sans sabre ni insigne, dégrafe sa vareuse et fume un cigare.

La guerre est finie. C'en est fini de l'esclavage. Avec la fin de l'esclavage, les murs qui empêchaient le développement de l'industrie et l'expansion du marché national des États-Unis sont tombés. Six cent mille jeunes gens sont tombés dans la bataille. Parmi eux, la moitié étaient des nègres qui avaient endossé l'uniforme bleu des bataillons du Nord.

(70)

1865
Washington

Lincoln

Abe vient du Kentucky. Là-bas, son père a autrefois levé la hache et empoigné le marteau, et leur chaumière a eu des murs, un toit et des lits de feuilles mortes. Tous les jours, la hache coupait le bois pour le feu et, un jour, elle a arraché les planches nécessaires pour enterrer la mère d'Abe sous la neige. Abe était encore tout petit à l'époque où le marteau tapait sur les clous de bois. Sa mère ne ferait plus de pain blanc le samedi, elle ne clignerait plus de ses yeux au regard toujours étonné. Et puis, la hache a coupé du bois pour faire un radeau qui allait emmener les enfants à Indiana, par la rivière.

Il vient d'Indiana. Là-bas, Abe a tracé au charbon ses premières lettres et il a été le meilleur bûcheron du district.

Il vient de l'Illinois. En Illinois, il a aimé une femme nommée Ann et en a épousé une autre nommée Mary qui parlait le français et qui avait lancé la mode des crinolines dans la ville de Springfield. Mary décida qu'Abe serait président des États-Unis. Pendant qu'elle mettait des enfants au monde, lui, il écrivait des discours et un poème à la mémoire, île triste, île magique baignée d'une lumière liquide.

Il vient du Capitole, à Washington. En se penchant à sa fenêtre, il pouvait voir le marché aux esclaves, une sorte de hangar où les nègres étaient enfermés comme des chevaux.

Il vient de la Maison-Blanche. Quand il est arrivé à la Maison-Blanche, il a promis la réforme agraire, la protection de l'industrie et a proclamé que toute personne qui prive une autre de sa liberté est indigne d'en jouir elle-même. Il est entré à la Maison-Blanche et il a juré qu'il gouvernerait de telle sorte que même s'il ne lui restait plus d'amis, il en aurait encore un en lui-même. Il a gouverné, de guerre en guerre, et il a tenu toutes ses promesses. Le matin on pouvait le voir en pantoufles, en train d'attendre son journal à la porte de la Maison-Blanche.

Il vient sans hâte. Abraham Lincoln ne s'est jamais hâté. Il marche en canard, appuyant bien la plante de ses énormes pieds, surplombant comme une tour la foule qui l'acclame. Il pénètre dans le théâtre et, lentement, il monte l'escalier qui conduit à la loge présidentielle. Dans la loge, sur les fleurs et les drapeaux, son visage osseux au cou épais se détache et dans l'ombre brillent les yeux les plus doux et le sourire le plus mélancolique d'Amérique.

Il vient de la victoire et du rêve. Aujourd'hui c'est vendredi saint et le général Lee s'est rendu, il y a cinq jours. Hier, Lincoln a rêvé d'une mer mystérieuse et d'un navire qui s'avançait jusqu'à la frange des brumes.

Lincoln vient, de toute sa vie, et il va, sans hâte, vers cette loge d'un théâtre comique de la ville de Washington.

Et la balle qui lui transpercera la tête, elle, vient vers lui.

(80 et 188)

1865
Washington

Hommage

Combien de nègres ont-ils été pendus pour avoir volé un pantalon ou regardé dans les yeux une femme blanche ? Comment s'appelaient les esclaves qui, il y a plus d'un siècle, incendièrent New York ? Combien y a-t-il de Blancs qui ont suivi les traces d'Eliah Lovejoy, dont l'imprimerie fut jetée par deux fois à l'eau et qui est mort assassiné en Illinois, sans que personne ne fût poursuivi pour cela ? L'histoire de l'abolition de l'esclavage aux États-Unis a une infinité de protagonistes noirs et blancs, comme ceux-ci :

— John Russwurm et Samuel Cornish qui créèrent le premier journal des Noirs, et Théodore Weld qui créa le premier centre d'enseignement supérieur qui ait admis des nègres et des femmes.

— Daniel Payne, qui a réussi à tenir en activité pendant six ans son école pour les nègres à Charleston, et Prudence Crandall, simple institutrice du Connecticut qui, pour avoir accepté une fillette noire dans son école, a perdu ses élèves blanches. Elle a été insultée, lapidée et emprisonnée. Et il n'est plus resté qu'un tas de cendres là où était son école.

— Gabriel Prosser, qui avait cherché la liberté pour ses frères en Virginie et qui y trouva le gibet pour lui, et David Walker pour la tête de qui les autorités de Géorgie offraient 10 000 dollars. Il s'en allait sur les routes en clamant que le fait de tuer un homme qui est en train de vous arracher la vie, c'était comme boire de l'eau quand on a soif, et qui a continué à le dire jusqu'à ce qu'il disparaisse ou qu'on le fasse disparaître.

— Nat Turner qui, ayant vu dans une éclipse de soleil le signe que les derniers seront les premiers, fut pris d'une folle fureur assassine et John Brown, barbe de chasseur, œil de feu, qui donna l'assaut à une armurerie de Virginie et fit la guerre à l'infanterie de marine du dépôt des locomotives. Il refusa ensuite que son avocat le déclare fou et il marcha dignement à la potence.

— William Lloyd Garrison, fanatique ennemi des voleurs d'hommes, qu'on promena dans les rues de Boston, la corde au cou, et Henry Garnet qui, dans un temple, déclara dans son prêche que l'esclave résigné pèche contre Dieu, et Henry Ward Beecher, clergyman de Brooklyn qui déclara que, dans certains cas, un revolver peut être plus utile qu'une Bible, à la suite de quoi les armes envoyées aux esclaves du Sud furent désormais désignées sous le nom de *Bibles de Beecher.*

— Harriet Beecher Stowe dont *la Case de l'Oncle Tom* suscita de nombreuses adhésions de Blancs à la cause, et Frances Harper, poète, qui trouva les mots nécessaires pour maudire le pouvoir et l'argent ; et Salomon Northup, esclave de Louisiane, qui réussit à diffuser un témoignage sur la vie dans les plantations de coton depuis le moment où, avant l'aube, sonne la trompe.

— Frederic Douglass, esclave fugitif du Maryland qui, à New York, transforma en acte d'accusation l'annonce du jour de l'Indépendance et proclama que la liberté et l'égalité avaient le son creux d'une parodie.

— Harriet Tubman, paysanne analphabète, qui organisa la fuite de plus de trois cents esclaves vers le Canada, par la route de l'étoile Polaire.

(12 et 210)

1865

Buenos Aires

La triple infamie

Tandis qu'en Amérique du Nord, l'Histoire gagne une guerre, une autre guerre est déclenchée en Amérique du Sud, que l'Histoire perdra. Buenos Aires, Rio de Janeiro et Montevideo, les trois ports qui, il y a un demi-siècle, anéantirent José Artigas, se disposent à détruire le Paraguay.

Sous les dictatures successives de Gaspar Rodríguez de Francia, de Carlos Antonio López et de son fils Francisco Solano, caudillos au pouvoir absolu, le Paraguay est devenu un dangereux exemple. Ses voisins sont menacés d'un grave risque de contagion : au Paraguay, ce ne sont pas les propriétaires terriens qui commandent, les hommes d'affaires ne spéculent pas et les usuriers n'asphyxient personne. Subissant un blocus de l'extérieur, le pays s'est développé vers l'intérieur et il continue à se développer sans obéir au marché mondial ni au capital étranger. Tandis que les autres pataugent, étranglés par leurs dettes, le Paraguay ne doit pas un centime à qui que ce soit et il vole de ses propres ailes.

L'ambassadeur britannique à Buenos Aires, Edward Thornton, est l'officiant suprême de la féroce cérémonie d'exorcisme. L'Argentine, le Brésil et l'Uruguay conjurent le démon en plantant leur baïonnette dans la poitrine des arrogants.

(47,60 et 83)

1865

Buenos Aires

L'Alliance est tissée avec des fils d'araignée

La tête d'El Chacho Peñaloza, plantée au bout d'une pique au beau milieu de la place, comme en décoration, avait l'air, avec son épaisse tignasse serrée dans un foulard, du sommet ridicule d'un petit arbre. El Chacho et son cheval ne faisaient qu'un seul corps. Il a été capturé sans son cheval et on lui a traîtreusement coupé le cou. *Pour que la racaille se tienne tranquille,* on a exposé la tête du guerrier gaucho des llanos de La Rioja. Domingo Faustino Sarmiento a félicité les bourreaux.

La guerre contre le Paraguay est le prolongement d'une autre guerre qui dure depuis un demi-siècle, la guerre de Buenos Aires, port vampire, contre les provinces. Venancio Flores, Uruguayen, a collaboré avec Mitre et Sarmiento à l'extermination des gauchos rebelles. En récompense, il a obtenu la présidence de l'Uruguay. Des bateaux brésiliens et des armes argentines ont imposé Flores au gouvernement. L'invasion de l'Uruguay s'est ouvert la brèche en bombardant la ville de Paysandú. Paysandú a résisté pendant un mois jusqu'à ce que le chef de la défense, Leandro Gómez, tombe fusillé sur les ruines en flammes.

Ainsi, l'alliance de deux pays est devenue la Triple Alliance. Avec la bénédiction et les crédits anglais, les gouvernements d'Argentine, du Brésil et d'Uruguay se sont lancés à la libération du Paraguay. Un traité a été signé. C'est au nom de la paix, dit ce traité, qu'on a fait la guerre. Le Paraguay devra payer les frais de sa propre extermination et les vainqueurs lui fourniront un gouvernement adéquat. Au nom du respect de l'intégrité territoriale du Paraguay, le traité garantit au Brésil un tiers de sa superficie et cède à l'Argentine toute la région des Missions et le vaste Chaco. La guerre s'est faite aussi au nom de la liberté. Le Brésil, où il y a deux millions d'esclaves, promet la liberté au Paraguay où il n'y en a pas un seul.

(47, 244 et 291)

1865
San José

Urquiza

C'est de notoriété publique, dès qu'il baise la main d'une femme, la voilà enceinte. Il collectionne les enfants et les terres. Des enfants, il en a cent cinquante, sans compter ceux qui ne sont pas sûrs, et qui sait combien de champs. Il adore les miroirs, les décors brésiliens, les porcelaines françaises et le tintement des pièces d'argent.

Justo José de Urquiza, vieux caudillo du littoral argentin, l'homme qui a triomphé de Juan Manuel de Rosas, a quelques doutes en ce qui concerne la guerre du Paraguay. Il les résout en vendant à très bon prix trente mille chevaux de son élevage à l'armée brésilienne et en signant avec elle un accord pour la fourniture de viande salée aux armées alliées. Ayant ainsi apaisé ses doutes, il fait fusiller tous ceux qui refusent de tuer des Paraguayens.

(271 et 291)

1866
Curupaytí

Mitre

Des morceaux de bois qui ont été des navires flottent à la dérive sur les eaux. L'armée paraguayenne a péri, mais la flotte alliée ne peut pas continuer à envahir le pays en amont du fleuve. Elle est arrêtée par les canons de Curupaytí et de Humaitá, et, entre les deux, d'une rive à l'autre du fleuve, par une rangée de dames-jeannes, des mines peut-être.

Sur l'ordre de Bartolomé Mitre, président de l'Argentine et généralissime de la Triple Alliance, les soldats attaquent, baïonnette au canon, les murailles de Curupaytí. Le clairon déverse des flots successifs de soldats à l'assaut. Peu nombreux sont ceux qui arrivent jusqu'aux tranchées et pas un seul au barrage. Les Paraguayens pratiquent le tir à la cible contre un ennemi qui continue à se montrer à découvert et en plein jour. Aux grondements du canon, au grondement des tambours succède le crépitement de la fusillade. La forteresse paraguayenne crache des langues de feu ; et quand la fumée se dissipe, lent brouillard, des milliers de morts, tirés comme des lapins, apparaissent, terrassés dans les marais.

A une distance prudente, une longue-vue à la main, redingote noire et chapeau à la Schomberg, Bartolomé Mitre contemple les résultats de son génie militaire.

Mentant avec une sincérité admirable, il avait promis aux troupes d'invasion qu'elles prendraient Asunción en trois mois.

(61 et 272)

1866
Curupaytí

Le pinceau de la guerre

Cándido López, soldat de Mitre, peindra le désastre de Curupaytí et les batailles précédentes auxquelles il a pris part et aussi la vie quotidienne dans les campements, pendant la guerre. Il peindra de la main gauche, car, à Curupaytí, une grenade lui a arraché la main droite.

Il peindra sans imiter personne et personne ne l'imitera. Pendant la semaine, il vendra des chaussures dans une boutique de Buenos Aires et le dimanche, il fera des tableaux qui diront : *La guerre, c'était comme ça.* La sotte main gauche deviendra adroite par amour de la mémoire, mais pas un seul artiste ne lui accordera un coup d'œil, les critiques ne le prendront pas au sérieux et personne ne songera à l'achat des remembrances d'un soldat manchot.

— *Je suis un chroniqueur du pinceau.*

Le solitaire Cándido López peindra des foules. Pas de premier plan dans ses œuvres aux sabres fulgurants et aux chevaux emportés, pas de héros prononçant, à l'agonie, un discours posthume, les mains sur sa poitrine ensanglantée, pas d'allégorie de la gloire, les seins à l'air. Devant ses yeux d'enfant défilent d'innombrables petits soldats de plomb et des chevaux de cabriolet jouant, en ordre parfait, à l'effroyable jeu de la guerre.

(100)

1867
Campagne de Catamarca

Felipe Varela

Les cavaliers guérilleros se soulèvent dans cinq provinces argentines. Les ciseaux à tondre attachés à la lance défient le canon des régiments de ligne, cherchant le corps à corps et dans le tourbillon de poussière de la mêlée, on crie : *Vive le Paraguay !*

Des Andes jusqu'aux llanos, Felipe Varela a soulevé les paysans contre le port de Buenos Aires, usurpateur de l'Argentine et négateur de l'Amérique. Le caudillo de Catamarca dénonce la banqueroute de la nation, engagée dans des millions de pesos d'emprunt, destinés à annihiler une nation sœur. Ses guérilleros brandissent à leur tête une devise : *Union américaine,* et portent au cœur une rage ancienne : *être un provincial, c'est être un mendiant sans patrie.* Gaucho efflanqué, tout en pommettes et en barbe, né et ayant grandi à dos de cheval, Varela est la voix rauque des gueux acculés à la mort. Attachés à leurs longes, les *volontaires* des provinces arrivent aux marécages paraguayens. On les enferme dans des enclos et on leur met une balle dans la peau s'ils se révoltent ou désertent.

(239)

1867

Llanos de La Rioja

La torture

Le colonel Pablo Irrazabal arrache une déclaration aux gauchos des llanos de La Rioja. Il leur arrache une déclaration, c'est-à-dire qu'il les met aux fers, qu'il les fait avancer avec les pieds écorchés ou qu'il les décapite petit à petit avec un couteau émoussé.

Le port de Buenos Aires emploie divers instruments de persuasion contre les provinces révoltées ; un des plus efficaces est le *cepo colombien* ; on fait plier le prisonnier et on l'attache courbé avec des courroies humides entre deux fusils de telle sorte que lorsqu'elles sèchent, la colonne vertébrale craque et se casse en morceaux.

(214)

1867

La Paz

A propos de la diplomatie, science des relations internationales

Monté sur Holopherne, son cheval de guerre et d'apparat, le président Melgarejo arrive à la cathédrale de La Paz. Assis dans un fauteuil de velours, sous un dais, il écoute la messe solennelle. Il porte l'uniforme de général de l'armée du Chili et, sur sa poitrine, s'étale le grand cordon de l'Ordre Impérial du Brésil.

Après tant de marches et de massacres, Melgarejo a appris à ne plus même avoir confiance en sa propre chemise. On raconte que parfois, il se l'arrache et la crible de balles.

Celui qui commande commande, et le doigt sur la gachette.

Il n'y a que deux personnes, pas plus, que le général ne regarde pas de travers : son cheval Holopherne et la belle Juana Sánchez. L'ambassadeur du Chili lève son verre et trinque avec Holopherne, il porte un toast à la santé d'Holopherne quand le cheval noir s'approche de la table présidentielle pour boire la bière entre les ministres, les évêques et les généraux. L'ambassadeur du Brésil couvre le corps de Juana Sánchez de colliers, de diadèmes et de bracelets tels que la maîtresse de Melgarejo n'en avait jamais vus ou même imaginés dans ses délires.

La poitrine couverte de décorations brésiliennes, Melgarejo cède au Brésil soixante-cinq mille kilomètres carrés des forêts boliviennes d'Amazonie. Devenu général de l'armée chilienne, il donne au Chili la moitié du désert côtier d'Atacama, très riche en salpêtre. Des capitaux chiliens et britanniques y exploitent l'engrais le plus convoité par les terres épuisées d'Europe.

Avec l'amputation du désert d'Atacama, la Bolivie commence à perdre son débouché vers la mer.

(85, 107 et 172)

Inscriptions sur un rocher du désert d'Acatama

Antonia, pour toi je me meurs
Qui tu sais

LE JUGE DE CHAÑARCILLO EST UN VOLEUR

Paie-moi mes treize onces, Ramón !

L'Intendant est une brute

Don T.P. dit qu'il n'est pas mulâtre.

(256)

1867
Bogota

Un roman intitulé *María* vient de sortir

Bercées par des messieurs vêtus comme des morts et dont le visage est couleur de poulet brûlé, les dames se balancent dans des hamacs, laissant voler leurs boucles sur leur cou éburnéen. Un convoi de nègres, avec des paniers sur la tête, passe au loin, en silence, comme pour s'excuser d'exister et de déranger. Dans le jardin de la plantation aux senteurs de café et de gardénia, Jorje Isaacs trempe sa plume dans ses larmes.

Toute la Colombie sanglote. Efrain n'est pas arrivé à temps. Pendant qu'il sillonnait la mer, sa cousine María, victime d'une maladie héréditaire et incurable, rendait son dernier soupir et montait au ciel, vierge. Devant sa tombe, Efrain serre contre sa poitrine son héritage d'amour. María lui a légué un foulard brodé par elle et par elle trempé de larmes, quelques pétales de lys si semblables à elle et comme elle fanés, un anneau qui a glissé de sa main déjà froide qui avait été une rose de Castille et une mèche de sa longue chevelure dans un médaillon que ses lèvres blêmes parvinrent encore à baiser au moment où la mort les glaçait.

(167 et 208)

1867
Querétaro

Maximilien

L'armée de Juárez et les mille guérillas du peuple mexicain expulsent les Français. Maximilien, l'empereur, s'écroule en criant : *Vive le Mexique !*

Finalement, Napoléon III lui avait enlevé son armée, le pape le haïssait et les conservateurs l'appelaient *Empireur.* Napoléon lui avait donné l'ordre d'administrer la nouvelle colonie française, mais Maximilien ne lui obéissait pas. Le pape espérait qu'on lui rendrait ses possessions terrestres et les conservateurs croyaient qu'il allait exorciser le Mexique du démon libéral, mais Maximilien, en pleine guerre contre Juárez, édictait des lois semblables à celles de Juárez.

Une voiture noire arrive à Querétaro sous la pluie. Le président Juárez, vainqueur des intrus, se penche sur le cercueil ouvert et sans fleurs où gît le prince aux yeux bleus langoureux qui aimait à se promener dans la grande allée, vêtu en costume du pays, avec un grand chapeau typique et des paillettes.

(94 et 143)

1867
Paris

Exister ou copier, c'est là le problème

A l'Exposition universelle de Paris, on peut voir les peintures à l'huile envoyées par l'Équateur. Tous les tableaux sont des copies exactes des œuvres les plus célèbres de la peinture européenne. Le catalogue fait l'éloge des artistes équatoriens qui, *s'ils ne sont pas d'une grande originalité d'inspiration ont au moins le mérite de reproduire avec une fidélité remarquable les chefs-d'œuvre des maîtres des écoles italienne, espagnole, française et flamande.*

Pendant ce temps un autre art fleurit sur les marchés indiens et dans les faubourgs populaires de l'Équateur. C'est l'art déprécié des mains qui savent transformer en merveilles la terre, le bois et la paille, les plumes des oiseaux, les coquillages de la mer et la mie de pain. Cet art, on le nomme, comme pour s'excuser, l'artisanat. Il n'est pas fait par des académiciens, mais par de pauvres gens qui mangent des cœurs de puces et des tripes de moustiques.

(37)

Dicton du pauvre en Équateur

— Tu as faim ?
— Oui
— Mange ta crampe
— Tue un moustique
— Suces-en le sang
et gardes-en les tripes
comme viande.

(65)

1869
Ville de Mexico

Juárez

Le visage de cet Indien mexicain qui a vaincu le pape de Rome et Napoléon III semble avoir été taillé dans la pierre d'Oaxaca. Jamais un sourire, jamais un mot, toujours vêtu de noir, en redingote et col haut, Benito Juárez est un rocher au milieu d'un chœur de docteurs qui l'entourent et discourent, déclamant et récitant, lettrés illustres ornés de becs d'or et de plumes dorées.

Il y avait au Mexique plus de prêtres que de maîtres d'école et l'Église possédait la moitié de tout, lorsque Juárez est arrivé au pouvoir. Ce furent les libéraux qui prescrivirent sa potion civilisatrice au pays souffrant d'ignorance et d'arriération. La thérapie de la modernisation exige la paix et l'ordre. Il était nécessaire d'en finir avec les guerres qui tuent plus de gens que le paludisme ou la pneumonie, mais le fléau de la guerre traque Juárez sans répit. D'abord ce fut la guerre contre les moines et les conservateurs, puis contre les envahisseurs français et à présent la guerre contre les chefs militaires, héros qui refusent de prendre leur retraite, et contre les Indiens qui refusent de perdre la terre de leurs communautés.

Les libéraux mexicains ont une confiance absolue dans le suffrage universel et la liberté d'expression, bien que le suffrage soit le privilège de quelques-uns et que ceux qui s'expriment soient peu nombreux. Ils croient au salut par l'éducation et cela bien que les rares écoles se trouvent toutes dans les villes, car, en fin de compte, les libéraux s'entendent mieux avec les Muses qu'avec les Indiens. Pendant que les latifundia sont en train de s'agrandir, ils rêvent d'entreprises fermières fertilisant les terres en friche, de rails miraculeux, de fumée de locomotives et de cheminées d'usines, des idées, des gens et des capitaux qui viendront apporter le progrès d'Europe.

Juárez, lui-même fils d'Indiens zapotèques, est convaincu de ce que le Mexique, s'il copie les lois nord-américaines, se développera comme les États-Unis, et que s'il consomme des produits anglais il deviendra une nation industrielle comme l'Angleterre. Le vainqueur des Français croit qu'en important des idées françaises le Mexique deviendra une grande nation.

(142, 143 et 316)

1869
San Cristobal Las Casas

Ni la terre ni le temps ne sont muets

Les morts parlent tellement sous la terre qu'elle en est tout ébranlée. Le champ des morts a l'air d'une place publique un jour de marché. Les Mayas tombés au cours des anciennes révoltes de Chiapas se réjouissent des dernières nouvelles. Ici, on a combattu à la lance et à la hache depuis le jour où le premier usurpateur, fils d'une femme et d'un chien, s'est jeté sur les terres des communautés. Les morts parlent entre eux, ils disent leur joie et, au moyen des rêves, ils félicitent les vivants et disent des choses que l'ouïe n'entend pas.

Les Indiens d'ici se sont à nouveau soulevés. Les Indiens réduits à l'esclavage pour dettes rasent les haciendas, mettent le feu aux prisons et défendent les dernières terres qu'ils possèdent et travaillent en communauté, en dépit du gouvernement de Juárez.

Les dieux de la montagne eux aussi se réjouissent. Ce sont eux qui détournent le vent violent quand il est porteur de maladie ou de convoitise.

(155 et 274)

1869
Ville de Mexico

Juárez et les Indiens

Julio López a été fusillé il y a un an, pour avoir été *un révolté, un bandit et un socialiste furieux.* A la tête des Indiens de la région de Chalco, Julio López avait promis *la guerre aux riches* et il s'était soulevé pour réclamer les terres usurpées.

On a revêtu les Indiens prisonniers à Chalco d'uniformes de soldats et on les a obligés à se battre contre les Indiens soulevés au Yucatán. Les *pacifiés* de chaque guerre deviennent, à leur tour, des *pacificateurs* dans la guerre suivante, rebelles vaincus obligés de tuer des rebelles et c'est ainsi que le gouvernement du président Juárez envoie des troupes contre les Mayas du Yucatán, les Mayas de Chiapas, les Coras de Nayarit, les Tarasques de Michoacán, les Yakis de Sonora et les Apaches du Nord.

Pour récupérer les terres de leurs communautés, les Indiens déplacent les barrières des haciendas ; les premiers morts tombent et l'atmosphère n'est plus qu'un nuage de poudre. La Constitution de Juárez veut faire des Indiens des petits propriétaires et des travailleurs libres. Les lois de Juárez interdisent le *cepo* et les fers, l'esclavage pour dettes et les salaires de famine. La réalité, c'est qu'en même temps on arrache aux Indiens les terres qu'ils possédaient en commun et qu'on en fait des esclaves des latifundia et des mendiants des villes.

Benito Juárez est né dans la sierra au milieu des rochers qui lui ressemblent, sur les bords du lac Guelatao. Il a appris à nommer les choses dans une des cent langues des Indiens du Mexique. Plus tard, sous la protection d'un homme pieux, il est devenu docteur.

(142 et 274)

1869
Londres

Lafargue

Quand Paul Lafargue a entrepris la conquête de Laura Marx, le fondateur du socialisme scientifique était en train de terminer les corrections du premier tome du *Capital.* Karl Marx n'apprécia pas le comportement fougueux du Cubain et il exigea des *manières anglaises, plus calmes* pour faire la cour à sa fille aux yeux verts. Il exigea aussi des garanties économiques. Expulsé d'Allemagne, de France et de Belgique, criblé de dettes, souvent sans un penny pour acheter le journal, il avait perdu trois de ses enfants morts des misères de l'exil.

Mais il ne réussit pas à faire peur à Lafargue. Il avait d'ailleurs toujours su qu'il n'y parviendrait pas. Lafargue était très jeune quand Marx et lui commencèrent à se disputer et à s'aimer. Et du fils du métis cubain est né, maintenant, le premier petit-fils de Marx, arrière-petit-fils d'une mulâtre de Haïti et d'une Indienne de la Jamaïque.

(177 et 279)

1869
Acosta Ñu

Le Paraguay tombe, écrasé sous les pattes des chevaux

et, terrassé, il continue à combattre. On fait les derniers canons avec les cloches des églises ; ils lancent des pierres et du sable, pendant que les armées de la Triple Alliance attaquent au nord. Les blessés arrachent leurs pansements car mieux vaut mourir en perdant son sang que servir dans l'armée ennemie ou partir vers les plantations de café brésiliennes avec la marque au fer des esclaves.

Rien, pas même les tombeaux, n'échappe au pillage d'Asunción. A Piribebuy, les envahisseurs détruisent les tranchées défendues par des femmes, des mutilés et des vieillards et mettent le feu à l'hôpital sans évacuer les blessés. A Acosta Ñu, des bataillons d'enfants portant de fausses barbes de laine ou d'herbes résistent.

Et le carnage continue. Qui ne meurt pas par balle meurt de la peste. Et chaque mort fait mal. Chaque mort paraît être la dernière, mais c'est la première.

(61 et 254)

1870
Cerro Cora

Solano López

C'est un convoi de morts qui respirent. Les derniers soldats du Paraguay arrivent sur les pas du maréchal Francisco Solano López. On ne voit ni bottes ni courroies, car ils les ont mangées, mais on ne voit pas non plus de plaies ni de haillons. Ces soldats qui déambulent dans les bois sont de terre et d'os : masques de terre, cuirasses de terre, chair de poterie que le soleil a cuite avec la terre des marécages et la poussière rouge des déserts.

Le maréchal López ne se rend pas. Halluciné, l'épée en l'air, il conduit cette dernière marche vers nulle part. Dans son délire, il découvre des conspirations ou en invente et il donne l'ordre d'exécuter son frère et tous ses beaux-frères ainsi qu'un évêque, un ministre et un général, pour crime de trahison ou de faiblesse... Faute de poudre, les exécutions se font à la lance. Nombreux sont ceux qui tombent, condamnés par López et plus nombreux encore ceux qui, exténués, meurent en chemin. La terre récupère ce qui lui appartient et les os fournissent des traces aux poursuivants.

Les immenses troupes ennemies encerclent le Cerro Cora. Ils acculent López au bord de la rivière Aquidabán, ils le blessent à la lance et le tuent à l'épée. Ils l'achèvent d'un coup de feu car il rugit encore.

(291)

1870
Cerro Cora

Elisa Lynch

Entourée par les vainqueurs, Elisa creuse avec ses ongles une fosse pour Solano López.

Les clairons se sont tus, les balles ne sifflent plus et les grenades ont cessé d'éclater. Les mouches dévorent le visage du maréchal et attaquent férocement son corps ouvert, mais Elisa ne voit qu'un brouillard rose. Tout en creusant la terre de ses mains, elle maudit ce jour damné ; et le soleil s'attarde à l'horizon car le jour n'ose pas se retirer avant qu'elle ait fini de l'injurier.

Cette Irlandaise aux cheveux d'or qui a combattu à la tête de colonnes de femmes armées de houes et de bâtons a été la plus implacable conseillère de López. Hier soir, au bout de seize ans et après lui avoir donné quatre fils, il lui a dit pour la première fois qu'il l'aimait.

(25)

Le guarani

Du Paraguay anéanti survit la langue

Le guarani, langue d'Indiens, langue de conquis que les conquérants ont faite leur, a de mystérieux pouvoirs. En dépit des interdictions et du mépris, le guarani reste la langue nationale de cette patrie en ruine et elle continuera à être la langue nationale bien que la loi l'interdise. Ici, le moustique continuera à être nommé *ongle du diable* et, *petit cheval du diable*, la libellule. Les étoiles y seront toujours *les feux de la lune* et le crépuscule, *la bouche de la nuit.*

C'est en guarani que les soldats paraguayens ont dit leur nom et leur adresse et qu'ils ont prononcé leurs harangues, tant qu'a duré la guerre, et c'est en guarani qu'ils ont chanté. C'est en guarani qu'aujourd'hui se taisent les morts.

(152)

1870

Buenos Aires

Sarmiento

Le président argentin Domingo Faustino Sarmiento reçoit le rapport de la victoire sur le Paraguay. Il donne à l'orchestre l'ordre de jouer des sérénades et il écrit : *c'est providentiel qu'un tyran ait fait mourir tout ce peuple guarani. Il fallait purger la terre de tout ce déchet humain.*

Sarmiento, fondateur de la Société protectrice des animaux, prêche le racisme sans un cheveu sur la langue et le pratique sans que la main lui tremble. Il admire les Nord-Américains, *exempts de tout mélange de races inférieures,* mais du Mexique jusqu'au sud il ne voit que barbarie, crasse, superstition et folie. Ces ténèbres-là le consternent et le fascinent. Il se lance à l'attaque un sabre dans une main et une lumière dans l'autre. En tant que gouverneur et président il multiplie les cimetières et les écoles et favorise les nobles vertus de la décapitation, de l'épargne et de la lecture. En tant qu'écrivain, il publie des textes de talent en faveur de l'extermination des gauchos, des Indiens et des nègres et de leur remplacement par des paysans blancs du nord de l'Europe et pour la défense de l'utilisation de la redingote et de la coupe des cheveux à l'anglaise.

(310 et 311)

1870

Rio de Janeiro

Mille candélabres multiplient leur lumière dans les miroirs

et les chaussures de soie tracent des cercles de valses sur le sol d'un beau poli du palais du baron d'Itamaraty. Le couple impérial passe, de salon en salon, au milieu d'une nuée d'invités. Ce ne sont que baise-mains incessants, tintements de cristal et, sur son passage, chants martiaux et acclamations interrompent le bal. Les messieurs ont l'air de pingouins et les dames, enserrées dans leurs crinolines et toutes dentelles déployées, de papillons ; plus d'une portent des dessous européens importés par Mlle Arthémise, qui suivent parfaitement les mouvements ondulatoires de la respiration. Le Brésil célèbre l'écrasement du Paraguay avec du champagne français et de la musique à la mode.

Les voitures qui arrivent à la fête croisent des convois de nègres chargés de marmites et de barils fétides. Des nuées de mouches poursuivent cette procession vers les plages de Rio de Janeiro. Tous les soirs, les esclaves déversent la merde de leurs maîtres dans les eaux de la belle baie.

(204)

1870

Rio de Janeiro

Mauá

Tout en fêtant la destruction du Paraguay les pays victorieux s'en disputent la carte à coups de dents.

A Rio de Janeiro, quelqu'un assiste en fronçant les sourcils à ces fêtes brillantes et rentre les épaules lorsqu'il entend parler de nouvelles frontières. Irineo Evangelista de Souza, baron de Mauá par la grâce de l'empereur Pedro II, a toujours été contre cette guerre. Dès le début, il avait eu le pressentiment qu'elle serait longue et sanglante et que celui qui la gagnerait la perdrait. Des lauriers pour l'empire du Brésil ? La paix illuminée par la gloire ? L'empire prospérant comme si la guerre n'avait pas eu lieu ? Le baron de Mauá, associé brésilien des Rothschild de Londres, sait que les exterminateurs doivent maintenant à la banque britannique le double de ce qu'ils lui devaient. Propriétaire de grandes plantations de café, Mauá sait que les plantations ont perdu sur les champs de bataille des milliers d'esclaves noirs. Habitué à financer les budgets et à émettre la monnaie des pays victorieux, Mauá sait aussi qu'on a émis des billets à ordre qui ne valent rien. Et peut-être sait-il aussi — qui sait ? — que cette guerre qui vient de finir marque le commencement de sa ruine personnelle, que ses créanciers finiront par lui arracher jusqu'à ses lunettes en or et qu'il redeviendra, à la fin de sa vie, cet enfant esseulé qu'un navigateur avait abandonné sur les quais de Rio.

(109)

1870

Vassouras

Les barons du café

La vallée du Paraíba du Sud produit la plus grande partie du café consommé dans le monde ; elle produit également la plus grande quantité de vicomtes, de barons et de marquis au mètre carré.

Du trône du Brésil, l'empereur Pedro II récompense maintenant, par de nouveaux titres de noblesse, les esclavagistes du café qui ont fourni tant d'argent pour la guerre contre le Paraguay.

Il n'y a pas de plantation qui compte moins de cent esclaves. Il fait encore nuit quand, au son de la cloche de fer, les esclaves viennent se laver à la citerne et rendent grâces à voix haute à Notre-Seigneur Jésus-Christ, puis, ils s'en vont au travail en haut de la colline, poussés par un fouet à cinq lanières.

Les fils des seigneurs sont mis au monde par des sages-femmes noires et ce sont des nourrices noires qui les allaitent. Des domestiques noires leur apprennent des chansons, leur racontent des légendes et leur font goûter des nourritures. Ils apprennent à jouer avec des enfants noirs et c'est avec des jeunes filles noires qu'ils découvrent l'amour. Mais dès leur plus jeune âge, ils savent qui est le propriétaire et qui est la propriété. Le mariage avec une cousine ou une nièce renforcera l'unité familiale et perpétuera la noblesse du lignage.

(327)

1870
São Paolo

Nabuco

Tout le monde se nourrit grâce au nègre esclave. Pas seulement les barons du café et les seigneurs du sucre : tout Brésilien libre, aussi pauvre soit-il, a au moins un esclave noir qui travaille pour lui.

Joaquim Nabuco dénonce, dans des discours enflammés, cette profonde corruption. Fils de propriétaires terriens et de politiciens professionnels, Nabuco proclame que le Brésil ne fera pas partie du monde moderne tant que la terre et la politique seront entre les mains d'une poignée de familles et tant que le pays tout entier reposera sur les épaules des esclaves.

Le poète José Bonifacio prend la tête d'un groupe d'abolitionnistes à l'université de São Paolo. Outre Nabuco travaillent avec lui d'autres intellectuels, brillants orateurs, comme Castro Alves, Rui Barbosa et Luis Gama qui a été vendu à Bahia par son propre père et qui a réussi à échapper à l'esclavage pour le dénoncer.

(74)

1870
Buenos Aires

Quartier Nord

Un cavalier en blouse verte souffle dans une trompe pour prévenir du danger. Bruit de casques, brouhaha de clochettes, courses rapides des passants : le nouveau tramway arrive en roulant sur des rails à la folle vitesse de dix kilomètres à l'heure. Un journal de Buenos Aires promet de consacrer tous les jours une colonne aux victimes.

Le tramway a fait quelques morts, pour ne pas décevoir, mais on cesse très vite de parler de ses fureurs homicides. La fièvre jaune a envahi Buenos Aires et elle tue trois cents personnes par jour.

Ce fléau a donné naissance au cimetière de La Chacarita, parce qu'il n'y avait pas d'endroit où enterrer tous ces pauvres ; il a aussi donné naissance au quartier Nord, parce que les riches fuient leur traditionnel bastion. Les dix pâtés de maison du sud de la place de Mai ont depuis toujours décidé du destin de l'Argentine et depuis toujours, ils ont prospéré à son côté. C'est là qu'ont vécu jusqu'à présent les hommes qui font de la politique et des affaires au Café de Paris et les dames qui font leurs achats au Magasin de Londres. Maintenant ils sont envahis par la fièvre jaune qui s'acharne avec rage sur la zone basse, entourée de dépotoirs d'ordures et de marécages, nid de moustiques, véritable bouillon de culture, et les grandes maisons que vide l'exode se transforment en immeubles d'habitation où deux cents personnes s'entassent comme elles peuvent.

La ville, éparpillée au bord du fleuve, s'est beaucoup développée. Il y a deux siècles, Buenos Aires était un village triste et perdu. Aujourd'hui cent quatre-vingt mille personnes y habitent et la moitié sont des étrangers : maçons, lavandières, cordonniers, peones, cuisinières, veilleurs de nuit, menuisiers et autres arrivants que les alizés ont poussés depuis les rives de la mer Méditerranée.

(312)

1870
Paris

Lautréamont à vingt-quatre ans

Il parlait avec précipitation et un rien le fatiguait. Il passait des nuits au piano, cherchant des accords et des mots et, au matin, ses yeux enfiévrés faisaient peine.

Isidore Ducasse, l'imaginaire comte de Lautréamont, est mort. L'enfant qui était né et avait grandi pendant la guerre de Montevideo, cet enfant qui questionnait le fleuve-mer est mort dans un hôtel à Paris. Son éditeur n'avait pas osé envoyer ses *Chants* aux libraires.

Lautréamont avait écrit des hymnes au pou et au pédéraste. Il avait chanté la lanterne rouge des maisons de tolérance et les insectes qui préfèrent le sang au vin. Il avait insulté le Dieu ivrogne qui nous a créés et proclamé qu'il vaudrait mieux sortir du ventre d'un requin. Il s'était jeté dans l'abîme, gangue humaine capable de beauté et de folie, et, au cours de sa chute, il avait découvert des images féroces et des mots prodigieux. Chacune des pages qu'il a écrites crie lorsqu'on la déchire.

(181)

1871
Lima

Juana Sánchez

Melgarejo le destructeur est tombé. Il s'est enfui de Bolivie poursuivi à coups de pierres par les Indiens, et il vit mal son exil dans un taudis des faubourgs de Lima. De sa puissance, il ne lui reste plus que son poncho rouge sang. Les Indiens ont tué son cheval Holopherne et lui ont coupé les oreilles.

Il passe ses nuits à hurler devant la maison des Sánchez. Sa grosse voix lugubre fait trembler tout Lima. Juana n'ouvre pas sa porte.

Juana avait dix-huit ans quand elle est arrivée au palais. Melgarejo s'est enfermé avec elle trois jours et trois nuits. Les gens de son escorte ont entendu des cris, des coups, des halètements, des soupirs, mais pas un seul mot. Au quatrième jour, Melgarejo émergea :

— *Je l'aime autant que mon armée.*

La table des banquets se transforma en un autel. Au centre, entourée de cierges, Juana présidait, toute nue. Les ministres, les évêques et les généraux rendaient hommage à la belle et tombaient à genoux quand Melgarejo levait une coupe flamboyante de cognac et chantait des vers d'adoration. Elle, debout, comme de marbre, sans autre vêtement que sa chevelure, détournait les yeux.

Et elle se taisait. Juana se taisait. Quand Melgarejo partait en campagne, il la laissait enfermée dans un couvent de La Paz. Il revenait au palais en la portant dans ses bras et elle se taisait, femme vierge chaque nuit, chaque nuit née pour lui. Juana ne dit rien quand Melgarejo arracha les terres des communautés aux Indiens et quand il lui offrit quatre-vingts propriétés et toute une province pour sa famille.

Maintenant non plus Juana ne dit rien. La porte de sa maison est barricadée à chaux et à sable, elle ne se montre pas, elle ne répond pas aux rugissements désespérés de Melgarejo, pas même pour lui dire :

— *Jamais tu ne m'as eue, je n'étais pas là.*

Melgarejo pleure et brame, tapant des poings contre la porte, comme le tonnerre. Et c'est devant ce portail qu'il meurt de deux coups de feu, en criant le nom de cette femme.

(85)

1873

Campement de Tempú

Les mambis

Les nègres, resplendissant à la lueur des torches et d'autres lumières, ondulent, tournent et sautent. Ils conversent avec les dieux en hurlant de douleur et de plaisir. Toute cette agitation semble incompréhensible au correspondant du *New York Herald,* tout comme les saisons qui, à Cuba, arrivent toutes à la fois dans cet éternel été. Le journaliste ouvre des yeux étonnés quand il surprend sur un même arbre, et en même temps, une branche toute verte dont les bourgeons éclosent et une branche agonisante qui jaunit.

C'est là la terre des mambis, dans la selva d'Oriente de Cuba. Là-bas, au Congo, mambi signifie bandit, révolté, mais dans cette île, le mambi, c'est l'esclave qui devient un être humain en se battant.

Avant de rejoindre l'armée patriote, les mambis avaient été des nègres marrons dans les sierras. Le correspondant du *Herald* calcule que la guerre coloniale a coûté en cinq ans quatre-vingt mille vies espagnoles. Beaucoup de soldats sont morts de maladie ou touchés par des balles et beaucoup plus sous la machette mambi. La guerre a transformé les sucreries en forteresses armées contre les attaques des nègres de l'extérieur et contre la fuite des nègres de l'intérieur.

Dans ce campement de mambis en guenilles, presque nus, on partage tout. Le journaliste boit de l'eau avec de la mélasse, faute de café et au bout de quelques jours, il jure une haine éternelle à la patate et à l'aguti, un petit animal qui fournit de la nourriture à qui l'attrape dans le creux d'un arbre ou d'un rocher. Cette guerre pourrait durer éternellement, écrit le journaliste ; ici, les lianes fournissent de l'eau quand il n'y a pas de rivière proche, les arbres donnent des fruits, des hamacs et des sandales et une ombre agréable pour s'asseoir et raconter des blagues ou des aventures tout en soignant les blessés.

(237)

1875

Ville de Mexico

Marti

Ses moustaches commençaient à peine à pousser quand il fonda à La Havane deux journaux éphémères, *El diablo cojuelo* et *La patria libre* ; et pour avoir voulu l'indépendance de Cuba, colonie de l'Espagne, il a été condamné à la prison et aux travaux forcés. Auparavant, encore très enfant, il avait voulu traduire Shakespeare et il avait écrit des paroles enflammées et juré vengeance devant un esclave noir pendu au gibet. Dans ses tout premiers vers il avait deviné qu'il mourrait à Cuba et pour Cuba.

De la prison, on l'envoya en exil. La marque des fers aux chevilles ne s'est pas effacée. Il n'y a pas plus patriote cubain que ce fils d'un sergent espagnol des colonies. Personne de plus enfant que cet exilé interrogateur qui s'indigne tellement devant ce monde.

José Marti a vingt-deux ans lorsqu'il assiste à Mexico à la première manifestation commune des étudiants et des travailleurs. Les chapeliers se sont mis en grève. Ils peuvent compter sur la solidarité de la Société Fraternité et Constance des coiffeurs, sur celle de la Société fraternelle des encadreurs, des typographes, des tailleurs et des intellectuels, *travailleurs de la pensée.* En même temps a lieu la première grève universitaire contre l'expulsion de trois étudiants en médecine.

Marti organise des récitals au bénéfice des chapeliers et décrit dans ses articles les étudiants qui marchent aux côtés des ouvriers dans les rues de la ville de Mexico, se donnant tous le bras, tous en vêtements du dimanche. *Cette jeunesse enthousiaste a raison,* écrit-il, *mais nous l'aimerions même si elle se trompait.*

(129, 200 et 354)

1875
Fort Sill

Les derniers buffles du Sud

Les plaines du Sud étaient couvertes de buffles qui se multipliaient comme les hautes herbes lorsque l'homme blanc est arrivé du Kansas. Maintenant, l'air a une odeur de pourriture. Les buffles écorchés gisent dans la prairie. Des millions de peaux ont fait le voyage jusqu'à l'est de l'Europe. L'extermination des buffles ne rapporte pas que de l'argent. *C'est en outre,* explique le général Sheridan, *la seule façon d'obtenir une paix durable et d'ouvrir la voie au progrès de la civilisation.*

Les Indiens kiowas et comanches ne trouvent plus de buffles, maintenant, dans la réserve de Fort Sill. C'est en vain que les danses au dieu soleil invoquent la bonne chasse. Les rations du gouvernement fédéral, rations de misère, ne suffisent pas à les nourrir.

Les Indiens fuient vers le lointain cañon de Palo Duro, le dernier endroit où il reste des buffles, dans les prairies du Sud. Là, ils trouvent de la nourriture et tout le reste : ils transforment les peaux en habitations, en couvertures et en vêtements ; les cornes et les os en cuillères, en couteaux et en pointes de flèches ; les nerfs et les tendons en cordes et en filets et les vessies en récipients pour l'eau.

Bientôt les soldats arrivent dans un nuage de poussière et de poudre. Ils brûlent les tentes et les vivres, tuent mille chevaux et ramènent les Indiens à leur prison.

Quelques Kiowas réussissent à s'échapper. Ils déambulent à travers les prairies jusqu'à ce qu'ils soient vaincus par la faim.

Alors, ils se rendent à Fort Sill. Là, les soldats les remettent dans un enclos et tous les jours, ils leur jettent un morceau de viande crue.

(51 et 229)

Tout là-bas, au cœur de la montagne

Les buffles du dernier troupeau du Sud se réunissent en assemblée. La discussion ne se prolonge pas. Tout est dit et la nuit continue. Les buffles savent qu'ils ne peuvent plus protéger les Indiens.

Quand paraît l'aube, de la rivière, une femme kiowa voit passer le dernier troupeau de buffles à travers le brouillard. Le chef marche à pas lents, suivi des femelles, des buffletins et des rares mâles encore vivants. Arrivés au pied du mont Scott, ils attendent, immobiles, tête basse. Alors la montagne ouvre la bouche et les buffles y pénètrent. Là, au-dedans, tout est vert et frais.

Les buffles sont entrés. La montagne se referme.

(198)

1876

Little Bighorn

Sitting Bull

Quand il parle, il ne dit aucun mot inutile.

Pas un mensonge de plus, dit-il. Il y a huit ans que le gouvernement des États-Unis a garanti aux Sioux, par un traité solennel, qu'ils seraient pour toujours propriétaires des montagnes Noires, leur centre du monde, l'endroit où les guerriers parlent aux dieux. On a découvert de l'or dans ces terres, il y a deux ans. L'an dernier, le gouvernement a ordonné aux Sioux d'abandonner les terrains de chasse où les mineurs cherchaient de l'or dans les rochers et dans les sources.

J'ai dit : assez ! Pas un mensonge de plus ! Sitting Bull, le chef des chefs, a rassemblé des milliers de guerriers des plaines, Sioux, Cheyennes, Apaches. Il a dansé trois jours et trois nuits. Il a fixé le soleil des yeux. Il sait.

Il se réveille avant l'aube. Ses pieds nus sont mouillés par la rosée et reçoivent les pulsions de la terre.

Au petit matin, il lève les yeux au-delà des collines. Là-bas, le général Custer arrive. Le 7e régiment de cavalerie arrive.

(51 et 206)

1876
Little Bighorn

Élan Noir

A neuf ans, il entendait des voix. Il savait que tous les êtres vivants pourvus de jambes, d'ailes ou de racines, tous nous sommes les fils d'un même père, le soleil, et d'une mère, la terre, dont nous nous nourrissons. Les voix lui annoncèrent qu'il ferait fleurir le bâton sacré, l'arbre de vie, planté au centre de la terre des Sioux et que, monté sur un nuage d'orage, il tuerait la sécheresse. Elles lui annoncèrent aussi des guerres et des souffrances.

A dix ans il rencontra pour la première fois un homme blanc. Il crut qu'il s'agissait d'un malade.

A treize ans Élan Noir était en train de se baigner dans la rivière de Little Bighorn quand des cris lui annoncèrent que les soldats arrivaient. Il grimpa sur une colline et de là il vit un immense nuage de poussière plein de détonations et de hurlements et, du nuage, il vit s'enfuir beaucoup de chevaux dont les selles étaient vides.

(51 et 230)

1876
Little Bighorn

Custer

Chaudron Noir, le chef cheyenne, l'avait averti lorsqu'ils fumaient ensemble le calumet de la paix, Custer mourrait s'il trahissait ses engagements et pas un Indien ne se salirait les mains pour détacher son scalp. Plus tard, Custer mit le feu au camp et le chef Chaudron Noir fut criblé de balles au milieu des flammes.

Maintenant, le général George Armstrong Custer est un des morts du 7e régiment de cavalerie que les Indiens ont détruit au bord de la rivière de Little Bighorn. Custer s'était fait raser hier soir sa chevelure blonde. Son crâne lisse est intact et il a encore cet air ahuri des hommes qui n'ont jamais connu la défaite.

(51, 91 et 198)

1876
War Bonnet Creek

Buffalo Bill

Un peu après la défaite de Little Bighorn, quelques soldats se lancent à l'attaque des Indiens cheyennes campés au bord d'un ruisseau et, au cours de cette fusillade, tombe le chef Main Jaune.

Buffalo Bill arrive le premier. D'une incision il découpe le cuir chevelu du chef et il part au galop vers les scènes des villes lointaines. L'histoire de l'Ouest devient un spectacle au fur et à mesure qu'elle se déroule. La bataille n'est pas encore terminée que déjà le scalpeur vend sa prouesse dans les théâtres de Philadelphie, Washington et New York. En mémoire du général Custer et pour le venger, Buffalo Bill lève les bras devant le parterre plein de spectateurs. D'une main, il brandit son couteau et de l'autre il serre une perruque teinte de sang d'où pend une cascade de plumes multicolores. Le héros est vêtu d'un habit mexicain d'apparat, il porte à la ceinture une paire de revolvers et en bandoulière une winchester à quinze coups. Cette scène illustrera bientôt les couvertures des romans de *cow-boys* qui circulent dans tout le pays.

Buffalo Bill, le plus célèbre des vachers, n'a jamais conduit une vache de sa vie. Le symbole vivant de la conquête de l'Ouest, l'immortel surhomme a fait sa renommée en exterminant des Indiens et des buffles et en parlant sans arrêt de sa propre bravoure et de son adresse de tireur. On l'a baptisé Buffalo Bill quand il travaillait pour le chemin de fer de la Kansas Pacific : il dit qu'en un an et demi il a tiré 4 280 coups de feu et tué 4 280 buffles, bien que les femmes l'aient empêché de travailler à plein rendement.

(157)

1876
Ville de Mexico

Partir

Le général Santa Anna avait été onze fois président du Mexique. Il achetait la loyauté de ses généraux en vendant des morceaux du pays et en mettant des impôts sur les chiens, les chevaux et les fenêtres. Mais il avait parfois été obligé de s'enfuir du palais déguisé en pauvre. Bien qu'il fût un spécialiste des guerres perdues, il s'est fait élever de nombreuses statues, monté sur un cheval au galop, l'épée levée, et son anniversaire est devenu, par décret, fête nationale.

Quand il est revenu d'exil, tous ses amis et ses ennemis étaient déjà morts. Enfoncé dans son fauteuil, toujours avec un coq dans les bras, Santa Anna frottait ses anciennes médailles ou grattait sa jambe de bois. Il était aveugle mais il croyait voir des voitures de princes ou de présidents s'arrêter devant sa porte. Il était sourd, mais il croyait entendre les litanies de la foule le suppliant d'accorder une audience, la clémence ou un emploi.

— *Qu'ils attendent*, criait Santa Anna. *Qu'ils se taisent !* pendant que le dernier de ses laquais lui changeait son pantalon dans lequel il avait pissé.

On le sort maintenant de sa maison de la rue Vergara, hypothéquée, toujours vide, pour l'emmener au cimetière. Les coqs marchent devant le cercueil, affrontant les gens et réclamant le combat.

(227 et 266)

1877

Ville de Guatemala

Les civilisateurs

Justo Rufino Barrios, président du Guatemala, ferme les yeux et écoute le brouhaha des chemins de fer et des machines à vapeur qui violent le silence des couvents.

Personne ne peut arrêter la vente des colorants synthétiques sur le marché mondial et personne n'achète plus le kermès, l'indigo et la cochenille que vend le Guatemala. C'est maintenant le temps du café. Les marchés exigent du café, et le café requiert des terres et des bras, des trains et des ports. *Pour moderniser le pays,* Barrios expulse les moines parasites, confisque à l'Église ses immenses terres et les offre à ses amis les plus intimes. Il exproprie aussi les communautés indigènes de leurs terres. La propriété collective est abolie et le travail d'ouvrier agricole rendu obligatoire. *Pour intégrer l'Indien à la nation,* le gouvernement libéral en fait un serf dans les nouvelles plantations de café. Le système colonial du travail obligatoire est revenu.

Les soldats parcourent les domaines et répartissent les Indiens.

(59)

1879
Ville de Mexico

Les socialistes et les Indiens

Cela fait de la peine à dire, mais il le faut. De la prison de Tlatelolco, le colonel Alberto Santa Fe déclare que les Indiens étaient plus heureux sous la domination espagnole. *Aujourd'hui, on les appelle pompeusement des hommes libres et pourtant ils sont esclaves.*

Selon le socialiste Santa Fe qui a déclenché l'insurrection des Indiens de la vallée de Texmelucán, tous les maux du Mexique ont pour origine la misère du peuple qui, à son tour, a pour origine le fait que la terre est entre très peu de mains et qu'il n'y a pas d'industrie nationale. *En effet, tout nous vient de l'étranger alors que nous pourrions le produire nous-mêmes.* Et il se demande : *Que vaut-il mieux, perdre l'indépendance et être une colonie nord-américaine, ou changer l'organisation sociale qui fait notre ruine ?*

Dans le journal *El Socialista,* Juan de Mata Rivera proclame, lui aussi, que les Indiens étaient mieux du temps de la colonie et il exige qu'on leur rende leurs terres : il n'y a pas de loi qui donne à des voleurs le droit de jouir des fruits de la violence et de l'infamie.

En même temps, les paysans de Sierra Gorda diffusent leur *programme socialiste.* Ils accusent le latifundium spoliateur, source de tous les malheurs, et les gouvernements qui ont mis les Indiens au service des propriétaires terriens. Ils proposent qu'on déclare *pueblos* tous les grands domaines avec restitution et rétablissement de la propriété communautaire des terres de labour, des eaux, des montagnes et des pâturages.

(129 et 274)

1879
Ile de Choele-Choel

A coups de Remington

Les soldats argentins conquièrent les vingt mille lieues de terre des Indiens.

Le marché de Londres exige la multiplication des bovins ; et la frontière saute. Pour que les latifundia de la pampa s'étendent vers le sud et vers l'ouest, les fusils à répétition vident *les espaces vides.* En nettoyant la Patagonie des sauvages, en incendiant les camps des Indiens, en tirant sur eux et sur les nandous, le général Julio Argentino Roca couronne sa brillante carrière militaire commencée avec les guerres contre les gauchos et les Paraguayens.

Dans l'île de Choele-Choel, sur le río Negro, quatre mille soldats couverts de poussière assistent à la messe. On offre la victoire à Dieu. La campagne du désert est terminée.

Les survivants, Indiens, Indiennes, butin de la frontière, sont répartis dans les domaines, les fortins, les élevages de chevaux, les cuisines et les lits. Plus de dix mille, compte le lieutenant-colonel Federico Barbara. Grâce à l'altruisme des dames argentines, les enfants sauvages échangent le pagne contre le pantalon et prennent un aspect humain.

(353)

1879
Buenos Aires

Martin Fierro et le crépuscule du gaucho

José Hernandez publie à Buenos Aires la dernière partie de *Martin Fierro,* chant d'agonie du gaucho qui a fait la patrie et qui, aujourd'hui, est un sans-patrie. Depuis quelque temps circule dans les campagnes du Río de la Plata l'autre moitié de ce splendide poème et ses vers sont aussi indispensables que la viande, le maté et le tabac.

Lorsqu'ils chantent ces vers autour des feux de bois, les serfs des latifundia et les soldats des fortins évoquent les actes de ce frère sauvage, homme sans roi ni loi, et ainsi, ils retrouvent la dimension de leur liberté perdue.

(158)

1879

Port-au-Prince

Maceo

L'exilé Antonio Maceo arrive en haut de Bel Air, en route vers Saint-Domingue, lorsque cinq assassins se jettent sur lui. C'est une nuit de pleine lune, mais Maceo échappe aux coups de feu et s'enfonce au galop dans la jungle. Le consul espagnol à Haïti avait promis aux bourreaux vingt mille pesos d'or. Maceo est le plus populaire et le plus dangereux des guerriers de l'indépendance de Cuba.

Il a perdu à la guerre son père et quatorze frères ; et il retournera à la guerre. Dans le tourbillon de la cavalerie, quand le sifflement des machettes s'élance à l'assaut des bouches de canon, Maceo galope en tête. C'est au combat qu'il a gagné tous ses grades et les chefs n'apprécient pas du tout qu'un presque Noir soit major général.

Maceo combat pour une vraie révolution. *Il ne s'agit pas de remplacer les Espagnols,* dit-il. L'indépendance n'est pas le but final, mais le premier. A partir de là, il faudra changer Cuba, et, tant que le peuple ne sera pas au pouvoir, la colonie ne deviendra pas une patrie. Les grands propriétaires créoles n'ont pas confiance, non sans raison, en cet homme qui dit que le droit de propriété n'a rien de sacré.

(262)

1879
Iles Chinchas

Le guano

Les collines qu'on voyait se dresser dans ces îles étaient entièrement faites de merde. Durant des millénaires, des millions d'oiseaux étaient venus finir leur digestion sur les côtes du Pérou.

Les Incas savaient que le guano était capable de ressusciter n'importe quelle terre, aussi morte qu'elle puisse paraître ; mais l'Europe ignora les pouvoirs magiques de cet engrais jusqu'à ce que Humboldt en fasse les premières démonstrations.

Le Pérou qui avait acquis un prestige mondial grâce à l'argent et à l'or a pu le perpétuer grâce à la bonne volonté des oiseaux. Des navires chargés de guano malodorant naviguaient vers l'Europe et revenaient avec des statues en pur marbre de Carrare pour orner les promenades de Lima. Les cales étaient pleines de vêtements anglais qui ont ruiné les ateliers de tissage des montagnes du Sud et de vins de Bordeaux qui ont anéanti les vignobles nationaux de Moquegua. On a apporté des maisons entières de Londres à El Callao. De Paris, on a importé des hôtels de luxe complets, avec leurs cuisiniers et tout.

Au bout de quarante ans, les îles ont été aplanies. Le Pérou a vendu douze millions de tonnes de guano. Il en a dépensé le double et maintenant, à chaque saint, il doit un cierge.

(43, 44 et 289)

1879
Déserts d'Atacama et de Tarapaca

Le salpêtre

La guerre n'éclate pas à cause du guano, il en reste trop peu. C'est le salpêtre qui lance l'armée chilienne à la conquête des déserts contre les forces alliées du Pérou et de la Bolivie.

Des stériles déserts d'Acatama et de Tarapaca, naît la verdure des vallées de l'Europe. Dans ces solitudes, on ne rencontre que des petits lézards qui se cachent sous la pierraille et des troupeaux de mules tirant vers les ports du Pacifique des chargements de salpêtre, neige grumeleuse qui rendra l'enthousiasme aux terres fatiguées d'Europe. Rien ne fait d'ombre sur ce monde désolé en dehors de ces montagnes brillantes de salpêtre séchant au soleil, à l'abandon, et les ouvriers misérables, ces guerriers du désert qui utilisent un sac à farine délabré en guise de cotte, des pioches en guise de sabre et des pelles en guise d'épées.

Le salpêtre ou nitrate s'avère indispensable au commerce de la vie et de la mort. Ce n'est pas seulement en tant qu'engrais qu'il est convoité. Mélangé à du charbon et à du soufre on en fait, en outre, de la poudre. L'agriculture et la prospère industrie de la guerre en ont besoin.

(35 et 268)

1880
Lima

Les Chinois

Les Chiliens envahissent et détruisent. Vêtue d'uniformes anglais et munie d'armes anglaises, l'armée chilienne rase les villages de Chorrillos, Barrancos et Miraflores, plages de Lima, sans laisser une seule pierre debout. Les officiers péruviens envoient les Indiens au massacre et s'enfuient en criant : *Vive la patrie !*

Il y a beaucoup de Chinois, des Chinois du Pérou, qui combattent aux côtés des Chiliens. Ce sont les Chinois qui se sont enfuis des latifundia et qui entrent à Lima en chantant les louanges du général envahisseur, Patricio Lynch, le prince rouge, le sauveur.

Les Chinois avaient été embarqués, il y a quelques années, par les trafiquants anglais, portugais et français dans les ports de Macao et de Canton. Deux sur trois arrivèrent vivants au Pérou. Ils furent mis en vente dans le port d'El Callao ; les journaux de Lima les proposaient *fraîchement débarqués.* Beaucoup furent marqués au fer rouge. On avait besoin de bras esclaves pour le chemin de fer, le coton, le sucre, le guano et le café. Dans les îles à guano, les gardiens ne les quittaient pas des yeux, car, à la moindre inattention, ils se tuaient en se jetant à la mer.

La chute de Lima déclenche le chaos dans tout le Pérou. Dans la vallée de Cañete, les nègres se soulèvent, à la fin du carnaval, un mercredi des Cendres, la haine séculaire éclate. Rituel d'humiliation : les nègres, encore esclaves il n'y a pas longtemps et toujours traités en esclaves, assouvissent leur vieux ressentiment en tuant des Chinois, esclaves comme eux, à coups de bâtons et de machettes.

(45 et 329)

1880
Londres

Revendication de la paresse

Poursuivi par la police française et souffrant de l'hiver anglais qui fait pisser des stalactites, Paul Lafargue écrit à Londres un nouveau plaidoyer contre *le système criminel qui fait de l'homme un misérable servant de la machine.*

La morale capitaliste est une piteuse parodie de la morale divine écrit le gendre cubain de Marx. Comme les moines, le capitalisme apprend aux ouvriers qu'ils sont nés dans une vallée de larmes pour travailler et souffrir ; et il les invite à envoyer leurs femmes et leurs enfants dans ses usines où ils seront malmenés douze heures par jour. Lafargue se refuse à accompagner *les chants nauséabonds en l'honneur du dieu Progrès, fils aîné du travail* et il revendique le droit à la paresse et à la pleine jouissance des passions humaines. La paresse est un cadeau des dieux. Le Christ lui-même l'a prêchée dans son sermon sur la montagne. Un jour viendra, annonce Lafargue, où c'en sera fini des tourments de la faim et du travail forcé, tourments plus nombreux que les sauterelles de la Bible. Alors, la terre tressaillira de joie.

(177)

1881
Lincoln City

Billy the Kid

— *Je vais vous donner un conseil, doc.*

Jusqu'à il y a une minute, Billy the Kid attendait le gibet dans une cellule. Maintenant il vise le shérif du haut de l'escalier :

— *Je commence à me fatiguer, doc !*

Le shérif lui lance les clefs des menottes et quand Billy se baisse, l'éclair d'un coup de feu traverse l'air. Le shérif tombe ; il a une balle dans l'œil et son étoile d'argent est réduite en poudre.

Billy a vingt et un ans et vingt et une entailles à la crosse de son colt, sans compter les Apaches et les Mexicains qu'il a tués sans les enregistrer.

— *A ta place, moi je ne le ferais pas, étranger !*

Il a commencé sa carrière à douze ans, lorsqu'un fainéant insulta sa mère, et il s'est enfui au galop en brandissant son épée dégoulinante de sang.

(131 et 292)

1882
Saint Joseph

Jesse James

Jesse et ses garçons, les *James boys*, avaient combattu avec l'armée esclavagiste du Sud et ensuite, ils furent les anges vengeurs de la terre vaincue. Par simple sentiment de l'honneur, ils ont dévalisé onze banques, sept trains postaux et trois diligences. Crachant de côté, nonchalant, sans prendre la peine de dégainer son arme, Jesse a envoyé seize de ses proches dans l'autre monde.

Un samedi soir, à Saint-Joseph, Missouri, son meilleur ami lui a tiré dans le dos.

— *Toi, petite, sèche tes larmes et verse du sirop pour tout le monde. Et voyons un peu à enlever cette ordure de notre vue. Je vous dirai ce qu'il était. Savez-vous ce qu'il était ? C'était le plus entêté des mulets de l'Arizona.*

(292)

1882
Prairies de l'Oklahoma

Le crépuscule du *cow-boy*

Il y a un demi-siècle, le légendaire cheval sauvage de l'Oklahoma émerveilla Washington Irving et inspira sa plume. Cet indomptable prince des prairies, flèche à la crinière blanche, est aujourd'hui bête de somme ou douce monture.

Le *cow-boy,* lui aussi, ce champion de la conquête de l'Ouest, ange justicier ou bandit vengeur, est devenu soldat ou ouvrier agricole se pliant à des horaires. Le fil de fer barbelé avance à un rythme de mille kilomètres par jour et les trains frigorifiques traversent les grandes plaines des États-Unis. Les ballades et les nouvelles évoquent le bon temps des convois de chariots, les essieux de bois graissés au saindoux, l'aboiement des coyotes et les cris des Indiens, et Buffalo Bill est en train de démontrer que la nostalgie peut se transformer en une industrie très lucrative. Mais le *cow-boy* n'est qu'une machine de plus parmi les machines qui égrainent le coton, battent le blé, entassent le riz ou bottellent le foin.

(224 et 292)

1882
New York

Vous aussi, vous pouvez réussir

Le chemin du bonheur ne conduit plus seulement vers les prairies de l'Ouest. Maintenant, c'est aussi le temps des grandes villes. Le sifflement du train, flûte magique, réveille les jeunes qui se prélassent dans une sieste villageoise et les invite à rejoindre les nouveaux paradis de ciment et d'acier. Tous les orphelins en guenilles, promet la voix de la sirène, peuvent devenir des entrepreneurs prospères s'ils travaillent avec ferveur et vivent vertueusement dans les bureaux et les usines de ces gigantesques édifices.

Un écrivain, Horace Alger, vend ces illusions à des millions d'exemplaires. Alger est plus célèbre que Shakespeare et ses romans sont plus répandus que la Bible. Ses lecteurs et ses personnages, salariés débonnaires, n'ont plus cessé de courir depuis l'instant où ils sont descendus du train ou du bateau transatlantique. En réalité, la piste est réservée à une poignée d'athlètes des affaires, mais la société nord-américaine consomme massivement la fantaisie de la libre entreprise et les boiteux eux-mêmes rêvent de faire carrière.

(282)

1882

New York

La création selon John D. Rockefeller

Au commencement, j'ai fait la lumière avec une lanterne à kérosène. Et les ténèbres, qui se riaient des bougies de suif ou de blanc de baleine, ont reculé. Et l'aube s'est levée et la nuit est tombée sur le premier jour.

Le deuxième jour, Dieu m'a mis à l'épreuve et a permis au démon de me tenter en m'offrant des amis, des maîtresses et autres prodigalités.

Et j'ai dit : « Laissez venir à moi le pétrole. » Et j'ai fondé la Standard Oil. Et j'ai vu que c'était bien. Et l'aube s'est levée et la nuit est tombée sur le troisième jour.

Le quatrième jour, j'ai suivi l'exemple de Dieu. Comme Lui, je me suis réveillé et j'ai maudit ceux qui ne m'obéiraient pas. Et comme Lui, j'ai pratiqué l'extorsion et le châtiment. Comme Dieu a écrasé ses concurrents j'ai pulvérisé sans pitié mes rivaux de Pittsburgh et de Philadelphie. Et j'ai promis aux repentants le pardon et la paix éternelle.

J'ai mis fin au désordre de l'Univers. Et là où était le chaos, j'ai mis l'organisation. Et, sur une échelle encore inconnue, j'ai calculé des coûts, imposé des prix et conquis des marchés. Et j'ai réparti la force de millions de bras pour que plus jamais on ne gaspille de temps, d'énergie ou de matière. Et j'ai chassé le hasard et la chance de la vie des hommes. Et, dans l'espace créé par moi, je n'ai fait aucune place aux faibles et aux inefficaces. Et l'aube s'est levée, et la nuit est tombée sur le cinquième jour.

Et pour donner un nom à mon œuvre, j'ai imaginé le mot *trust.* Et j'ai vu que c'était bien. Et j'ai constaté que le monde tournait sous mon regard vigilant tandis que l'aube se levait et que la nuit tombait sur le sixième jour.

Et le septième, j'ai fait la charité. J'ai compté l'argent que Dieu m'avait donné pour continuer son œuvre parfaite et j'ai donné 25 cents aux pauvres. Et ensuite, je me suis reposé.

(231 et 282)

1883

Bismark City

Les derniers buffles du Nord

Le buffle est maintenant une curiosité dans le Montana et les Indiens blackfeet rongent de vieux os et des écorces d'arbre.

Sitting Bull prend la tête de la dernière chasse des Sioux dans les plaines du Nord. Après une longue marche, ils trouvent quelques bêtes. Pour chaque animal tué, les Sioux demandent pardon au Grand Buffle Invisible, comme l'exige la tradition, et ils lui promettent que pas un poil du mort ne sera perdu.

A peu de temps de là, le chemin de fer du Pacifique Nord fête l'apothéose de sa ligne qui va d'une côte à l'autre. C'est la quatrième ligne qui traverse le territoire nord-américain. Les locomotives à charbon aux freins pneumatiques et aux voitures Pullman avancent, sous les yeux des colons, vers les plaines qui furent les terres des Indiens. De toutes parts surgissent des villes nouvelles. Le gigantesque marché national grandit et s'articule.

Les autorités du chemin de fer du Pacifique Nord invitent le chef Sitting Bull à prononcer un discours à la grande fête de l'inauguration. Sitting Bull arrive de la réserve où les Sioux survivent grâce à la charité. Il monte à la tribune couverte de fleurs et de drapeaux et, s'adressant au président des États-Unis, aux ministres et aux personnes présentes, au public en général, il déclare :

— *Je hais les Blancs. Vous êtes des voleurs et des menteurs !*

L'interprète, un jeune officier, traduit :

— Mon cœur rouge et doux vous souhaite la bienvenue.

Sitting Bull interrompt les applaudissements du public :

— *Vous nous avez arraché notre terre ! Vous avez fait de nous des parias...*

Le public, debout, fait une ovation au guerrier emplumé et l'interprète a des sueurs froides.

(224)

1884

Santiago du Chili

Le mage de la finance mange de la viande de soldats

Nos droits procèdent de la victoire, la loi suprême des nations, dit le gouvernement victorieux.

La guerre du Pacifique, guerre du salpêtre, est terminée. En mer comme sur terre, le Chili a anéanti ses ennemis. Les immenses déserts d'Atacama et de Tarapaca font maintenant partie de la carte du Chili. Le Pérou a perdu son salpêtre et ses îles épuisées de guano. La Bolivie a perdu son débouché sur la mer et reste coincée au cœur de l'Amérique du Sud.

A Santiago du Chili, on fête la victoire. A Londres, on l'empoche. Sans tirer un coup de feu ni dépenser un penny, John Thomas North est devenu le roi du salpêtre. Avec de l'argent prêté par les banques chiliennes, North a acheté à un prix dérisoire les bons que l'État péruvien avait remis aux anciens propriétaires des gisements. North les a achetés quand la guerre venait à peine d'éclater et avant qu'elle ne prît fin, l'État chilien a eu la gentillesse de reconnaître les bons comme légitimes titres de propriété.

(268 et 269)

1884
Huancayo

La patrie paie

Le maréchal Andrés Avelino Cáceres a parcouru deux cents lieues depuis trois ans qu'il lutte avec ses guérilleros indiens contre les envahisseurs chiliens dans les montagnes du Pérou.

Les Indiens des communautés appellent leur maréchal aux favoris martiaux *papa*; beaucoup d'entre eux sont morts pour l'avoir suivi en lançant des vivats à la patrie qui les méprise. A Lima aussi, ils ont servi de chair à canon et le chroniqueur social Ricardo Palma a rendu *cette race abjecte et déchue* responsable de la défaite.

Par contre, le maréchal Cáceres affirmait jusqu'à il n'y a pas bien longtemps que le Pérou avait été vaincu par ses propres marchands et ses bureaucrates. Il n'y a pas bien longtemps non plus, il récusait le traité de paix qui a amputé le Pérou d'un grand morceau de son territoire. Maintenant Cáceres a changé d'avis. Il veut être président. Il lui faut y acquérir des droits. Il faut démobiliser les Indiens qui ont combattu contre les Chiliens et qui ont aussi envahi les haciendas et menacent le sacro-saint ordre latifundiste.

Le maréchal convoque Tomas Laimes, chef de la guérilla de Colca. Laimes arrive à Huancayo avec mille cinq cents Indiens. Il vient dire :

— *A vos ordres, papa.*

Mais à peine Laimes est-il arrivé qu'on désarme sa troupe. A peine a-t-il franchi le seuil de la caserne qu'un coup de crosse le jette à terre. Ensuite, on le fusille, les yeux bandés et assis.

1885
Lima

« Le mal vient d'en haut », dit Manuel Gonzales Prada

Le Pérou gémit sous la domination de quelques privilégiés... Ces hommes-là seraient capables de nous écraser entre les cylindres d'un moulin de canne à sucre, de nous distiller dans la chaudière d'un alambic, de nous carboniser dans un four à fondre les métaux, s'ils pouvaient extraire ne fût-ce qu'un milligramme d'or de notre résidu... Eux, telle une terre maudite, ils reçoivent la semence et boivent l'eau sans jamais produire le moindre fruit.

Dans la guerre avec le Chili, ils ont fait preuve de lâcheté en n'ayant pas le courage de défendre les terres à guano et les gisements de salpêtre... Nous avons été outragés, piétinés et ensanglantés comme jamais nation ne le fut ; mais la guerre avec le Chili ne nous a rien appris et n'a corrigé aucun vice.

(145)

1885
Ville de Mexico

« Tout est à tous »

dit Teodoro Flores, un Indien mixtèque, héros de trois guerres.

— *Répétez-le !*

Et ses fils répètent : — *Tout est à tous !*

Teodoro Flores a défendu le Mexique contre les Nord-Américains, contre les conservateurs et contre les Français. Le président Juáres lui a donné en récompense trois fermes avec de la bonne terre. Et il ne les a pas acceptées.

— *La terre, l'eau, les bois, les maisons, les bœufs, les récoltes, à tous ! Répétez-le.*

Et ses fils le répètent.

Ouverte sur le ciel, la terrasse est presque à l'abri de l'odeur de merde et de friture, et le silence y règne à peu près.

On peut y prendre le frais et converser tandis que, dans la cour, en bas, les hommes se disputent une femme à coups de couteau, quelqu'un invoque la Vierge à grands cris et les chiens aboient à la mort.

— *Parle-nous de la sierra,* demande le plus jeune fils.

Le père raconte comment on vit à Teotitlán del Camino. Là-bas, ne travaillent que ceux qui peuvent le faire et l'on partage entre tous donnant à chacun selon ses besoins. Il est interdit à qui que ce soit de prendre plus que ce qui lui est nécessaire. Le faire est un grave délit. Dans la sierra, les délits sont punis par le silence, le mépris et l'expulsion. C'est le président Juáres qui a introduit la prison ; là-bas, on ne la connaissait pas. Juáres a aussi introduit les juges et les titres de propriété et il a ordonné la division des terres.

— *Mais nous n'avons pas tenu compte des papiers qu'il nous a donnés.*

Teodoro Flores avait quinze ans quand il a appris la langue castillane. Maintenant, il veut que ses fils deviennent avocats pour défendre les Indiens des pièges des docteurs. C'est pourquoi il les a amenés à la capitale, dans cette porcherie bruyante où ils vivent mal, entassés entre des fripons et des mendiants.

— *Ce que Dieu a créé et ce que l'homme produit, tout est à tous. Répétez-le !*

Soir après soir, les enfants l'écoutent jusqu'à ce qu'ils tombent de sommeil.

— *Nous sommes tous nés égaux, tout nus. Nous sommes tous des frères. Redites-le.*

(287)

1885

Ville de Colón

Prestán

La ville de Colón est née il y a trente ans parce qu'on avait besoin d'une station terminus pour le train qui traverse le Panama d'une mer à l'autre. La ville a été fondée sur les marécages de la mer des Caraïbes, offrant fièvres et moustiques, de petits hôtels mal famés, des tripots et des bordels aux aventuriers qui y accouraient à la recherche de l'or de Californie, et de misérables baraquements aux ouvriers chinois qui y posèrent les rails et y moururent de la peste ou de chagrin.

Cette année, Colón a brûlé. Le feu a dévoré les galeries de bois, les maisons et les marchés. On en impute la faute à Pedro Prestán. Prestán, maître d'école et docteur, presque noir, portant toujours un chapeau melon et un nœud papillon, toujours impeccable dans les rues de terre battue, avait pris la tête d'un soulèvement populaire. Mille *marines* se sont lancés sur le sol panaméen, prétendument pour protéger le chemin de fer et autres biens appartenant aux Nord-Américains. Prestán qui a défendu les humiliés de toute son âme, de toute sa vie et en chapeau, pend maintenant au gibet.

Ce crime a porté malheur à Colón. Pour l'expier, la ville sera incendiée tous les vingt ans à dater de maintenant et pour toujours.

(102, 151 et 324)

1886
Chivilcoy

Le cirque

Au petit matin, la roulotte du cirque émerge du brouillard au milieu des bosquets touffus de Chivilcoy.

Dans l'après-midi, les fanions de couleur flottent au-dessus de la baraque foraine.

Un défilé triomphal traverse la ville. La *Compagnie Équestre, Gymnique, Acrobatique et Dramatique créole* des Frères Podesta est venue avec ses jongleurs japonais, son chien qui parle, ses pigeons apprivoisés, son enfant prodige et ses quatre clowns. Le programme annonce que l'arlequin Pepino le 88 et l'équipe d'acrobates *ont provoqué l'admiration du public de Londres, Paris, Vienne, Philadelphie et Rome.*

Mais le numéro le plus fort du cirque est *Juan Moreira*, premier drame créole de l'histoire argentine, pantomime avec tournoi de coplas et de couteaux qui raconte les malheurs d'un gaucho poursuivi par les soldats, le juge, l'alcade et l'aubergiste.

(34)

1886
Atlanta

Le coca-cola

Le pharmacien John Pemberton jouit d'un certain prestige grâce à ses breuvages d'amour et à ses lotions contre la calvitie.

Maintenant, il vient d'inventer un médicament qui atténue les maux de tête et fait disparaître les nausées. Son nouveau produit est fait à base de feuilles de coca, apportées des Andes, et de noix de cola, graines stimulantes venues d'Afrique. De l'eau, du sucre, du caramel et quelques secrets complètent sa formule.

Pemberton vendra bientôt son invention pour 2300 dollars. Il est persuadé que c'est un bon remède ; et il éclaterait plutôt de rire que de fierté si quelque devin lui annonçait qu'il vient de créer le symbole du siècle à venir.

(184)

1887
Chicago

Tous les ans, ils seront ressuscités le premier mai

Le gibet les attend. Ils étaient cinq, mais Lingg s'est tué au petit matin en faisant éclater une capsule de dynamite entre ses dents. Fisher s'habille sans hâte, en fredonnant *la Marseillaise*, Parson, l'agitateur au langage acéré et tranchant, serre la main de ses compagnons avant que les gardiens ne les lui attachent dans le dos, Engel, fameux tireur, demande un verre de porto et fait rire tout le monde en racontant une blague. Spies qui a si souvent peint, dans ses écrits, *l'anarchie comme l'entrée dans la vie,* se prépare en silence à entrer dans la mort.

Les spectateurs, sur un parterre de théâtre, fixent des yeux l'échafaud. *Un signe, un bruit, le couperet tombe... maintenant, ils sont morts, dans une danse horrible, en sautant en l'air.*

José Martí écrit le reportage de l'exécution des anarchistes à Chicago. La classe ouvrière du monde entier les ressuscitera tous les ans, au premier mai. On ne le sait pas encore, mais Martí écrit toujours comme s'il entendait, là où l'on s'y attend le moins, le cri d'un nouveau-né.

(199)

1889

Londres

North

Il y a vingt ans, il sauta sur le port de Valparaiso, yeux de pierre bleus, favoris frisés, couleur de feu ; il avait dix livres sterling en poche et un balluchon de vêtements sur l'épaule. Son premier emploi lui fit connaître et subir le salpêtre dans les cratères d'un petit gisement à Tarapaca et, par la suite, il fut marchand dans le port d'Iquique. Pendant la guerre du Pacifique, alors que les Chiliens, les Péruviens et les Boliviens s'étripaient à coups de baïonnette, John Thomas North pratiqua des acrobaties qui firent de lui le maître des champs de bataille.

Maintenant, North, roi du salpêtre, fabrique de la bière en France, du ciment en Belgique, il a des tramways en Égypte, des scieries en Afrique noire, il exploite l'or en Australie et les diamants au Brésil. En Angleterre, ce Midas d'origine plébéienne aux doigts habiles a acheté le grade de colonel de Sa Majesté et il dirige la loge maçonnique du comté de Kent. Il est un membre éminent du parti conservateur et des ducs, des lords et des ministres viennent s'asseoir à sa table. Il habite un palais dont les grandes portes de fer ont été, dit-on, arrachées à la cathédrale de Lima par les soldats chiliens.

A la veille d'un voyage au Chili, North offre un dîner d'adieu à l'hôtel Métropole. Des milliers d'Anglais y accourent. Les salons du Métropole resplendissent comme des soleils et resplendissent aussi les mets et les liqueurs. D'immenses écus aux chrysanthèmes brillent avec en leur centre la lettre N. Une ovation salue ce tout-puissant qui descend l'escalier déguisé en Henri VIII. A son bras se trouve son épouse habillée en duchesse et derrière eux leur fille en princesse persane et leur fils en cardinal de Richelieu.

Le correspondant de guerre du *Times* fait partie de la nombreuse suite qui accompagnera North dans son voyage vers son royaume du Chili. Des journées agitées se préparent. Là-bas, dans ces déserts conquis à coups de feu, North est le maître du salpêtre, du charbon, de l'eau, des banques, des journaux et du chemin de fer. Mais à Santiago du Chili, il y a un président qui a le mauvais goût de refuser ses cadeaux. Il a nom José Manuel Balmaceda. North entreprend ce voyage pour le renverser.

(269 et 270)

1889
Montevideo

Le football

La reine Victoria fête son soixante-dixième anniversaire.
Au Río de la Plata, on le célèbre à coups de pied.

Les équipes de Buenos Aires et de Montevideo se disputent le ballon dans le stade de la Blanqueada, sous le regard dédaigneux de la reine. Au centre de la tribune, entre les drapeaux, se dresse le portrait de la reine des mers et d'une bonne partie des terres du monde.

Buenos Aires gagne trois à zéro. Il n'y a pas de morts à regretter, bien qu'on n'ait pas encore inventé le penalty et que celui qui approche du but ennemi risque sa vie. Pour marquer un goal de près, il faut affronter une avalanche de jambes qui chargent comme des haches et chaque partie est une bataille qui exige des os d'acier.

Le football est un jeu anglais. Les fonctionnaires du chemin de fer, du gaz et de la banque de Londres ainsi que les marins de passage le pratiquent, mais il s'est maintenant glissé un certain nombre de créoles parmi les tireurs aux grosses moustaches blondes et ils prouvent que l'astuce est une arme efficace contre les gardiens de but.

(221)

1890
Río de la Plata

Les camarades

Plus de cinquante mille travailleurs arrivent tous les ans au Río de la Plata, Européens que le désespoir pousse vers ces côtes : des drapeaux italiens saluent le passage d'Edmundo de Amicis dans les colonies piémontaises du littoral argentin et dans les réunions d'ouvriers de Buenos Aires et de Montevideo, on entend des discours en espagnol, en italien, en français et en allemand.

Huit ouvriers ou artisans sur dix sont étrangers et parmi eux se trouvent des socialistes et des anarchistes italiens, des Français de la Commune, des Espagnols de la première république, des révolutionnaires d'Allemagne et d'Europe Centrale.

Des grèves éclatent sur les rives du fleuve. A Montevideo les conducteurs de tramways travaillent dix-huit heures par jour et les ouvriers des moulins et des usines de vermicelles quinze heures. Il n'y a pas de dimanche ; et un membre du gouvernement de Buenos Aires a rendu publique sa découverte que la paresse est la mère de tous les vices.

A Buenos Aires, on fête le premier mai de l'Amérique latine. L'orateur principal, José Winiger, salue en langue allemande les martyrs de Chicago et annonce que l'heure du socialisme dans le monde est proche tandis que les hommes de toge, de plume, d'épée ou de soutane réclament l'expulsion des étrangers ennemis de l'ordre. L'écrivain inspiré Miguel Cané rédige un projet de loi d'expulsion visant tous les agitateurs étrangers.

(140 et 290

1890
Buenos Aires

Les grandes bâtisses d'habitation populaires

Pauvres et riches paient le même droit d'entrée au théâtre Colomb quand arrive le carnaval, mais, une fois le seuil franchi, les bras occupent leur place et les cerveaux la leur et personne ne commet le sacrilège de se tromper de place. Sur la piste, dansent ceux d'en bas et dans les tribunes et les salons, se divertissent ceux d'en haut.

Buenos Aires est comme son théâtre. Les gens huppés dorment dans des palais français de deux ou trois étages dans le quartier Nord, et les vieilles filles qui aiment mieux mourir vierges que de mêler leur sang à celui d'un étranger de basse extraction dorment seules. Ceux qui dirigent décorent leur blason ou l'exhibent, avec des flots de perles et des anagrammes gravés sur des vases d'argent, et déploient des porcelaines de Saxe, de Sèvres ou de Limoges, des cristaux de Waterford, des tapis de Lyon et des nappes de Bruxelles. De la vie repliée de ce qui était le Grand Village, ils sont passés à l'exhibitionnisme frénétique du Paris de l'Amérique.

Au sud s'entassent les réprouvés de la terre. Dans les grandes maisons coloniales abandonnées à trois cours ou dans des bâtisses construites spécialement, dorment à tour de rôle les travailleurs venus de Naples, de Vigo ou de Bessarabie. Les lits, rares dans cet espace nul, envahi de braseros et de cuvettes ainsi que de caisses qui servent de berceaux, n'ont jamais le temps de se refroidir. Les querelles ne manquent pas dans les longues queues, à la porte de l'unique latrine. Le silence est ici un luxe impossible. Mais parfois pourtant, les soirs de fête, l'accordéon, la mandoline ou le chalumeau apportent des voix perdues à ces femmes, lavandières ou couturières, servantes de leurs patrons et de leurs maris, et allègent la solitude de ces hommes qui, d'aube en aube, coupent le cuir, mettent la viande en pots, scient le bois, balaient les rues, portent des paquets, montent des murs et les peignent, roulent des cigares, moulent le blé, enfournent le pain pendant que leurs gosses cirent les chaussures et annoncent le crime du jour.

(236 et 312)

Le solitaire

Un feu de moins, dit-on là-bas en Galicie, quand quelqu'un émigre.

Mais là-bas, il était de trop et ici, il ne voudrait pas l'être.

Il travaille comme une bête et il souffre ; homme de peu de mots, il se tait et dans la ville étrangère, il occupe moins de place qu'un chien.

Ici, on se moque de lui, on le traite avec dédain parce qu'il ne sait même pas signer son nom et que le travail manuel est le lot des espèces inférieures. Par contre, on vénère ici celui qui sait être arrogant et on applaudit le malin capable de dévaliser les plus courageux par un coup d'assurance ou de chance.

Le solitaire, l'émigrant ne peut pas beaucoup dormir ; mais à peine a-t-il fermé les paupières qu'il est aimé des fées ou des sorcières dans de très vertes montagnes et des falaises de brume. Parfois il fait des cauchemars. Alors, il se noie dans une rivière. Pas n'importe quelle rivière, mais une certaine rivière de là-bas. Qui la traverse perd la mémoire.

En suivant le tango

Le tango, fils un peu triste de la milonga, est né dans les enclos des faubourgs et les cours des grands immeubles d'habitation populaires.

Sur les deux rives du Río de la Plata, c'est une musique mal famée. Les ouvriers et les voyous, hommes de marteaux ou de couteaux, la dansent sur la terre battue, mâle avec mâle quand la femme n'est pas capable de suivre le pas très pénétrant et qui fait ployer les corps ou si une telle étreinte, un tel embrassement lui paraissent réservés aux putains : le couple glisse, se balance, s'étire et se déploie en *cortes* et filigranes.

Le tango vient des accents gauchos des terres de l'intérieur, il vient de la mer et des chants des marins. Il vient des esclaves d'Afrique et des gitans d'Andalousie. De l'Espagne il a pris la guitare, de l'Allemagne le bandonéon, de l'Italie la mandoline. Le conducteur de tramway à chevaux lui a donné son cornet, l'ouvrier immigré son harmonica, compagnon de sa solitude. D'un pas très lent, le tango a traversé les casernes et les gargotes, les pistes des cirques ambulants et les cours des bordels de quartier. Maintenant, les orgues de Barbarie le promènent aux abords de Buenos Aires et de Montevideo, en direction du centre, et les bateaux vont l'emmener faire le fou à Paris.

(257, 293 et 350)

1890
Hartford

Mark Twain

Les mains du romancier propulsent Hank Morgan, fonctionnaire de la fabrique d'armes Colt, à la cour du roi Arthur, loin en arrière dans le temps. Le téléphone, la bicyclette et la dynamite voyagent au temps de Merlin l'Enchanteur et de Messire Galaad, dans la vallée de Camelot. Là, Hank Morgan publie et vend un journal au prix modique de deux cents, il fonde une académie militaire à West Point et révèle que le monde n'est pas une étendue plate suppportée par des colonnes. Bien qu'il arrive d'une société qui connaît déjà les monopoles, Hank apporte aux châteaux féodaux la bonne nouvelle de la libre entreprise, du libre commerce et du libre suffrage. C'est en vain qu'il essaie de remplacer les tournois à cheval par le base-ball, la monarchie héréditaire par la démocratie et le code de l'honneur par le calcul des prix de revient. Finalement, il détruit trente mille cavaliers anglais en armure et lance au poing, en leur opposant des fils de fer électrifiés déjà essayés sur les Indiens des États-Unis. L'aventure atteint son apogée avec leur mort et Hank lui-même tombe asphyxié par les émanations de pourriture qui se dégagent de ses victimes.

Mark Twain a achevé d'écrire *Un Yankee à la cour du roi Arthur* dans sa maison de Hartford. *C'est mon chant du cygne,* annonce-t-il. Il a toujours vécu au jour le jour à la poursuite d'un fugitif million de dollars. Il a été journaliste et explorateur, agent de publicité et chercheur d'or, pilote de bateau et spéculateur, inventeur de machines, directeur d'une compagnie d'assurances et entrepreneur malchanceux ; mais entre un échec et l'autre, il s'est arrangé pour inventer ou rappeler Tom Sawyer et Huck Finn et il a trouvé le moyen de nous inviter à naviguer en radeau avec ces deux garçons, sur les eaux du Mississippi. Et il a fait cela simplement pour le plaisir de partir et non pas parce qu'il était pressé d'arriver.

(149 et 341)

1890

Wounded Knee

Bourrasque de neige

Le Créateur n'a pas fait les Indiens : il les a chantés, il les a dansés.

A travers chants et danses, le Créateur annonce que cette vieille terre moribonde va bientôt être détruite par le verdoyant tourbillon de la terre nouvelle. Le prophète Wovoka a rapporté ses dires de l'autre monde : sur la nouvelle terre, les buffles ressusciteront, les Indiens morts renaîtront et les Blancs seront noyés dans une terrible inondation. Pas un seul usurpateur ne survivra.

Les chants et les danses du prophète Wovoka viennent de l'Ouest, ils traversent les montagnes Rocheuses et se propagent dans les plaines. Les Sioux qui ont été les plus nombreux et les plus puissants dans ces régions célèbrent l'annonce du paradis, la fin de la famine et de l'exil. Ils dansent et chantent tous les jours de l'aube à la nuit avancée.

Quatre jours après Noël, le tonnerre d'une fusillade interrompt les cérémonies dans le camp des Sioux de Wounded Knee. Les soldats criblent de balles les femmes, les enfants et les hommes, comme ils le firent avec les buffles.

Le blizzard frappe les morts et les congèle sur la neige.

(51, 91 et 230)

Chant prophétique des Sioux

Elle est de foudre la nation que je suis, j'ai dit.
Elle est de foudre la nation que je suis, j'ai dit
Tu vivras
Tu vivras
Tu vivras
Tu vivras

(38)

1891
Santiago du Chili

Balmaceda

José Manuel Balmaceda a voulu donner un essor à l'industrie nationale, *vivre et nous vêtir par nos propres moyens,* car il pressentait que l'ère du salpêtre passée, elle ne laisserait au Chili que des regrets. Il a voulu appliquer des stimulants et des protections semblables à ceux qu'avaient pratiqués, à l'aube de leur industrialisation, les États-Unis, l'Angleterre, la France et l'Allemagne. Il a augmenté les salaires des travailleurs et multiplié les écoles publiques dans le pays. Il a donné au long corps du Chili une colonne vertébrale de routes et de chemins. Pendant les années de sa présidence le sacro-saint capital britannique a couru un grave risque de profanation : Balmaceda voulait nationaliser les chemins de fer et en finir avec l'usure des banques et la voracité des entreprises de salpêtre.

Balmaceda voulait faire beaucoup et il a fait pas mal de choses, mais l'énorme budget que John Thomas North consacre à l'achat des consciences et à la corruption de la justice a eu plus de possibilités. La presse a déclenché une série d'attaques tonitruantes contre *ce César ivre de pouvoir, ce despote ennemi de la liberté et hostile aux entreprises étrangères* et les cris des évêques et des parlementaires ne furent pas moindres. Le soulèvement militaire a éclaté comme en écho et le sang du peuple a coulé.

Le *South American Journal* annonce la réussite du coup d'État : *Le Chili va revenir à la belle époque d'autrefois.* Le banquier Eduardo Matte se réjouit, lui aussi : *C'est nous qui sommes les maîtres du Chili, les maîtres du capital et du sol. Tout le reste n'est qu'une masse influençable et achetable.*

Balmaceda se tue d'une balle.

(270)

1891
Washington

L'autre Amérique

José Martí vit depuis dix ans aux États-Unis. Il admire bien des choses dans ce pays multiple et fort, où rien de ce qui est nouveau ne fait peur ; mais il dénonce aussi, dans ses articles, les ambitions impérialistes de la jeune nation, la convoitise érigée en droit et le racisme atroce qui extermine les Indiens, humilie les nègres et méprise les Latins.

Au sud du río Bravo, dit Martí, il y a une *autre* Amérique, *notre Amérique, cette terre qui n'en est qu'à ses balbutiements,* et cette Amérique-là ne reconnaît pas tout à fait son visage dans le miroir européen ni dans le miroir nord-américain. C'est la patrie hispano-américaine, dit-il, qui réclame Cuba pour, avec elle, être complète, alors que l'Amérique du Nord la réclame pour la dévorer. Les intérêts d'une Amérique et de l'autre ne sont pas les mêmes. *Est-ce que l'union politique et économique avec les États-Unis convient à l'Amérique hispanique ?* demande-t-il. Et de répondre : *L'union de deux condors ou de deux moutons est moins dangereuse que l'union d'un condor et d'un mouton.* L'an dernier s'est tenue à Washington la première conférence panaméricaine et maintenant Martí assiste, en tant que délégué de l'Uruguay, à la poursuite du dialogue. *Qui dit union économique dit union politique. Le peuple qui achète commande. Le peuple qui vend sert... Le peuple qui veut mourir ne vend qu'à un seul peuple et celui qui veut se sauver vend à plus d'un... Le peuple qui voudra être libre répartira son commerce entre des pays également forts. S'il doit donner la préférence à l'un d'eux, qu'il préfère celui qui a le moins besoin de lui, celui qui le méprise le moins...*

Martí a consacré sa vie à cette autre Amérique, il veut la ressusciter dans tout ce qu'on a tiré d'elle depuis la conquête et il veut la révéler, la rebeller parce que son identité cachée et trahie ne sera révélée que si elle se soulève.

Quelle faute ma grande mère l'Amérique pourra-t-elle me reprocher ?

Fils d'Européens, mais fils de l'Amérique, Cubain, patriote de la Grande Patrie, Martí sent que court dans ses veines le sang des peuples blessés qui sont nés des graines de palmier ou de maïs et qui donnaient à la Voie lactée le nom de *Chemin des âmes* et à la lune celui de *Soleil de nuit* ou *Soleil endormi*. C'est pourquoi il écrit à Sarmiento, épris de l'étranger : *Il n'existe pas de lutte entre la civilisation et la barbarie, mais seulement entre la fausse érudition et la nature.*

(112 et 354)

1891

New York

Nos pensées commencent à nous être personnelles, croit José Martí

Connaître, c'est résoudre. Connaître le pays et le gouverner en fonction de la connaissance qu'on en a, c'est le seul moyen de le libérer des tyrannies, *L'université européenne doit céder la place à l'université américaine. L'histoire de l'Amérique, des Incas, ici, doit être connue sur le bout du doigt même s'il faut pour cela négliger celle des archontes de la Grèce. Notre Grèce est préférable à la Grèce qui n'est pas la nôtre. Elle nous est plus nécessaire. Les hommes politiques nationaux doivent remplacer les hommes politiques exotiques. Que le monde vienne se greffer sur nos républiques, bien ; mais que le tronc soit celui de nos républiques. Et que le pédant vaincu se taise ; car il n'est pas de nation où l'homme puisse être plus fier que dans nos douloureuses républiques américaines.*

Nous étions déguisés avec ces pantalons anglais, ces gilets parisiens, ces vareuses nord-américaines et ces bicornes d'Espagne... nous n'étions qu'épaulettes et toges dans un pays où l'on venait au monde en espadrille et le foulard sur la tête... Ni le livre européen ni le livre yankee ne donnaient la clé de l'énigme hispano-américaine.

Les peuples se mettent debout et se saluent : « Comment sommes-nous ? » se demandent-ils et ils se disent les uns aux autres comment ils sont. Quand un problème surgit à Cojimar on ne va pas en chercher la solution à Dantzig. Les redingotes sont encore françaises, mais la pensée commence à être américaine.

(199)

1891
Guanajuato

34, rue Cantarranas — Photo instantanée

L'artilleur encapuchonné se baisse et vise. La victime, un monsieur de haute noblesse, né à Guanajuato, ne sourit pas, ne cille pas, ne respire pas. Il ne peut plus y échapper. Derrière lui s'est baissée la toile de fond, un paysage verdoyant en plâtre peint, avec un petit escalier en trompe l'œil qui conduit vers le vide. Entouré de fleurs en papier, de colonnes et d'une balustrade en carton, ce grave personnage appuie sa main sur le dossier d'une chaise et affronte d'un air digne la bouche de canon de l'appareil photographique à soufflet.

Tout Guanajuato vient se faire fusiller dans le studio du 34 de la rue Cantarranas, chez le photographe Romualdo García, les messieurs importants, leurs femmes et leurs enfants, des petits garçons qui ont l'air de nains perdus dans de grands gilets et arborent une montre à gousset et des petites filles sévères comme des aïeules, écrasées sous de grands chapeaux de soie pleins de rubans. Il photographie les gros moines et les militaires en uniformes de gala, les communiants et les jeunes mariés, il photographie aussi les pauvres qui viennent de loin, bien coiffés, bien propres, revêtus de leurs plus beaux habits et qui donnent tout ce qu'ils ont pour poser devant l'artiste mexicain primé à Paris.

Le mage Romualdo transforme les gens en statues et vend l'éternité aux mortels.

(58)

1891
Purísima del Rincón

Vies

Personne ne lui a appris ; il peint par goût. Hermenegildo Bustos fait payer le portrait en nature, ou quatre réaux. Le village de Purísima del Rincón n'a pas de photographe mais il a un peintre.

Il y a quarante ans, Hermenegildo a fait le portrait de Leocadia López, la beauté du village et il était très ressemblant. Depuis lors, dans le village de Purísima, il y a eu des enterrements et des mariages très réussis, de nombreuses sérénades, une tuerie par-ci par-là dans les auberges, une fille qui s'est enfuie avec le clown d'un cirque ambulant, la terre a tremblé plus d'une fois et plus d'une fois on a envoyé de Mexico un nouveau chef de police. Et, tandis que lentement s'écoulaient les jours et que se succédaient soleils et pluies, Hermenegildo Bustos peignait les vivants qu'il voyait et les morts dont il se souvenait.

Il est aussi jardinier, glacier et homme à tout faire. Il sème le maïs et les haricots dans ses champs et dans ceux des autres et il se charge de débarrasser des vers les terrains de culture. Il fait des glaces avec le givre qu'il recueille sur les feuilles de maguey et, quand il fait moins froid, il fait des confitures d'oranges. En outre, il brode les drapeaux de la nation, il répare les toits qui prennent l'eau, dirige le battement des tambours de la semaine sainte, décore des paravents, des lits et des cercueils, et, d'une main habile, il peint délicatement doña Pomposa López en action de grâce devant la Très Sainte Vierge qui l'a arrachée à l'agonie, doña Refugio Segovia dans un portrait qui met en valeur ses charmes sans oublier un seul cheveu des rouleaux sur le front et en copiant le pendentif d'or qu'elle porte au cou et où l'on peut lire *Refugito*.

Il peint et il se peint : rasé de frais, cheveux coupés courts, pommettes saillantes et sourcils froncés, costume militaire. Et, au dos de son portrait il écrit : *Hermenegildo Bustos, Indien de ce village de Purísima del Rincón. Je suis né le 13 avril 1832 et j'ai fait mon portrait pour voir si j'y arriverais, le 19 juin 1891.*

(333)

1892
Paris

Le scandale du canal

Le tribunal français a déclaré la faillite de la Compagnie du canal de Panama. Les travaux sont suspendus et le scandale éclate. D'un coup, les économies de milliers de paysans et de petits bourgeois de France s'évaporent. L'entreprise qui allait ouvrir une brèche entre les océans, ce passage que les conquistadores ont tant cherché, dont ils ont rêvé, a commis une monumentale escroquerie. Les sommes (des millions) gaspillées pour suborner des hommes politiques et faire taire les journalistes sont divulguées. De Londres, Friedrich Engels écrit : *Avec l'affaire de Panama, on pourrait mettre en miettes toute la cochonnerie bourgeoise. On a réussi le miracle de transformer le canal en un abîme sans fond...*

Personne ne parle des ouvriers panaméens, chinois et indiens d'Asie que la fièvre jaune et la malaria ont exterminés au rythme de sept cents morts au kilomètre de canal ouvert entre les montagnes.

(102, 201 et 324)

1892

San José de Costa Rica

Prophétie d'un jeune poète du Nicaragua du nom de Ruben Dario

Le siècle à venir verra la plus grande des révolutions qui aient ensanglanté la terre. Le grand poisson mange le petit ? Soit. Mais, de cela, nous verrons bientôt la revanche. C'est le règne de la misère et le travailleur porte sur ses épaules une malédiction grosse comme une montagne. Rien n'a plus de valeur aujourd'hui, hormis l'or misérable. Les déshérités constituent l'éternel troupeau pour l'éternel massacre...

Il n'est pas de force qui puisse contenir le déchaînement fatal de la vengeance. Il faudra entonner une nouvelle Marseillaise qui, comme les trompettes de Jéricho, jettera bas les demeures des infâmes... Le ciel regardera avec une joie effrayante, dans le fracas de la catastrophe rédemptrice, le châtiment des malfaiteurs arrogants, la vengeance suprême des gueux ivres de misère.

(308)

1893
Canudos

Antonio Conselheiro

Il y a longtemps que les prophètes parcourent les terres incandescentes du Nordeste brésilien. Ils annoncent que le roi Sébastien reviendra de l'île des Brumes et châtiera les riches, qu'il rendra les nègres blancs et les vieux jeunes. Quand prendra fin ce siècle, annoncent-ils, le désert sera une mer et la mer un désert et le feu détruira les villes du littoral, frénétiques adoratrices de l'or et du péché. Sur les cendres de Recife, de Bahia, de Rio et de São Paolo se dressera une nouvelle Jérusalem où le Christ régnera pendant mille ans. L'heure des pauvres approche, annoncent les prophètes, il n'y a plus que sept ans pour que le ciel descende sur terre. Alors, il n'y aura plus ni mort ni maladie et, dans ce nouveau royaume terrestre et céleste, toutes les injustices seront réparées.

Le bienheureux Antonio Conselheiro erre de village en village, fantôme émacié et poussiéreux, suivi d'un chœur de litanies. Sa peau est une armure de cuir usée, sa barbe un buisson de ronces et sa tunique une mortaise de haillons. Il ne mange ni ne dort. Il distribue aux pauvres les aumônes qu'il reçoit. Il parle aux femmes en leur tournant le dos. Il refuse obéissance au gouvernement impie de la république, et il jette au feu, sur la place du village de Bom Conselho, les décrets concernant les impôts.

Poursuivi par la police, il s'enfuit au désert. Avec deux cents pèlerins, il fonde la communauté de Canudos, près du lit d'un fleuve éphémère. Là, la chaleur flotte et embrase la terre. La chaleur est telle que la pluie n'arrive pas à toucher le sol. Sur les collines chauves poussent les premières cabanes de terre et de chaume. Sur cette terre rébarbative, terre promise, première marche vers les cieux, Antonio Conselheiro plante triomphalement l'image du Christ et annonce l'apocalypse. *Les riches, les incrédules et les coquettes seront anéantis. Les eaux se teindront de sang. Il n'y aura plus qu'un seul pasteur et un seul troupeau. Beaucoup de chapeaux et peu de têtes.*

(80 et 252)

1895
Cayo Hueso

La liberté circule dans un cigare

Il ne dort jamais, il mange peu. José Martí rassemble des hommes et de l'argent, écrit des lettres et des articles, prononce des discours et des conférences, récite des poèmes ; il discute, organise, achète des armes. Plus de vingt ans d'exil n'ont pas réussi à le calmer.

Il a toujours su que Cuba ne pourrait pas exister sans une révolution. Il a fondé, il y a trois ans, sur les côtes de Floride, le Parti révolutionnaire cubain. Le parti est né dans les fabriques de cigares de Tampa et de Cayo Hueso, sous la protection des travailleurs cubains exilés qui ont entendu Martí en personne ou lu ses écrits.

Les ateliers ont l'air d'universités ouvrières. La tradition veut que quelqu'un lise à haute voix des livres ou des articles pendant que les autres travaillent en silence et ainsi les ouvriers du tabac reçoivent tous les jours des idées et des nouvelles et tous les jours ils voyagent à travers le monde, l'Histoire et les étonnantes rives de l'imagination. Par la voix du *lecteur*, la parole humaine est lancée et imprègne les femmes qui écôtent le tabac et les hommes qui roulent les feuilles et forment des cigares sur la cuisse ou sur la table.

D'accord avec les généraux Máximo Gómez et Antonio Maceo, Martí lance l'ordre du soulèvement. L'ordre part de ces ateliers de Floride et arrive à Cuba, caché dans un puro.

(165, 200 et 242)

1895
Playitas

Le débarquement

Dans quarante ans, Marcos Rosario se souviendra.

Au premier abord, je n'ai pas plu au général Gómez. Il me disait : — Qu'est-ce que vous allez chercher à Cuba ? Vous y avez perdu quelque chose ?

Marcos applaudira en secouant la terre de ses mains :

— *Le général Gómez était un petit vieillard formidable, fort, fort et très leste et il parlait très haut et parfois il se fâchait et semblait vouloir avaler son interlocuteur...*

Il traversera le jardin pour chercher l'ombre.

— *Finalement nous avons trouvé un bateau qui nous a amenés près des côtes de Cuba.*

Il montrera les anneaux de fer de son hamac :

— *Ils viennent de ce bateau.*

Allongé sur les filets, il allumera son cigare.

— *Le bateau nous a laissés en pleine mer et il y avait une houle terrible.*

Deux Dominicains et quatre Cubains dans un bateau. La tempête se joue d'eux. Ils ont juré que Cuba serait libre.

— *Une nuit sombre, on n'y voyait rien.*

Une lune rouge apparaît, luttant avec les nuages.

Le bateau lutte contre la mer affamée.

— *Le petit vieillard était à la proue. Il tenait le gouvernail et Martí la boussole du bateau. Une forte vague arracha le gouvernail... Nous luttions contre la mer qui voulait nous avaler et ne voulait pas nous laisser arriver jusqu'à la terre de Cuba...*

Par magie, le bateau ne vole pas en éclats contre les falaises. Le bateau monte, s'enfonce et surgit à nouveau ; soudain il tourne, les flots s'ouvrent et une petite plage apparaît, une minuscule petite crique de sable en fer à cheval.

— *Et le général Gómez sauta sur cette plage et quand il vit la terre, il la baisa et se mit à chanter comme un coq.*

(258 et 286)

1895

Arroyo Hondo

Au cœur de la sierra

Ce n'est pas avec nostalgie, mais radieux et avec enthousiasme que Marcos del Rosario parle de Martí.

— *Quand je l'ai vu, j'ai cru qu'il était trop faible. Par la suite, je me suis rendu compte que c'était un petit homme vif qui faisait un saut par-ci, tombait par-là...*

Martí lui apprend à écrire. Martí tient la main de Marcos qui trace un A.

— *Il avait été élevé dans les collèges et c'était un homme sublime.*

Marcos soigne Martí. Il lui fait de bons matelas de feuilles sèches, il lui apporte à boire du lait de coco. Les six hommes qui ont débarqué à Playitas sont bientôt cent, mille... Martí avance, la musette sur l'épaule, le fusil en bandoulière, escaladant la sierra, soulevant les villages...

— *Quand nous étions en train de monter le coteau, très chargés parfois, il tombait. J'allais le relever et il me grondait en disant : « non, merci, non ! ». Il avait un anneau fait avec les fers que les Espagnols lui avaient mis quand il était encore enfant.*

(286)

1895

Camp de Dos Rios

Le testament de Martí

Dans le camp, en bras de chemise, Martí écrit une lettre au Mexicain Manuel Mercado, son très cher ami. Il lui raconte que sa vie est tous les jours en danger mais que cela vaut bien la peine de la donner pour son pays et *parce que c'est mon devoir d'empêcher à temps, avec l'indépendance de Cuba, que les États-Unis ne s'étendent à travers les Antilles et ne se jettent avec plus de force sur nos terres d'Amérique. Tout ce que j'ai fait jusqu'à présent et ce que je ferai, c'est pour cela. Il a fallu le faire en silence...* Martí écrit que le sang des Cubains est en train d'empêcher *l'annexion de nos peuples d'Amérique par le Nord compliqué et brutal qui les méprise. J'ai vécu dans le monstre et j'en connais les entrailles et ma fronde est celle de David.* Et plus loin : *C'est la vie ou la mort. Il ne s'agit pas d'échouer.*

Ensuite, il change de ton. Il a d'autres choses à dire. *Et maintenant, je parlerai de moi.* Mais la nuit, ou peut-être la pudeur, l'arrête alors qu'il commence à peine à dévoiler à son ami les secrets de son âme. *Il y a des sentiments d'une si délicate honnêteté...* écrit-il et ce sont les derniers mots qu'il écrira.

Le lendemain, à midi, un coup de feu le jette à bas de son cheval.

(199)

1895
Niquinohomo

Il aura nom Sandino

A la porte de cette maison de briques séchées, les gens se rassemblent, attirés par les pleurs.

Comme une araignée retournée, le nouveau-né remue bras et jambes. Les rois mages ne viennent pas de loin pour lui souhaiter la bienvenue, mais un laboureur, un menuisier, une marchande, en route pour le marché, lui déposent des cadeaux.

L'accoucheuse offre de l'eau de lavande à la mère et à l'enfant un peu de miel, la première saveur au monde qu'il connaîtra.

Ensuite, l'accoucheuse enterre le placenta qui ressemble tellement à une racine, dans un coin du jardin. Elle l'enterre dans un bon endroit où le soleil donne bien pour qu'il devienne terre, ici, à Niquinohomo.

Dans quelques années, l'enfant qui vient de sortir de ce placenta deviendra terre lui aussi, terre rebellée de tout le Nicaragua.

(8 et 317)

1896
Port-au-Prince

Déguisement

Selon la Constitution d'Haïti, la république des nègres libres parle français et pratique la religion chrétienne. Les docteurs ont honte, car, en dépit des lois et des châtiments, *le créole* continue d'être la langue de presque tous les Haïtiens et presque tous continuent à croire aux dieux du vaudou qui errent, légers, dans les bois et dans les corps.

Le gouvernement exige un serment public de la part des paysans.

Je jure de détruire tous les fétiches et objets de superstition, si j'en porte sur moi ou si j'en ai dans ma maison ou sur ma terre. Je jure de ne jamais m'abaisser à aucune pratique superstitieuse.

(68)

1896
Boca de Dos Rios

Requiem

— *C'est ici ?*

Il y a un an et Máximo Gómez raconte à Calixto García. Les vieux guerriers de l'indépendance de Cuba s'ouvrent un passage à travers les rivières de Contramaestre. Derrière eux viennent leurs armées. Le général Gómez raconte que ce jour-là, à midi, Martí avait mangé avec plaisir et qu'il avait ensuite récité des vers, à son habitude et puis soudain, on avait entendu quelques coups de feu suivis d'une fusillade fournie. Tous se mirent alors à courir vers leur cheval.

— *C'est ici ?*

Ils arrivent à un terrain broussailleux, à l'entrée de la route de Palo Picado.

— *Ici*, montre quelqu'un.

Les macheteros nettoient ce petit espace de terre.

— *Je ne l'ai jamais vu se plaindre ni se plier*, dit Gómez.

Bougon, contrarié, il ajoute :

— *Je lui ai ordonné... conseillé de rester là.*

Un espace de terre de la taille de son corps.

Le général Máximo Gómez laisse tomber une pierre, le général Calixto García une autre. Les officiers et les soldats passent et le violent ralentissement des pierres qui tombent les unes sur les autres résonne, pierres qui s'ajoutent aux pierres et le haut tumulus de Martí s'élève et on n'entend que ce ralentissement des pierres dans l'immense silence de Cuba.

(105)

1896

Papeete

Flora Tristan

La toile nue, immense, est là offerte comme un défi. Paul Gauguin peint, continue, jette la couleur comme pour dire adieu au monde ; et la main désespérée écrit : *D'où venons-nous, qui sommes-nous, où allons-nous ?*

Il y a plus d'un demi-siècle, la grand-mère de Gauguin se posait la même question dans un de ses livres et elle est morte en se le demandant. La famille péruvienne de Flora Tristan ne faisait jamais mention d'elle, comme si elle portait malheur ou comme si c'était une folle ou un fantôme. Quand Paul posait des questions au sujet de sa grand-mère, dans les lointaines années de son enfance à Lima, on lui répondait :

— Au lit ! il est tard.

Flora Tristan avait brûlé sa vie éphémère en prêchant la révolution, la révolution prolétarienne et la révolution de la femme asservie par le père, le patron, le mari. La maladie et la police ont eu raison d'elle. Elle est morte en France. Ce sont les ouvriers de Bordeaux qui ont payé son cercueil et qui l'ont portée au cimetière sur des brancards.

(21)

1896
Bogota

José Asunción Silva

Il aime sa sœur Elvira, parfum de lavande, encens de benjoin, baisers furtifs de la plus pâle des sylphides de Bogota, et pour elle il écrit ses meilleurs vers. Tous les soirs il lui rend visite au cimetière. Sur sa tombe, il se sent mieux que dans les cénacles littéraires.

José Asunción Silva était né vêtu de noir, une fleur à la boutonnière. C'est ainsi qu'a vécu, trente ans durant, coup après coup, le fondateur langoureux du modernisme en Colombie. La faillite de son père, marchand de soieries et de parfums, lui a enlevé le pain de la bouche et ses œuvres complètes sont tombées à l'eau au cours d'un naufrage.

Il discute jusqu'à une heure avancée, pour la dernière fois, la cadence d'un alexandrin. A la porte, lanterne à la main, il prend congé de ses amis. Ensuite il fume sa dernière cigarette turque et pour la dernière fois il s'apitoie devant son miroir. Aucune lettre n'arrive de Paris pour le sauver. Tourmenté par les créanciers et les malveillants qui l'appellent « Chaste Suzanne », le poète ouvre sa chemise et pointe le revolver sur la croix à l'encre qu'un ami médecin lui a tatouée à l'endroit du cœur.

(319)

1896
Manaos

L'arbre qui pleure du lait

Les Indiens l'appellent *caucho.* Ils l'entaillent et il en coule une sorte de lait. Ce lait est recueilli dans des feuilles de bananiers pliées pour former une jatte. Il durcit au soleil ou à la chaleur du soleil ou de la fumée et on le modèle avec la main pour lui donner une forme. Depuis des temps très reculés, les Indiens font avec ce lait de la forêt des torches qui brûlent longtemps, des récipients incassables, des toits qui se rient de la pluie et des balles qui rebondissent et volent.

Il y a plus d'un siècle, le roi du Portugal avait reçu des seringues sans piston et des vêtements imperméables du Brésil ; et auparavant, le savant français La Condamine avait étudié les vertus de cette gomme scandaleuse qui ne tenait pas compte des lois de la gravité.

Des milliers et des milliers de chaussures ont voyagé de la forêt amazonienne vers Boston jusqu'à ce que, il y a un demi-siècle, Charles Goodyear et Thomas Hancock découvrent une méthode pour que la gomme ne se brise ni ne se ramollisse. Alors, les États-Unis se sont mis à produire cinq millions de chaussures par an, des chaussures invulnérables au froid, à l'humidité et à la neige et de grandes fabriques apparurent aussi en Angleterre, en Allemagne et en France.

Et pas seulement de chaussures. La gomme multiplie ses produits et crée des besoins. La vie moderne tourne à une vitesse vertigineuse autour de l'arbre immense qui pleure du lait quand on le blesse. Il y a huit ans, à Belfast, le fils de John Dunlop a gagné une course de tricycle avec des pneumatiques que son père avait inventés à la place des roues massives, et l'an dernier Michelin a créé des pneus démontables pour les automobiles qui ont couru entre Paris et Bordeaux.

L'Amazonie, forêt énorme qui semblait réservée aux singes, aux Indiens et aux fous, est maintenant le terrain de chasse de la United States Rubber Company, de la Amazon Rubber Company et d'autres lointaines entreprises qui se nourrissent de son lait.

(334)

1896
Manaos

L'âge doré de la gomme

Le rideau se lève à petits coups tandis que résonnent les premiers accords de *La Gioconda*, de Ponchielli. C'est une soirée de grande pompe, gala et moustiques dans la ville de Manaos. Les artistes lyriques italiens inaugurent le théâtre Amazonas, un immense navire de marbre importé d'Europe, comme eux, jusqu'au cœur de la forêt.

Manaos et Belem do Para sont les capitales du caoutchouc au Brésil et Iquitos dans la forêt péruvienne. Les trois villes amazoniennes pavent leurs rues avec des pavés européens et réjouissent leurs soirées avec des filles allongées venues de Paris, de Budapest et de Bagdad ou des forêts de par ici. L'orchestre est dirigé avec une baguette en or et les lingots servent de presse-papiers ; un œuf de poule vaut les yeux de la tête. Les personnages très importants boivent des boissons d'importation, vont aux eaux à Vichy pour se soigner et envoient leurs enfants faire leurs études à Lisbonne ou à Genève, sur les bateaux de la Booth Line qui naviguent dans les eaux boueuses de l'Amazone.

Qui travaille dans les forêts de caoutchouc ? Au Brésil, ceux que la sécheresse du Nordeste a fustigés. De ces déserts, des paysans viennent vers ces marécages où ils se transforment en poissons. La prison verte les enferme par contrat ; et la mort vient très vite les sauver de l'esclavage et de l'épouvantable solitude. Au Pérou, les bras sont indiens. De nombreuses tribus tombent, anéanties par cette ère de la gomme qui semble éternelle.

(299, 325 et 334)

1897
Canudos

Euclides da Cunha

Dans la journée la terre fume, flamboie, se dilate. Quand tombe la nuit, hache de glace, la terre grelotte et se contracte. Le petit matin la trouve toute craquelée, toute fragmentée. *Ruines de tremblements de terre,* note Euclides da Cunha dans son cahier. *Paysage qui semble fait pour en sortir en courant,* ajoute-t-il. Il parcourt les fissures de la terre et les courbes du fleuve, chemin tortueux de terre sèche que les Indiens appelaient *Miel rouge,* et il cherche en vain un peu d'ombre sous les arbustes rachitiques. Ici l'air pétrifie tout ce qu'il effleure. Un soldat est allongé sur le dos, les bras ouverts. Une croûte noire lui tache le front. Il y a trois mois, il a été tué dans un corps à corps et maintenant il est sa propre statue.

Au loin, dans le petit village de Canudos, on entend des coups de feu. La fusillade dure depuis des jours, des mois, troublée parfois par des coups de canons ou de mitrailleuses et Euclides voudrait bien comprendre d'où vient la force de ces paysans mystiques qui résistent, imperturbables, à l'assaut de trente bataillons. Des milliers de paysans se font tuer par dévotion pour le messie Antonio Conselheiro. Le reporter de cette guerre sainte se demande comment on peut confondre le ciel avec ces landes désertiques et Jésus-Christ avec un halluciné qui a échappé à l'asile d'aliénés, faute de place.

Partagé entre le dégoût et l'admiration, Euclides da Cunha décrit ce qu'il voit, allant de surprise en surprise, pour les lecteurs d'un journal de São Paolo. Socialiste à l'européenne, métis qui méprise les métis, Brésilien honteux du Brésil, Euclides est un des plus brillants intellectuels de la république qui inscrit sur son drapeau tout neuf la devise : *Ordre et Progrès.* Tandis que la tuerie continue, il essaie de pénétrer le mystère du sertão du Nordeste, terre de fanatiques où rancœurs et dévotions sont héréditaires, où l'on soigne avec des prières *le mal triste* des vaches maigres et où l'on fête à la guitare la mort des enfants.

(80)

1897
Canudos

Dans chaque mort, on trouve plus de balles que d'os

mais les derniers défenseurs de Canudos chantent devant une énorme croix de bois et attendent encore l'arrivée des archanges.

Le commandant de la première colonne fait photographier le cadavre terrifiant d'Antonio Conselheiro *pour que l'on soit bien sûr de sa mort.* Lui aussi a besoin de s'en convaincre. Le commandant, assis sur une chaise, surveille du coin de l'œil ce tas de haillons et d'os.

Malheureux paysans de tous âges et de toutes couleurs qui avaient élevé une muraille de corps autour de ce Mathusalem calamiteux ennemi de la république et des villes pécheresses! Cinq expéditions militaires ont été nécessaires, cinq mille soldats pour encercler Canudos, vingt canons pour le bombarder des coteaux; guerre incroyable des tromblons contre les mitrailleuses Nordenfeldt!

Les tranchées sont devenues des tombeaux de poudre et pourtant, la communauté de Canudos, l'utopie sans propriété et sans loi où les misérables partageaient une terre avare, un peu de pain et la foi sous un ciel immense, ne se rend pas.

On lutte dans chaque maison, pouce à pouce.

Les quatre derniers survivants tombent: trois hommes, un enfant.

(80)

1897
Rio de Janeiro

Machado de Assis

Les écrivains brésiliens, divisés en sectes qui se haïssent entre elles, font des réunions communes et couronnent certains auteurs à la Colombo et dans d'autres confiseries ou librairies. C'est là qu'ils prennent gentiment congé des collègues qui partent à Paris mettre des fleurs sur la tombe de Maupassant et c'est là, dans ces temples, que prendra naissance l'académie brésilienne des Lettres, au cliquetis des verres, bénie par des breuvages sacrés. Son président s'appelle Machado de Assis.

C'est le grand romancier latino-américain de ce siècle. Ses livres démasquent, avec amour et humour, la haute société de fainéants où lui, fils de mulâtres, a réussi à pénétrer et qu'il connaît comme personne. Machado de Assis arrache le papier peint, les faux cadres des fausses fenêtres aux paysages d'Europe et il fait des clins d'œil au lecteur quand il met à nu le mur de terre.

(62 et 190)

1898
Côtes de Cuba

Le fruit est sur le point de tomber

Les cent quarante-cinq kilos du général William Shafter débarquent sur la côte est de Cuba. Ils arrivent du froid nordique où le général est allé tuer des Indiens et ici, ils fondent dans l'accablant uniforme de laine. Shafter meut son corps en escaladant l'échelle pour s'installer sur la croupe d'un cheval et là, de sa longue-vue, il scrute l'horizon.

Il est venu prendre le commandement. Comme dit l'un de ses officiers, le général Young, *les Cubains insurgés sont un tas de dégénérés aussi incapables de se gouverner que les sauvages d'Afrique.* Au moment où l'armée espagnole commence à s'effondrer devant le siège implacable des patriotes, les États-Unis décident de prendre en charge la liberté de Cuba. S'ils réussissent à entrer et à s'en mêler, personne ne pourra plus les déloger avaient averti Martí et Maceo. Et ils entrent.

L'Espagne avait refusé de vendre cette île *à un prix raisonnable* et l'intervention nord-américaine a pris pour prétexte l'opportune explosion du cuirassé *Maine* coulé face à La Havane avec ses nombreux canons et ses hommes d'équipage.

L'armée d'invasion donne comme prétexte la protection des citoyens nord-américains et la sauvegarde de leurs intérêts menacés par cette guerre destructrice et par le désastre économique. Mais quand ils bavardent en privé, les officiers expliquent qu'eux, ils empêcheront que ne s'érige une république noire en face des côtes de Floride.

(114)

1898
Washington

Dix mille lynchages

Au nom des nègres des États-Unis, Ida Wells proteste auprès du président McKinley, contre les dix mille lynchages qui se sont produits ces vingt dernières années. Si le gouvernement ne protège pas les citoyens américains à l'intérieur de ses frontières, demande Ida Wells, de quel droit invoque-t-il cette protection pour envahir d'autres pays ? Peut-être les nègres ne sont-ils pas des citoyens ? Ou bien la Constitution leur reconnaît-elle seulement le droit de mourir brûlés ?

Une foule d'énergumènes excitée par la presse et les sermons faits en chaire arrache les nègres des prisons, les attache aux arbres et les fait brûler vifs. Ensuite, les bourreaux font la fête dans les bars et se vantent de leurs exploits dans les rues.

Cette chasse aux nègres prétexte, pour se justifier, l'outrage de femmes blanches, dans un pays où le viol d'une négresse par un Blanc est considéré comme normal, mais dans la grande majorité des cas, les nègres brûlés ne sont coupables d'autres délits que celui de leur mauvaise réputation et du soupçon de vol et d'insolence qui pèse en permanence sur eux.

Le président Mac Kinley promet de s'occuper de cette affaire.

(12)

1898

Coteau de San Juan

Teddy Roosevelt

Brandissant son chapeau, Teddy Roosevelt galope à la tête de ses *rudes cavaliers* ; et quand il redescend du coteau de San Juan, il serre, froissé dans sa main, un drapeau espagnol. C'est à lui que revient la gloire de cette bataille qui ouvre la voie vers Santiago de Cuba. Aucun journaliste ne parle des Cubains qui, eux aussi, ont combattu.

Teddy croit à la destinée de la grandeur impérialiste, à la force de ses poignets. Il a appris à boxer à New York, pour se sauvegarder des coups et des humiliations dont il a souffert enfant, parce qu'il était chétif, asthmatique et très myope ; adulte, il croise le gant avec des champions, chasse le lion, prend des taureaux au lasso, écrit des livres et rugit des discours. Dans les pages de ses livres et à la tribune, il exalte les vertus des races fortes nées pour dominer, des races guerrières comme la sienne et il proclame que dans neuf cas sur dix il n'y a pas de meilleur Indien qu'un Indien mort (quant au dixième, dit-il, il faudra le tenir à l'œil). Volontaire de toutes les guerres, il adore les suprêmes qualités du soldat qui, dans l'euphorie du combat, sent un loup dans son cœur et méprise les généraux sentimentaux que la perte de deux mille hommes angoisse.

Pour liquider en un rien de temps la guerre de Cuba, Teddy a proposé qu'une escadre nord-américaine, rase Cadix et Barcelone à coups de canons, mais l'Espagne épuisée par une guerre si dure contre les Cubains se rend en moins de quatre mois. Du coteau de San Juan, Teddy Roosevelt, le victorieux, galope à toute vitesse vers le gouvernement de New York et vers la présidence des États-Unis. Ce fanatique dévot d'un dieu qui préfère la poudre à l'encens fait une pause et écrit : *Aucun triomphe pacifique n'est aussi grandiose que le suprême triomphe de la guerre.*

Quelques années plus tard, il recevra le prix Nobel de la paix.

(114 et 161)

1898
Côtes de Porto Rico

Le fruit est en train de tomber

Ramón Emeterio Betances, longue barbe blanche, yeux chargés de mélancolie, est en train d'agoniser en exil à Paris.

Je ne veux pas de la colonie, pas plus avec les États-Unis qu'avec l'Espagne.

Pendant que le patriarche de l'indépendance de Porto Rico se meurt, les soldats du général Miles y entrent en chantant, par les côtes de Guanica. Fusil en bandoulière et brosse à dents en travers du chapeau, les soldats avancent sous le regard impassible des paysans de la canne à sucre et du café.

Et Eugenio María de Hostos, qui lui aussi voulait une patrie, contemple les collines de Porto Rico du pont d'un bateau et se sent envahi de tristesse et de honte à les voir passer d'un maître à un autre.

(141 et 192)

Le président Mac Kinley explique que les États-Unis doivent garder les Philippines, par ordre de Dieu

Je marchais dans la Maison-Blanche, soir après soir, jusqu'à minuit ; et je n'ai pas honte de le dire, plus d'une fois je suis tombé à genoux et j'ai demandé à Dieu Tout-Puissant de m'éclairer et de me guider. Et un soir, tard, j'ai reçu ses directives, je ne sais pas comment, mais je les ai reçues : premièrement : nous ne devons pas rendre les Philippines à l'Espagne, car ce serait lâche et déshonorant ; deuxièmement : nous ne devons pas les remettre à la France, ni à l'Allemagne, nos rivales commerciales en Orient, ce qui serait indigne et se révélerait une mauvaise affaire ; troisièmement : nous ne devons pas les laisser aux Philippins qui ne sont pas préparés à s'autogouverner et qui connaîtraient rapidement le désordre et l'anarchie, plus encore qu'au temps de l'Espagne et quatrièmement, il ne nous reste pas d'autre possibilité que : recueillir tous les Philippins, les éduquer, les élever, les civiliser et les christianiser et, avec la grâce de Dieu, faire tout ce que nous pourrons pour eux en tant que notre prochain, pour qui Christ aussi est mort. Alors, je suis allé me coucher et j'ai sombré dans un profond sommeil.

(168)

1899

New York

Mark Twain propose de changer le drapeau des États-Unis

Je lève mon flambeau devant la porte d'or. La statue de la Liberté souhaite la bienvenue aux innombrables arrivants qui affluent d'Europe en quête de la Terre promise, tandis qu'on annonce que le centre du monde, qui avait mis des millénaires à se déplacer de l'Euphrate à la Tamise, se trouve maintenant au bord de l'Hudson.

En pleine euphorie impériale, les États-Unis célèbrent la conquête des îles Hawaii, de Samoa, des Philippines, de Cuba, de Porto-Rico et d'une petite île qui porte le nom éloquent d'île des Voleurs. L'océan Pacifique et la mer des Antilles sont désormais des lacs nord-américains et la United Fruit Company est en train de naître ; mais le romancier Mark Twain, vieux trouble-fête, propose de changer le drapeau national : il propose que les rayures blanches soient noires et qu'une tête de mort avec des tibias entrecroisés remplace les étoiles.

Le chef des syndicats ouvriers, Samuel Gompers, exige que l'indépendance de Cuba soit reconnue et condamne ceux qui jettent la liberté aux chiens au moment de choisir entre la liberté et le gain. Pour les grands journaux, par contre, les Cubains qui réclament l'indépendance sont des ingrats. Cuba est un pays occupé. Le drapeau des États-Unis, sans rayures noires et sans tête de mort, y flotte à la place du drapeau espagnol. Les forces d'invasion ont doublé. Dans les écoles on enseigne l'anglais et les nouveaux livres d'histoire parlent de Washington et de Jefferson sans faire la moindre mention de Martí ni de Maceo. L'esclavage n'y existe plus, mais dans les cafés de La Havane apparaissent des écriteaux qui disent *Réservé aux Blancs.* Le marché est ouvert sans condition aux capitaux qui veulent investir dans le sucre ou dans le tabac.

(114 et 224)

1899
Rome

Calamity Jane

On dit qu'elle dort avec ses revolvers accrochés à un barreau de son lit et qu'elle est encore plus forte que les hommes au poker, pour tenir l'alcool et pour blasphémer. Elle en a renversé plus d'un, d'un crochet au menton, depuis l'époque où, dit-on, elle s'est battue avec le général Custer au Wyoming et où elle a tué des Indiens pour protéger des Sioux les chercheurs d'or des montagnes Noires. On raconte qu'on raconte qu'elle a traversé la rue principale de Rapid City au galop, montée sur un taureau, qu'elle a attaqué des trains, qu'à Fort Laramie elle a séduit le beau shérif Wild Bill Hickok et qu'il lui a donné une fille et un cheval, Satan, qui s'agenouillait pour l'aider à descendre. On dit qu'elle a toujours porté des pantalons, mais que quelquefois elle les enlevait et qu'il n'y avait pas dans les *saloons* une femme plus généreuse ni plus effrontée en amour et en mensonges.

On dit. Mais peut-être n'en a-t-il jamais été ainsi. Peut-être n'est-elle pas ce soir sur la scène du show de l'Ouest sauvage et peut-être que le vieux Buffalo Bill est en train de nous raconter des histoires avec un autre de ses trucs. N'étaient les applaudissements du public, Calamity Jane elle-même ne serait pas sûre qu'elle est cette femme de quarante-quatre ans, assez grande et sans grâce qui lance un chapeau en l'air et le transforme en passoire.

(169)

1899

Rome

L'empire naissant exhibe ses muscles

Au cours d'une cérémonie, en grande pompe, Buffalo Bill reçoit des mains du roi d'Italie une montre en or entourée de diamants.

Le show de l'Ouest sauvage parcourt l'Europe. La conquête de l'Ouest est finie et la conquête du monde a commencé. Buffalo Bill a sous ses ordres une armée multinationale de cinq cents hommes. Il n'y a pas seulement des cow-boys qui travaillent dans son cirque, mais aussi d'authentiques lanciers du prince de Galles, des chasseurs de la garde républicaine française, des cuirassiers de l'empereur d'Allemagne, des cosaques russes, des cavaliers arabes, des cavaliers mexicains et des gauchos du Río de la Plata. Les soldats du 5e régiment de cavalerie jouent leur rôle de vainqueurs et des Indiens vaincus arrachés aux réserves font leurs comparses et répètent leur défaite sur la piste du cirque. Un troupeau de buffles, pièces rares de musée, ajoute du réalisme aux uniformes bleus et aux casques à plumes. Les *rudes cavaliers* de Teddy Roosevelt jouent pour le public leur récente conquête de Cuba, et, des Cubains, des Hawaiiens et des Philippins humiliés rendent hommage au drapeau victorieux.

Le programme du spectacle explique la conquête de l'Ouest avec des mots empruntés à Darwin : *c'est l'inévitable loi de la survie du plus apte.* En termes d'épopée, Buffalo Bill exalte les vertus civiques et militaires de sa patrie qui a absorbé la moitié du Mexique et plusieurs îles et qui accède au XXe siècle en foulant le monde d'un pas de grande puissance.

(157)

1899

Saint-Louis

Loin

Il sort du feu des bouches, et des lapins des chapeaux ; du cor enchanté naissent de petits chevaux de verre. Un chariot passe sur une femme couchée qui se relève d'un saut ; une autre danse avec une épée lui transperçant le ventre. Un ours énorme obéit à des ordres compliqués qui lui sont donnés en anglais.

On invite Geronimo à entrer dans une petite maison à quatre fenêtres. Soudain la maison bouge et monte en l'air. Effrayé, Geronimo se penche. En bas les gens ont la taille de fourmis. Les gardiens rient. On lui donne des verres grossissants comme ceux qu'il arrachait aux officiers tombés dans la bataille. A travers ces verres, ce qui est loin se rapproche. Geronimo fixe le soleil et sa lumière violente lui fait mal aux yeux. Les gardiens rient, et comme ils rient, Geronimo rit lui aussi.

Geronimo, prisonnier de guerre des États-Unis est une des attractions de la foire de Saint-Louis. Les foules accourent pour voir la bête sauvage domestiquée. Le chef des Apaches de l'Arizona vend des arcs et des flèches pour quelques cents, il pose pour des photos ou dessine comme il peut les lettres de son nom.

(24)

1899

Rio de Janeiro

L'art de soigner en tuant

Des mains ensorcelées jouent avec le prix du café et le Brésil ne sait pas comment payer la London and River Plate Bank ni ses autres créanciers très impatients.

Le moment du sacrifice est arrivé, annonce le ministre des Finances, Joaquim Murtinho. Ce ministre croit aux *lois naturelles* de l'économie qui, *par sélection naturelle,* condamnent les faibles, c'est-à-dire les pauvres, c'est-à-dire presque tout le monde. Que l'État arrache le commerce du café des mains des spéculateurs ? Cela serait, s'indigne Murtinho, une violation des *lois naturelles* et un pas dangereux vers le socialisme, effroyable fléau que les ouvriers européens sont en train d'apporter au Brésil. Le socialisme, dit-il, nie la liberté et transforme l'homme en fourmi.

L'industrie nationale, pense Murtinho, n'est pas *naturelle.* Pour petite qu'elle soit, l'industrie nationale enlève de la main-d'œuvre aux plantations et cela fait monter les salaires des bras. Murtinho, ange gardien de l'ordre latifundiste, fera en sorte que la crise ne soit pas payée par les maîtres des hommes et des terres qui ont traversé, intacts, l'abolition de l'esclavage et la proclamation de la république. Pour se mettre en règle avec les banques anglaises et équilibrer les finances, le ministre brûle dans un four tous les billets qu'il trouve, supprime autant de services publics qu'il en a sous la main et déclenche une pluie d'impôts sur les pauvres.

Économiste par vocation et médecin de profession, Murtinho se livre aussi à des expériences intéressantes dans le domaine de la physiologie. Dans son laboratoire il extrait la masse encéphalique des rats et des lapins et il décapite les grenouilles pour étudier les convulsions du corps qui continue à bouger comme s'il avait encore une tête.

(75)

1900
Huanuni

Patiño

Ce cavalier arrive de la désolation et il parcourt la désolation à pas lents, à travers les vents glacés de la planète chauve. Une mule le suit, chargée de pierres. Ce cavalier a passé beaucoup de temps à perforer des roches et à ouvrir des galeries à coups de dynamite. Il n'a jamais vu la mer, il ne connaît même pas la ville de La Paz mais il soupçonne que le monde vit en pleine ère industrielle et que l'industrie absorbe des minéraux dépréciés jusqu'à présent. Il ne s'est pas jeté au cœur de la montagne pour chercher de l'argent, comme tant d'autres. C'est pour chercher de l'étain comme personne qu'il a pénétré jusqu'au fond de la montagne, jusqu'à ses entrailles, et il a trouvé.

Simon Patiño, le cavalier fouetté par le froid, le mineur frappé par la solitude et criblé de dettes, arrive au village de Huanuni. Dans les sacoches de sa mule, il transporte des morceaux d'étain de la veine la plus riche du monde. Ces cailloux feront de lui l'homme le plus riche de Bolivie.

(132)

1900
Ville de Mexico

Posada

Il illustre les chansons et nouvelles. Ses feuilles se vendent sur les marchés et aux portes des églises, partout où un chanteur rapporte les prophéties de Nostradamus et décrit avec d'épouvantables détails le déraillement du train de Tamamatla, la dernière apparition de la Vierge de Guadalupe ou la tragédie de la femme qui a mis au monde quatre lézards dans un quartier de cette ville.

Grâce au travail de la main magique de José Guadalupe Posada, les *romances populaires* continueront à romancer et les événements de se produire. Dans ses images, les couteaux des bravaches et les langues des commères seront toujours affilés, le Diable continuera à danser au milieu des flammes, la mort à rire, le pulque à mouiller les moustaches, *le malheureux Eleuterio Mirafuentes à écraser avec une énorme pierre le crâne du vieillard auteur de ses jours.* Une gravure de Posada a célébré cette année l'apparition du premier tramway électrique dans les rues de Mexico, maintenant, une autre gravure raconte que le tramway a heurté un cortège funèbre devant le cimetière et qu'il s'est produit un formidable éparpillement de squelettes. Les tirages, sur papier chiffon, avec des vers pour ceux qui pourront les lire et pleurer, se vendent un centavo pièce.

Son atelier est un enchevêtrement de rouleaux, de récipients, de feuilles de zinc, de baguettes de bois, le tout entassé autour de la presse et sous une pluie de papiers récemment suspendus pour sécher. Posada travaille du matin au soir à graver ces merveilles : *petits dessins,* dit-il.

De temps en temps il sort sur le pas de la porte pour fumer un cigare et se reposer, sans oublier de couvrir sa tête d'un chapeau melon et son ventre proéminent d'un gilet de drap noir.

Devant la porte de l'atelier de Posada passent tous les jours les professeurs de l'Académie des beaux-arts, voisine. Jamais ils ne s'approchent de lui, jamais ils ne le saluent.

(263 et 357)

1900
Ville de Mexico

Porfirio Diaz

Il a grandi dans l'ombre de Juáres. Juáres l'appelait *l'homme qui tue en pleurant.*

En pleurant, en pleurant, il me fusillera par mégarde.

Porfirio Diaz gouverne au Mexique depuis un quart de siècle. Les biographes officiels enregistrent pour la postérité ses bâillements et ses apophtegmes. Ils ne prennent pas de notes quand il dit :

— *Le meilleur des Indiens est celui qui se trouve à quatre mètres sous terre.*

— *Tue-les sur-le-champ.*

— *Ne troublez pas la caballada.*

La caballada (le troupeau) ce sont des législateurs qui approuvent d'un mouvement de tête, à moitié endormis, et qui appellent don Porfirio *l'Unique, l'Indispensable, l'Irremplaçable.* Le peuple, lui, l'appelle *Don Perfidio* et se moque de ses courtisans.

— *Quelle heure est-il?*

— *L'heure que vous ordonnerez qu'il soit, señor président.*

Il montre son petit doigt et dit : *J'ai mal à Texcala.* Il montre son cœur et dit : *J'ai mal à Oaxaca.* La main sur le foie il déclare : *J'ai mal à Michoacán.* Et aussitôt il a devant lui trois gouverneurs tremblants de peur.

La loi sur le délit de fuite est appliquée aux rebelles et aux curieux. En pleine ère de paix porfirienne, le Mexique progresse. Les messages qui, autrefois, étaient transportés par des mules, des chevaux ou des pigeons, volent aujourd'hui sur soixante-dix mille kilomètres de télégraphe. Là où passaient les diligences, il y a maintenant quinze mille kilomètres de voies ferrées. La nation paie ses dettes rubis sur l'ongle et fournit des minéraux et des aliments au marché mondial. Dans chaque latifundium se dresse une forteresse du haut de laquelle des gardes surveillent les Indiens qui n'ont pas le droit de changer de maître. Il n'y a pas d'école d'économie, mais don Porfirio gouverne entouré de *scientifiques* spécialisés dans les achats de terres juste à l'endroit où passera la prochaine ligne de chemin de fer. Les capitaux viennent des États-Unis et les idées et les modes s'achètent, défraîchies, en France. La capitale prend plaisir à se dire *le Paris de l'Amérique,* bien que dans les rues de la ville on rencontre encore plus de culottes blanches que de pantalons ; et la minorité en redingote habite de petits palais style second Empire. Les poètes ont baptisé le crépuscule *heure verte,* non pas à cause de la lumière que reflète le feuillage, mais en souvenir de l'absinthe de Musset.

(33 et 142)

1900
Ville de Mexico

Les Flores Magon

Le peuple nage dans des fleuves de pulque tandis que carillonnent les cloches, que grondent les fusées et que brillent les couteaux à la lueur des feux de Bengale. La foule envahit l'Alameda et les autres rues interdites — zone sacro-sainte réservée aux dames corsetées et aux messieurs en jaquettes —, portant la Vierge sur des brancards. De sa haute barque de lumière, les ailes de la Vierge la protègent et la guident.

Aujourd'hui c'est le jour de Notre-Dame des Anges qui, à Mexico, se prolonge durant toute une semaine avec fêtes nocturnes et, au milieu de la violente joie du peuple, comme s'il voulait la mériter, naît un nouveau journal. Il s'intitule *Regeneración*. Il est l'héritier des passions et des dettes du *Demócrata*, fermé par la dictature. Jesús Ricardo et Enrique Flores Magon en sont les rédacteurs, les imprimeurs et les diffuseurs.

Les frères Flores Magon ont été élevés au milieu des difficultés. Depuis que leur père est mort ils ont connu, alternativement, la prison, les études de droit, les petits travaux, le journalisme militant et les manifestations avec pierres contre coups de feu.

Tout est à tous, leur avait dit leur père, l'Indien Teodoro Flores, au visage osseux tendu vers les étoiles. Et, mille fois, il leur avait dit : *Répétez-le.*

(287)

1900
Mérida du Yucatán

L'agave

Un Maya du Yucatán sur trois est esclave, otage de l'agave, et esclaves seront ses fils qui hériteront de ses dettes. Les terres se vendent avec les Indiens et tout, mais les grandes plantations d'agave emploient des méthodes scientifiques et une machinerie moderne, elles reçoivent des ordres par télégraphe et sont financées par les banques de New York. Les machines à râper, mues à la vapeur, détachent les fibres, et les trains de l'International Arvester les font glisser jusqu'au port de Progreso. Les gardiens enferment les Indiens dans des baraques, quand tombe la nuit, et au petit matin, ils les poussent, à cheval, vers les rangées de plantes aux pointes hérissées.

Avec le fil du sisal, le fil de l'agave, on attache tout ce qui existe sur terre et tous les bateaux voguent sur la mer en utilisant des cordes d'agave. C'est en *agavant* que prospère le Yucatán, une des régions les plus riches du Mexique. A Mérida, sa capitale, des grilles dorées empêchent les mules et les Indiens de piétiner les jardins mal copiés de Versailles. La voiture de l'évêque est presque exactement semblable à celle qu'utilise le pape à Rome, et de Paris viennent des architectes qui copient les châteaux français du Moyen Age, bien que les héros d'aujourd'hui ne courent pas après les princesses prisonnières mais après les Indiens libres.

Le général Ignacio Bravo, yeux froids comme une lame de couteau, moustaches blanches, bouche muette, est arrivé à Mérida pour exterminer les Mayas qui font encore résonner les tambours de guerre. Les canons de San Benito saluent le rédempteur de l'agave. Sur la place d'Armes, sous les lauriers en fleurs, les maîtres du Yucatán offrent au général Bravo l'épée d'argent qui est réservée au vainqueur de Chan Santa Cruz, la ville sacrée et rebelle de la selva.

Ensuite, comme une lente paupière, tombe la nuit.

(273)

Du *romance* mexicain du 28e bataillon

Maintenant, je m'en vais, je m'en vais
Je m'en vais avec grand plaisir
Car ici les Indiens mayas
D'effroi sont en train de mourir

Maintenant je m'en vais, je m'en vais
De l'autre côté de la mer
Car il n'est plus d'autre chemin
Que puissent emprunter les Indiens

Maintenant je m'en vais, je m'en vais
Que Dieu te garde, belle à la peau cuivrée
Car ici les Indiens mayas
Sont en train de servir de bois

Maintenant je m'en vais, je m'en vais
Je m'en vais vers le temps d'hiver
Car ici les Indiens mayas
Sont en train de subir l'enfer

(212)

1900
Tabi

Le serpent de fer

En tête roulent les canons qui font tomber les barrières et écrasent les moribonds. Derrière les canons viennent les soldats, presque tous des Indiens, ils mettent le feu aux champs de maïs des communautés et tirent avec leur mauser à répétition contre de vieilles armes qui se chargent par la bouche. Derrière les soldats viennent les peones, presque tous des Indiens. Ils placent les rails pour le chemin de fer et les poteaux pour le télégraphe et le gibet.

Le chemin de fer, serpent sans écailles, a sa queue à Mérida et son long corps avance vers Chan Santa Cruz. La tête arrive à Santa María, il saute jusqu'à Hobompich et de là à Tabi, double langue de fer, rapide, vorace, fendant la sierra, coupant la terre, il chasse, attaque et mord. Dans son avance fulgurante il avale les Indiens libres et rejette des esclaves.

Le sanctuaire de Chan Santa Cruz est condamné. Il était né, il y a un demi-siècle, mis au monde par cette petite croix d'acajou apparue dans l'épaisseur de la forêt qui avait dit :

Mon père m'a envoyée pour que je parle avec vous qui êtes terre.

(273)

Le prophète
Il vivait là, il y a plus de quatre siècles

Allongé sur la natte, la bouche tournée vers le ciel, le prêtre-jaguar du Yucatán a écouté le message des dieux. Ils lui ont parlé à travers le toit, montés à califourchon sur sa maison, en une langue que personne ne comprenait plus.

Chilam Balam, celui qui était la bouche des dieux, se souvint de ce qui n'était pas encore arrivé et qui allait se produire :

Le bâton et la pierre se dresseront pour le combat... Les chiens mordront leurs maîtres... Ceux qui ont usurpé le trône devront rejeter ce qu'ils ont avalé. Très doux, très savoureux était ce qu'ils ont avalé, mais ils le vomiront. Les imposteurs s'en iront aux confins des eaux... Il n'y aura plus de dévoreurs d'hommes... Avec la fin de la convoitise le visage se détendra, les mains se délieront et se délieront les pieds du monde.

(23)

LES SOURCES*

1. Abreu y Gómez, Emilio, *Canek. Historia y leyenda de un héroe maya*, Mexico, Oasis, 1982.
2. Acevedo, Edberto Oscar, *El ciclo histórico de la revolución de mayo*, Sevilla, Escuela de Estudios Hispanoamericanos, 1957.
3. Acuña de Figueroa, Francisco, *Nuevo mosaico poético*, prólogo de Gustavo Gallinal, Montevideo, Claudio García, 1944.
4. Adoum, Jorge Enrique, « Las Galápagos : el origen de *El origen...* » et articles de : Asimov, Pyke et autres in *Darwin*, « Le Courrier de l'Unesco », Paris, mai 1982.
5. Aguirre, Nataniel, *Juan de la Rosa*, La Paz, Gisbert, 1973.
6. Ajofrín, Francisco de, *Diario de viaje*, Madrid, Real Academia de la Historia, 1958.
7. Alcáraz, Ramón, et d'autres, *Apuntes para la historia de la guerra entre México y los Estados Unidos*, Mexico, Siglo xxi, 1970.
8. Alemán Bolaños, Gustavo, *Sandino, el libertador*, Mexico/Guatemala, Ed. del Caribe, 1951.
9. Anderson Imbert, Enrique, *Historia de la literatura hispanoamericana*, Mexico, FCE, 1974.
10. Anson, George, *Voyage autour du monde*, Amsterdam/Leipzig, Arkstée et Merkus, 1751.
11. Antonil, André João, *Cultura e opulencia do Brasil por suas drogas e minas*, traduit en français et commenté par Andrée Mansuy, Paris, Institut des hautes études de l'Amérique latine, 1968.
12. Aptheker, Herbert (Ed.), *A documentary history of the negro people in the United States*, New York, Citadel, 1969.
13. Arciniegas, Germán, *Los comuneros*, Mexico, Guarania, 1951.
14. Arnold, Mayer, *Del Plata a los Andes, Viaje por las provincias en la época de Rosas*, Buenos Aires, Huarpes, 1944.

* Toutes les fois que cela a été possible, nous avons cité les éditions *en français* des ouvrages consultés par l'auteur afin de faciliter la documentation et la curiosité du lecteur.

15. ARRIAGA, Antonio, *La patria recobrada*, Mexico, FCE, 1967.
16. ARZÁNS DE ORSÚA Y VELA, *Bartolomé, Historia de la Villa Imperial de Potosí* (Ed. de Lewis Hanke y Gunnar Mendoza), Providence, Brown University, 1965.
17. ASTUTO, Philip Louis, *Eugenio Espejo, reformador ecuatoriano de la Illustración*, Mexico, FCE, 1969.
18. ATL, Dr, *Las artes populares en México*, Mexico, Instituto Nacional Indigenista, 1980.
19. AUBRY, Octave, *Vie privée de Napoléon*, Paris, Tallandier, 1977.
20. AYESTARÁN, Lauro, *La música en el Uruguay*, Montevideo SODRE, 1953.
21. BAELEN, Jean, *la Vie de Flora Tristan. Socialisme et Féminisme au XIXe siècle*, Paris, Le Seuil, 1972.
22. BARNET, Miguel, *Akeké y la jutía*, La Havane, Unión, 1978.
23. BARRERA VÁSQUEZ, Alfredo y Sylvia Rendón (version et introduction), *El libro de los libros de Chilam Balam*, Mexico, FCE, 1978.
24. BARRETT, S.M. (Ed.), *les Mémoires de Geronimo*, traduit de l'américain, Paris, La Découverte-Maspero, 3e éd. 1977.
25. BARRETT, William E., *La amazona*, Barcelone, Grijalbo, 1982.
26. BASADRE, Jorge, *La multitud, la ciudad y el campo en la historia del Perú*, Lima, Treintaitrés y Mosca Azul, 1980.
27. BASTIDE, Roger, *les Religions africaines au Brésil*, Paris, Presses Universitaires, 1960.
28. — *Les Amériques noires*, Paris, Payot, 1967.
29. BAZIN, Germain, *Aleijadinho et la sculpture baroque au Brésil*, Paris, Du Temps, 1963.
30. BECK, Hanno, *Alexander von Humboldt*, Mexico, FCE, 1971.
31. BENÍTEZ, Fernando, *Los indios de México* (tome II), Mexico, Era, 1968.
32. — *Los indios de México* (tome IV), Mexico, Era, 1972.
33. — *El porfirismo. Lázaro Cárdenas y la revolución mexicana*, Mexico, FCE, 1977.
34. BENÍTEZ, Rubén A., *Una histórica función del circo*, Buenos Aires, Universidad, 1956.
35. BERMÚDEZ, Oscar, *Historia del salitre, desde sus orígenes hasta la guerra del Pacífico*, Santiago du Chili, Universidad, 1963.
36. BERMÚDEZ BERMÚDEZ, Arturo, *Materiales para la historia de Santa Marta*, Bogotá, Banco Central Hipotecario, 1981.
37. BEYHAUT, Gustavo, *América centrale e meridionale. Dall'indipendenza alla crisi attuale*, Rome, Feltrinelli, 1968.
38. BIEHORST, John, *In the trail of the wind. American indian poems and ritual orations*, New York, Farrar, Straus and Giroux, 1973.
39. BILBAO, Francisco, *La revolución en Chile y los mensajes del proscripto*, Lima, Imprenta del Comercio, 1853.

40. BOLÍVAR, Simón, *Documentos (choix de Manuel Galich)*, La Havane, Casa de las Americas, 1975. On peut consulter, en français : BOLIVAR, Simon, *Pages choisies, lettres, discours et proclamations*, Travaux et mémoires de l'Institut de hautes études de l'Amérique latine (17), Paris, 1960 ; et *l'Unité impossible*, la Découverte-Maspero, 1983.
41. BOORSTIN, Daniel J., *The lost world of Thomas Jefferson*, Chicago, University of Chicago, 1981.
42. BONILLA, Heraclio, *La independencia del Perú* (avec d'autres auteurs), Lima, Instituto de Estudios Peruanos, 1981.
43. — *Nueva historia general del Perú* (avec d'autres auteurs), Lima, Mosca, Azul, 1980.
44. — *Guano y burguesía en el Perú*, Lima, Instituto de Estudios Peruanos, 1974.
45. — *Un siglo a la deriva. Ensayos sobre el Perú, Bolivia y la guerra*, Lima, Instituto de Estudios Peruanos, 1980.
46. BOTTING, Douglas, *Humboldt and the Cosmos*, Londres, Sphere, 1973.
47. BOX, Pelham Horton, *Los orígenes de la guerra de la Triple Alianza*, Buenos Aires/Asunción, Nizza, 1958.
48. BOXER, C.R., *The golden age of Brazil (1695-1750)*, Berkeley, University of California, 1969.
49. BRADING, D.A., *Mineros y comerciantes en el México borbónico (1763-1810)*, Mexico, FCE, 1975.
50. BROOKE, Frances, *The history of Emily Montague*, Toronto, McClelland and Stewart, 1961.
51. BROWN, Dee, *Enterre mon cœur à Wounded Knee*, traduit de l'américain, Paris, Stock, 1961.
52. BRUNET, Michel, *les Canadiens après la conquête (1759-1775), Montréal, Fides, 1980.*
53. BUSANICHE, Jose Luis, *Bolívar visto por sus contemporáneos*, Mexico, FCE, 1981.
54. — *San Martín vivo*, Buenos Aires, Emecé, 1950.
55. — *Historia argentina*, Buenos Aires, Solar/Hachette, 1973.
56. CABRERA, Lydia, *El monte*, La Havane, CR, 1954.
57. CALDERÓN DE LA BARCA, Frances Erskine de, *La vida en México durante una residencia de dos años en ese país*, Mexico, Porrúa, 1959.
58. CANALES, Claudia, *Romualdo García. Un fotógrafo, una ciudad, una época*, Guanajuato, Gobierno del Estado, 1980.
59. CARDOZA Y ARAGÓN, Luis, *Guatemala : las lineas de su mano*, Mexico, FCE, 1965.
60. CARDOZO, Efraím, *Breve historia del Paraguay*, Buenos Aires, Eudeba, 1965.
61. — *Hace cien años. Crónicas de la guerra de 1864-1870*, Asunción, Emasa, 1967/1976.

62. Carlos, Lasinha Luis, *A Colombo na vida do Rio,* Rio de Janeiro, s. éd., 1970.
63. Carpentier, Alejo, *le Royaume de ce monde,* traduit de l'espagnol, Paris, Gallimard, 1980.
64. Carrera Damas, Germán, *Bolivar,* Montevideo, Marcha, 1974.
65. Carvalho-Neto, Paulo de, *El Folklore de las luchas sociales,* Mexico, Siglo xxi, 1973.
66. — « Contribución al estudio de los negros paraguayos de Acampamento Loma » dans la revue *América latina,* Rio de Janeiro, Centre latino-américain de recherches en sciences sociales, janvier/juin 1962.
67. Casarrubias, Vicente, *Rebeliones indígenas en la Nueva Espana,* Mexico, Secrétariat de l'Éducation publique, 1945.
68. Casimir, Jean, *La cultura oprimida,* Mexico, Nueva Imagen, 1980.
69. Catton, Bruce, *Reflections on the Civil War,* New York/Berkeley, 1982.
70. — *Short history of the Civil War,* New York, Dell, 1976.
71. Césaire, Aimé, *Toussaint Louverture, la Révélation française et le problème colonial,* Paris, 1960.
72. Clastres, Hélène, *la Terre sans mal. Le prophétisme tupi-guarani,* Paris, Seuil, 1975.
73. Clavijero, Francisco Javier, *Historia antigua de México,* Mexico, Editora Mexico, 1958.
74. Conrad, Robert, *Os últimos anos da escravatura no Brasil,* Rio de Janeiro, Civilização Brasileira, 1975.
75. Corréa Filho, Virgilio, *Joaquim Murtinho,* Rio de Janeiro, Imprensa Nacional, 1951.
76. Cortesao, Jaime, *Do Tratado de Madri à conquista dos Sete povos,* Rio de Janeiro, Biblioteca Nacional, 1969.
77. Coughtry, Jay, *The notorious triangle. Rhode Island and the african slave trade 1700-1807,* Philadelphie, Temple, 1981.
78. Craton, Michael, *Testing the chains. Resistance to slavery in the British West Indies,* Ithaca, Cornell University, 1982.
79. Crowther, J. G., *Benjamin Franklin y J. Willard Gibbs,* Buenos Aires, Espasa-Calpe, 1946.
80. Cunha, Euclides da, *Os Sertões,* São Paolo, Alves, 1936.
81. Current, Richard, N., *The Lincoln nobody knows,* New York, Hill and Wang, 1981.
82. Chaves, Julio César, *El Supremo Dictador,* Buenos Aires, Difusam, 1942.
83. — *El presidente López. Vida y gobierno de don Carlos,* Buenos Aires, Ayacucho, 1955.
84. — *Castelli, El adalid de Mayo,* Buenos Aires, Ayacucho, 1944.
85. Daireaux, Max, *Melgarejo,* Buenos Aires, Andina, 1966.

86. DALLAS, Robert Charles, *Historia de los cimarrones,* La Havane, Casa de las Américas, 1980.
87. DALTON, Roque, *Las historias prohibidas del Pulgarcito,* Mexico, Siglo XXI, 1974.
88. DARWIN, Charles, *Voyage autour du monde,* Paris, La Découverte-poche, 1982 (2 vol.).
89. DAVIDSON, Basil, *Mère Afrique,* Paris, PUF, 1965.
90. DEBIEN, Gabriel, « Le marronnage aux Antilles françaises au XVIIIe siècle » in *Caribbean Studies,* vol. 6, No 3, Rio Piedras, Institute of Caribbean Studies, octobre 1966.
91. DEBO, Angie, *A history of the indians of the United States,* Oklahoma, University of Oklahoma, 1979.
92. DEFOE, Daniel, *Robinson Crusoe,* nombreuses traductions françaises.
93. DESCOLA, Jean, *la Vie quotidienne au Pérou au temps des Espagnols, 1710-1820,* Paris, Hachette, 1962.
94. DÍAZ, Lilia, « El liberalismo militante », dans *Historia general de México,* divers auteurs, Mexico, El Colegio de Mexico, 1977.
95. DOUCET, Louis, *Quand les Français cherchaient fortune aux Caraïbes,* Paris, Fayard, 1981.
96. DOUVILLE, Raymond et CASANOVA Jacques-Donat, *la Vie quotidienne en Nouvelle-France. Le Canada, de Champlain à Montcalm,* Paris, Hachette, 1964.
97. — *Des Indiens du Canada à l'époque de la colonisation française,* Paris, Hachette, 1967.
98. DUCHET, Michèle, *Anthropologie et Histoire au siècle des Lumières,* Paris, Flammarion, 1978.
99. DUGRAN, J. H., *Edgard A. Poe,* Buenos Aires, Lautaro, 1944.
100. DUJOVNE, Marta, ROA BASTOS Augusto et autres, *Cándido López,* Parme, Ricci, 1976.
101. DUMAS, Alexandre, *Montevideo ou la Nouvelle Troie,* Paris, Imprimerie Centrale de N. Chaix.
102. DUVAL, Jr., Miles, P., *De Cadiz a Catay,* Panama, Editorial Universitaria, 1973.
103. ECHAGÜE, J. P., *Tradiciones, leyendas y cuentos argentinos,* Buenos Aires, Espasa-Calpe, 1960.
104. ECHEVERRÍA, Esteban, *La cautiva/El matadero,* Trousseau, Besançon, Annales littéraires, 1969.
105. ESCALANTE BEATÓN, Aníbal, *Calixto García. Su campaña en el 95,* La Havane; Ciencias Sociales, 1978.
106. EYZAGUIRRE, Jaime, *Historia de Chile,* Santiago du Chili, Zig-Zag, 1977.
107. — *Chile y Bolivia. Esquema de un proceso diplomático,* Santiago du Chili, Zig-Zag, 1963.
108. FALS BORDA, Orlando, *Historia doble de la costa,* Bogotá, Carlos Valencia, 1980/1981.

109. FARIA, Alberto de, *Irenêo Evangelista de Souza, barão e visconde de Mauá, 1813-1889*, São Paolo, Editora Nacional, 1946.
110. FELCE, Emma et Léon BENARÓS (Choix), *Los caudillos del año 20*, Buenos Aires, Nova, 1944.
111. FERNÁNDEZ DE LIZARDI, José Joaquín, *El Periquillo Sarniento*, Buenos Aires, Maucci, sans date.
112. FERNÁNDEZ RETAMAR, Roberto, *Introducción a José Martí*, La Havane, Casa de las Américas, 1978.
113. FOHLEN, Claude, *La vie quotidienne au Far West*, Paris, Hachette, 1974.
114. FONER, Philip S., *La guerra hispano-cubano-norteamericana y el surgimiento del imperialismo yanqui*, La Havane, Ciencias Sociales, 1978.
115. FRANCO, José Luciano, *Historia de la revolución de Haiti*, La Havane, Academia de Ciencias, 1966.
116. FRANK, Waldo, *Nacimiento de un mundo. Bolívar dentro del marco de sus propios pueblos*, La Havane, Instituto del Libro, 1967.
117. FREITAS, Décio, *O socialismo missioneiro*, Porto Alegre, Movimiento, 1982.
118. FREITAS, Newton, *El Aleijadinho*, Buenos Aires, Nova, 1944.
119. FREYRE, Gilberto, *Sobrados e mucambos*, Rio de Janeiro, José Olympio, 1951.
120. FRIEDMANN, Nina S. de (et Richard CROSSS), *Ma Ngombe. Guerreros y ganaderos en Palenque*, Bogotá, Carlos Valencia, 1979.
121. — Avec la collaboration de Jaime Arocha, *Herederos del jaguar y la anaconda*, Bogota, Carlos Valencia, 1982.
122. FRIEIRO, Eduardo, *Feijão, agua e couve*, Belo Horizonte, Itatiaia, 1982.
123. FROTA, Lélia Coelho, *Ataíde*, Río de Janeiro, Nova Fronteira, 1982.
124. FURST, Peter T., et Salomon NAHMAD, *Mitos y arte huicholes*, Mexico, Sep/Setentas, 1972.
125. FUSCO SANSONE, Nicolás, *Vida y obras de Bartolomé Hidalgo*, Buenos Aires, sans éditeur, 1952.
126. GANTIER, Joaquín, *Doña Juana Azurduy de Padilla*, La Paz, Icthus, 1973.
127. GARCÍA CANTÚ, Gastón, *Utopías mexicanas*, Mexico, FCE, 1978.
128. — *Las invasiones norteamericanas en México*, Mexico, Era, 1974.
129. — *El Socialismo en México, Siglo XIX*, Mexico, Era, 1974.
130. GARRATY, John A. et Peter GAY, *Columbia history of the world*, New York, Harper and Row, 1972.
131. GARRETT, Pat, *La verdadera historia de Billy the Kid*, Mexico, Premía, 1981.
132. GEDDES, Charles F., *Patiño, the tin king*, Londres, Hale, 1972.
133. GENDROP, Paul, *les Mayas*, Paris, PUF, 1980.

134. GERBI, Antonello, *La disputa del Nuevo Mundo*, Mexico, FCE, 1960.
135. GIBSON, Charles, *Los aztecas bajo al dominio español (1519-1810)*, Mexico, Siglo XXI, 1977.
136. GIROD, François, *la Vie quotidienne de la société créole (Saint-Domingue au XVIIIe siècle)*, Paris, Hachette, 1972.
137. GISBERT, Teresa, *Iconografia y mitos indígenas en el arte*, La Paz, Gisbert, 1980.
138. — Avec la collaboration de MESA José de, *Historia de la pintura Cuzqueña*, Lima, Banco Wiese, 1982.
139. GISLER, Antoine, *l'Esclavage aux Antilles françaises* (XVIIe/XIXe *siècle)*, Paris, Karthala, 1981.
140. GODIO, Julio, *Historia del movimiento obrero latinoamericano*, Mexico, Nueva Imagen, 1980.
141. GONZÁLEZ, José Luis, *La llegada*, San Juan, Mortiz/Huracán, 1980.
142. GONZÁLEZ, Luis, « El liberalismo triunfante », in *Historia general de México*, Mexico, El Colegio de Mexico, 1977.
143. — Avec d'autres, *La economia mexicana en la época de Juárez*, Mexico, Secretaría de Industria y Comercio, 1972.
144. GONZÁLEZ NAVARRO, Moisés, *Raza y tierra. La guerra de castas y el henequén*, Mexico, El Colegio de Mexico, 1979.
145. GONZÁLEZ PRADA, Manuel, *Horas de lucha*, Lima, Universo, 1972.
146. GONZÁLEZ SÁNCHEZ, Isabel, « Sistemas de trabajo, salarios y situación de los trabajadores agrícolas (1750-1810) » in *La clase obrera en la historia de México. 1. De la colonia al imperio*, Mexico, Siglo XXI, 1980.
147. GRANADA, Daniel, *Supersticiones del Río de la Plata*, Buenos Aires, Kraft, 1947.
148. GREDILLA, A. Federico, *Biografia de José Celestino Mutis y sus observaciones sobre las vigilias y sueños de algunas plantas*, Bogotá, Plaza y Janés, 1982.
149. GREEN, Martin, *Dreams of adventure, deeds of Empire*, New York, Basic Books, 1979.
150. GRIGULÉVICH, José, *Francisco de Miranda y la lucha por la libéración de América latina*, La Havane, Casa de las Américas, 1978.
151. GRISWOLD, C. D., *El istmo de Panamá y lo que vi en él*, Panamá, Ed. Universitaria, 1974.
152. GUASCH, Antonio, *Diccionario castellano-guarani y guarani-castellano*, Séville, Loyola, 1961.
153. GUERRERO GUERRERO, Raúl, *El pulque*, Mexico, Instituto Nacional de Antropologia e Historia, 1980.
154. GUIER, Enrique, *William Walker*, San José de Costa Rica, sans éditeur, 1971.

155. GUITERAS HOLMES, Cali, *Los peligros del alma. Visión del mundo de un tzotzil*, Mexico, FCE, 1965.
156. GUY, Christian, *Almanach historique de la gastronomie française*, Paris, Hachette, 1981.
157. HASSRICK, Peter H. et d'autres, *Buffalo Bill and the Wild West*, New York, The Brooklyn Museum, 1981.
158. HERNÁNDEZ, José, *Martin Fierro*, Buenos Aires, Eudeba, 1963.
159. HERNÁNDEZ MATOS, Román, *Micaela Bastidas la precursora*, Lima, Atlas, 1981.
160. HERRERA LUQUE, Francisco, *Boves, el Urogallo*, Caracas, Fuentes, 1973.
161. HOFSTADTER, Richard, *The american political tradition*, New York, Knopf, 1948.
162. HUBERMAN, Leo, *We, the people. The drama of America*, New York, Monthly Revew Press, 1970.
163. HUMBOLDT, Alexandre de, *Essai politique sur le royaume de la Nouvelle-Espagne*, Paris 1807 et *sq.* (2 vol.) Schoell, 1811.
164. IBAÑEZ FONSECA, Rodrigo et d'autres, *Literatura de Colombia aborigen*, Bogotá, Instituto Colombiano de Cultura, 1978.
165. IBARRA, Jorge, *José Martí, dirigente político e ideólogo revolucionario*, La Havane, Ciencias Sociales, 1980.
166. IRAZUSTA, Julio, *Ensayo sobre Rosas*, Buenos Aires, Tor, 1935.
167. ISAACS, Jorge, *María* (introduction de Germán Arciniegas), Barcelone, Circulo de Lectores, 1975.
168. JACOBS, Paul, LANDAU Saul et PELL Eve, *To serve the Devil. A documentary analysis of America's racial history and why it has been kept hidden*, New York, Random, 1971.
169. JANE, Calamity, *Cartas a la hija*, Barcelone, Anagrama, 1982.
170. JUAN, Jorge et DE ULLOA Antonio, *Noticias secretas de América*, Caracas, Ayacucho, 1979.
171. KAUFMANN, William W., *British policy and the independence of Latin America (1804-1828)*, Yale, Archon, 1967.
172. KLEIN, Herbert S., Bolivia, *The evolution of a multiethnic society*, New York/Oxford, Oxford University Press, 1982.
173. KOM, Antón de, *Nosotros, esclavos de Surinam*, La Havane, Casa de las Américas, 1981.
174. KONETZKE, Richard, *Colección de documentos para la historia de la formación social de Hispanoamérica*, Madrid, Consejo superior de Investigaciones Cientificas, 1962.
175. KOSSOK, Manfred, *El virreynato del Río de la Plata. Su estructura économico-social*, Buenos Aires, Futuro, 1959.
176. LACOURSIÈRE, J., PROVENCHER J. et VAUGEOIS D., *Canada/Québec. Synthèse historique*, Montreal, Renouveau pédagogique, 1978.
177. LAFARGUE, Paul, *Textos escogidos*, Sélection et introduction par Salvador Morales, La Havane, Ciencias Sociales, 1976. Le lecteur

pourra consulter utilement *le Droit à la paresse*, Paris, Maspero, 1982.

178. LAFAYE, Jacques, *Quetzacoatl et Guadalupe. La formation de la conscience du Mexique*, Paris, Gallimard, 1974.
179. LANUZA, José Luis, *Coplas y cantares argentinos*, Buenos Aires, Emecé, 1952.
180. LARA, Oruno, *la Guadeloupe dans l'histoire*, Paris, l'Harmattan, 1979.
181. LAUTRÉAMONT, comte de, *Œuvres complètes* avec introduction de Maurice Saillet, Paris, Livre de Poche, 1963.
182. LAVAL, Ramón, *Oraciones, ensalmos y conjuros del pueblo chileno*, Santiago du Chili, 1910.
183. LEWIN, Boleslao, *La rebelión de Túpac Amaru y los orígenes de la emancipación americana*, Buenos Aires, Hachette, 1957.
184. LIEDTKE, Klaus, « Coca-cola über alles », dans le journal *El País*, Madrid, 30 juillet 1978.
185. LIÉVANO AGUIRRE, Indalecio, *Los grandes conflictos sociales y económicos de nuestra historia*, Bogotá, Tercer Mundo, 1964.
186. LIMA, Heitor Ferreira, « Os primeiros empréstimos externos » in *Ensaios de Opinão*, n° 2/1, Rio de Janeiro, 1975.
187. LÓPEZ CÁMARA, Francisco, *La estructura económica y social de México en la época de la Reforma*, Mexico, Siglo XXI, 1967.
188. LUDWIG, Emil, *Lincoln*, Barcelone, Juventud, 1969.
189. LUGON, Clovis, *la République des Guaranis*, Paris, Cerf, 1970.
190. MACHADO DE ASSIS, *Obras completas*, Rio de Janeiro, Jackson, 1961.
191. MADARIAGA, Salvador de, *l'Essor de l'empire espagnol d'Amérique*, Paris, Albin Michel, 1955 et *le Déclin de l'empire espagnol d'Amérique*, Paris, Albin Michel, 1958.
192. MADONADO DENIS, Manuel, *Puerto Rico : una interpretación historico-social*, Mexico, Siglo XXI, 1978.
193. MANNIX, Daniel P. et COWLEY M., *Historia de la trata de negros*, Madrid, Alianza, 1970.
194. MANRIQUE, Nelson, *Las guerrillas indígenas en la guerra con Chile*, Lima CIC, 1981.
195. MARÍA, Isidoro de, *Montevideo antiguo. Tradiciones y recuerdos*, Montevideo, Ministerio de Educación y Cultura, 1976.
196. MARMIER, Xavier, *Buenos Aires y Montevideo en 1850*, Buenos Aires, El Ateneo, 1948.
197. MARMOLEJO, Lucio, *Efemérides guanajuatenses*, Guanajuato, Universidad, 1973.
198. MARRIOTT, Alice, et K. RACHLIN Carol, *Mythologie des Indiens d'Amérique*, Paris (?), éd. France-Amérique, 1978.
199. MARTÍ, José, *Letras fieras* (choix et prologue de Roberto Fernández Retamar), La Havane, Letras Cubanas, 1981.

200. MARTÍNEZ ESTRADA, Ezequiel, *Martí : el héroe y su acción revolucionaria*, Mexico, Siglo XXI, 1972.
201. MARX, Karl et ENGELS Friedrich, *Materiales para la historia de América latina*, choix et commentaires de Pedro Scarón, Mexico, Pasado y Presente, 1979.
202. MASUR, Gerhard, *Simón Bolívar*, Mexico, Grijalbo, 1960.
203. MATUTE, Álvaro, *México en el siglo XIX. Fuentes e interpretaciones historicas* (anthologie), Mexico, Unam, 1973.
204. MAURO, Frédéric, *la Vie quotidienne au Brésil au temps de Pedro Segundo (1831-1889)*, Paris, Hachette, 1980.
205. MAXWELL, Kenneth, *A devassa da devassa. A inconfidência Mineira, Brasil-Portugal, 1750-1808*, Rio de Janeiro, Paz e terra, 1978.
206. MC LUHAN, T.C. (chercheur), *Touch the earth, A self portrait of indian existence*, New York, Simon and Schuster, 1971.
207. MEDINA CASTRO, Manuel, *Estados Unidos y América latina, Siglo XIX*, La Havane, Casa de las Américas, 1968.
208. MEJÍA DUQUE, Jaime, *Isaacs y María*, Bogota, La Carreta, 1979.
209. MELLO E SOUZA, Laura de, *Desclassificados do ouro : a pobreza mineira no século XVIII*, Rio de Janeiro, Graal, 1982.
210. MELTZER, Milton, recueilli par, *In their own words. A history of the american negro (1619-1865)*, New York, Crowell, 1964.
211. MELVILLE, Herman, *Moby Dick*, traduit de l'américain, Paris, Gallimard, 1941 (15e éd.).
212. MENDOZA, Vicente T., *El corrido mexicano*, Mexico, FCE, 1976.
213. MERCADER, Martha, *Juanamanuela, mucha mujer*, Buenos Aires, Sudamericana, 1982.
214. MERCADO LUNA, Ricardo, *Los coroneles de Mitre*, Buenos Aires, Plus Ultra, 1974.
215. MESA, José de (avec la collaboration de Teresa Gisbert), *Holguín y la pintura virreinal en Bolivia*, La Paz, Juventud, 1977.
216. MIR, Pedro, *El gran incendio*, Santo Domingo, Taller, 1974.
217. MIRANDA, José, *Humboldt y México*, Mexico, Unam, 1962.
218. MITCHELL, Lee Clark, *Witnesses to a vanishing America. The nineteenth century response*, Princeton, Princeton University, 1981.
219. MOLINA, Enrique, *Una sombra donde sueña Camila O'Gorman*, Barcelone, Seix-Barral, 1982.
220. MONTES, Arturo Humberto, *Morazán y la federación centroamericana*, Mexico, Libro Mex, 1958.
221. MORALES, Franklin, « Los albores del fútbol uruguayo », in *Cien años de fútbol*, N° 1, Montevideo, Editores reunidos, novembre 1969.
222. MORENO FRAGINALS, Manuel, *El ingenio*, La Havane, Ciencias Sociales, 1978.

223. MORIN, Claude, *Michoacán en la Nueva España del siglo XVIII. Crecimiento y desigualdad en una economía colonial*, Mexico, FCE, 1979.
224. MORRISON, Samuel Eliot, COMMANGER Henry Steele et LEUCHTENBURG W. E., *Breve historia de los Estados Unidos*, Mexico, FCE, 1980.
225. MÖRNER, Magnus, *le Métissage dans l'histoire de l'Amérique latine*, Paris, Fayard, 1971.
226. MOUSNIER, Roland et LABROUSSE, Ernest, *Le XVIIIe siècle — 5 — L'époque des Lumières*, Paris, PUF, 1967 (Histoire des civilisations).
227. MUÑOZ, Rafael F., *Santa Anna. El que todo lo ganó y todo lo perdió*, Madrid, Espasa-Calpe, 1936.
228. Museo Nacional de Culturas Populares, *El maíz, fundamento de la cultura popular mexicana*, Mexico, septembre 1982, et *Nuestro maíz. Treinta monografías populares*, Mexico, septembre 1982.
229. NABOKOV, Peter, *Native american testimony. An anthology of indian and white relations : First encounter to dispossession*, New York, Harper and Row, 1978.
230. NEIHARDT, John G., *Black Elk speeks*, New York, Washington Square, 1972.
231. NEVINS, Allan, *John D. Rockefeller : the heroic age of american business*, New York, 1940.
232. NIMUENDAJU, Curt, *Los mitos de creación y de destrucción del mundo*, Lima, Centro Amazónico de Antropología, 1978.
233. NINO, Bernardino de, *Etnografía chiriguana*, La Paz, Argote, 1912.
234. NUÑEZ, Jorge, *El mito de la independencia*, Quito, Universidad, 1976.
235. OCAMPO LÔPEZ, Javier et d'autres, *Manual de historia de Colombia*, Bogotá, Instituto Colombiano de Cultura, 1982.
236. ODDONE, Juan Antonio, *La formación del Uruguay moderno. La inmigración y el desarollo económico-social*, Buenos Aires, Eudeba, 1966.
237. O'KELLY, James J., *La tierra del mambí*, La Havana, Instituto del Libro, 1968.
238. O'LEARY, Daniel Florencio, *Memorias*, Madrid, América, 1919.
239. ORTEGA PEÑA, Rodolfo et DUHALDE, Eduardo, *Felipe Varela contra el Imperio británico*, Buenos Aires, Peña Lillo, 1966.
240. ORTIZ, Fernando, *Los negros esclavos*, La Havane, Ciencias Sociales, 1975.
241. — *Los bailes y el teatro de los negros en el folklore de Cuba*, La Havane, Letras Cubanas, 1981.
242. — *Contrapunto cubano del tabaco y el azúcar*, la Havane, Consejo Nacional de Cultura, 1963.

243. PAINE, Thomas, *le Sens commun*, Paris, Aubier-Montaigne, 1983 (éd. bilingue).
244. PALACIO, Ernesto, *Historia de la Argentina (1515-1943)*, Buenos Aires, Peña Lillo, 1975.
245. PALMA, Ricardo, *Traditions péruviennes*, traduit de l'espagnol, Paris, Institut international de coopération intellectuelle, 1938.
246. PALMA DE FEUILLET, Milagros, *El cóndor : dimensión mítica del ave sagrada*, Bogotá, Caja Agraria, 1982.
247. PAREDES, M. Rigoberto, *Mitos, supersticiones y supervivencias populares de Bolivia*, La Paz, Burgos, 1973.
248. PAREDES-CANDIA, Antonio, *Leyendas de Bolivia*, La Paz/Cochabamba, Amigos del libro, 1975.
249. PAREJA DIEZCANSECO, Alfredo, *Historia del Ecuador*, Quito, Casa de la Cultura Ecuatoriana, 1958.
250. PARIENTÉ, Henriette, et DE TERNANT Geneviève, *la Fabuleuse histoire de la cuisine française*, Paris, Odil, 1981.
251. PEREDA VALDÉS, Idelfonso, *El negro en el Uruguay. Pasado y presente*, Montevideo, Instituto Histórico y Geográfico, 1965.
252. PEREIRA DE QUEIROZ, María Isaura, *Historia y etnología de los movimientos mesiánicos*, Mexico, Siglo XXI, 1978.
253. PEREYRA, Carlos, *Historia de América española*, Madrid, Calleja, 1924.
254. — *Solano López y su drama*, Buenos Aires, Patria Grande, 1962.
255. PÉREZ ACOSTA, Juan F., *Francia y Bonpland*, Buenos Aires, Peuser, 1942.
256. PÉREZ ROSALES, Vicente, *Recuerdos del pasado*, La Havane, Casa de las Américas, 1972.
257. PETIT DE MURAT, Ulyses, *Presencia viva del tango*, Buenos Aires, Reader's Digest, 1968.
258. PICHARDO, Hortensia, *Documentos para la historia de Cuba*, La Havane, Ciencias Sociales, 1973.
259. PLATH, Oreste, *Geografía del mito y de la leyenda chilenos*, Santiago du Chili, Nascimento, 1973.
260. POE, Edgard Allan, *Œuvres complètes*, Paris, Gallimard, La Pléiade.
261. PONCE DE LEÓN, Salvador, *Guanajuato en el arte, en la hisotria y en la leyenda*, Guanajuato, Universidad, 1973.
262. PORTUONDO, José A. (choix et prologue), *El pensamiento vivo de Maceo*, La Havane, Ciencias Sociales, 1971.
263. POSADA, José Guadalupe, *La vida mexicana*, Mexico, Fondo Editorial de la Plástica Mexicana, 1963.
264. PRICE, Richard (chercheur), *Sociedades cimarronas*, Mexico, Siglo XXI, 1981.
265. PRICE-MARS, Jean, *Ainsi parla l'oncle*, Ottawa, Lemeac, 1973.
266. PRIETO, Guillermo, *Memorias de mis tiempos*, Mexico, Patria, 1964.

267. PUIGGRÓS, Rodolfo, *La época de Mariano Moreno*, Buenos Aires, Partenón, 1949.
268. QUEREJAZU CALVO, Roberto, *Guano, salitre, sangre. Historia de la guerra del Pacifico*, La Paz/Cochabamba, Amigos del Libro, 1979.
269. RAMÍREZ NOCOCHEA, Hernán, *Historia del imperialismo en Chile*, La Havane, Revolucionaria, 1966.
270. — *Balmaceda y la contrarrevolución de 1891*, Santiago du Chili, Universitaria, 1958.
271. RAMOS, Jorge Abelardo, *Revolución y contrarrevolución en la Argentina*, Buenos Aires, Plus Ultra, 1965.
272. RAMOS, Juan P., *Historia de la instrucción primaria en la Argentina*, Buenos Aires, Peuser, 1910.
273. REED, Nelson, *La guerra de castas de Yucatán*, Mexico, Era, 1971.
274. REINA, Leticia, *Las rebeliones campesinas en México (1819-1906)*, Mexico, Siglo XXI, 1980.
275. RENAULT, Delso, *O rio antigo nos anúncios de jornais*, Rio de Janeiro, José Olympio, 1969.
276. *Revista Signos*, Santa Clara, Cuba, juillet/décembre 1979.
277. REYES ABADIE, W., BRUSCHERA Oscar H. et MELONGO Tabaré, *El ciclo artiguista*, Montevideo, Universidad, 1968.
278. — avec la collaboration de VÁZQUEZ ROMERO, A., *Crónica general del Uruguay*, Montevideo, Banda Oriental, 1979/1981.
279. RIAZANOV, David, « Karl Marx and Friedrich Engels. An introduction to their lives and work », New York, *Monthly Review*, 1973.
280. RIPPY, J. Fred, *La rivalidad entre Estados Unidos y Gran Bretaña por América Latina (1808-1830)*, Buenos Aires, Eudeba, 1967.
281. ROA BASTOS, Augusto, *Moi, le Suprême*, Paris, Belfond, 1982.
282. ROBERTSON, James Oliver, *American myth, american reality*, New York, Hill and Wang, 1980.
283. ROBERTSON, J.P. et G.P., *Cartas de Sud-América* (prologue de José Luis Busaniche), Buenos Aires, Emecé, 1950.
284. RODRÍGUES, Nina, *Os africanos no Brasil*, São Paolo, Editora Nacional, 1977.
285. RODRIGUEZ, Simón, *Sociedades americanas*, édition en fac-similé, avec un prologue de Germán CARRERA DAMAS et J.A. CORA, Caracas, Catala/Centauro, 1975.
286. RODRÍGUEZ DEMORIZI, Emilio, *Martí en Santo Domingo*, La Havane, Ucar García, 1953.
287. ROEDER, Ralph, *Hacia el México moderno : Porfirio Díaz*, Mexico, FCE, 1973.
288. ROJAS-MIX, Miguel, *La Plaza Mayor. El urbanismo, instrumento de dominio colonial*, Barcelone, Muchnik, 1978.
289. ROMERO, Emilio, *Historia económica del Perú*, Lima, Universo, 1949.

290. Romero, José Luis, *Las ideas políticas en Argentina*, Mexico/ Buenos Aires, FCE, 1956.
291. Rosa, José María, *La guerra del Paraguay y las montoneras argentinas*, Buenos Aires, Huemul, 1965.
292. Rosenberg, Bruce A., *The code of the West*, Bloomington, Indiana University, 1982.
293. Rossi, Vicente, *Cosas de negros*, Buenos Aires, Hachette, 1958.
294. Rubin de la Barbolla, Daniel F., *Arte Popular mexicano*, Mexico, FCE, 1974.
295. Rumazo González, Alfonso, *Manuela Saenz. La libertadora del Libertador*, Caracas/Madrid, Mediterráneo, 1979.
296. — *Sucre*, Caracas, Presidencia de la República, 1980.
297. — *Ideario de Simón Rodríguez*, Caracas, Centauro, 1980.
298. — *Simón Rodríguez*, Caracas, Centauro, 1980.
299. Rumrril, Roger et Zutter Pierre de, *Amazonia y capitalismo. Los condenados de la selva*, Lima, Horizonte, 1976.
300. Sabogal, José, *El desván de la imaginería peruana*, Lima, Mejía Baca y Villanueva, 1956.
301. Salazar, Sonia (chercheuse), « Testimonio sobre el origen de la leyenda del señor de Ccoyllorithi », dans la revue *Sur*, N° 52, Cuzco, juin 1982.
302. Salazar Bondy, Sebastián, *Lima la horrible*, La Havane, Casa de las Américas, 1967.
303. Salomon, Noel, « Introducción a José Joaquín Fernández de Lizardi », dans la revue *Casa del Tiempo*, vol. 2, Mexico, décembre 1981.
304. Sanchez, Luis Alberto, *La Perricholi*, Lima, Nuevo Mundo, 1964.
305. Sanford, John, *A more goodly country. A personal history of America*, New York, Horizon Press, 1975.
306. Sahueza, Gabriel, *Santiago Arcos, comunista, millonario y calavera*, Santiago du Chili, Pacífico, 1956.
307. Santos, Joaquím Felício dos, *Memorias do distrito Diamantino*, Belo Horizonte, Itatiaia, 1976.
308. Santos Rivera, José (chercheur), *Rubén Darío y su tiempo*, Managua, Nueva Nicaragua, 1981.
309. Sarabia Viejo, Maria Justina, *El juego de los gallos en Nueva España*, Séville, Escuela de Estudios Hispano-Americanos, 1972.
310. Sarmiento, Domingo Faustino, *Vida de Juan Facundo Quiroga*, Barcelone, Bruguera, 1970.
311. — *Conflictos y armonias de las razas en América*, Buenos Aires, La Cultura Argentina, 1915.
312. Scobie, James R., *Buenos Aires del centro a los barrios (1870-1910)*, Buenos Aires, Hachette, 1977.

313. Scott, Anne Firor, « Self-portraits », in *Women's America*, de Linda Kerber et Jane Mathews, New York, Oxford University, 1982.
314. Scroggs, William O., *Filibusteros y financieros. La historia de William Walker y sus asociados*, Managua, Banco de América, 1974.
315. Schinca, Milton, *Boulevard Sarandi. 250 años de Montevideo; anécdotas, gentes, sucesos*, Montevideo, Banda Oriental, 1976.
316. Scholes, Walter V., *Política mexicana durante el régimen de Juárez (1855-1872)*, Mexico, FCE, 1972.
317. Selser, Gregorio, *Sandino, general de hombres libres*, Buenos Aires, Triángulo, 1959.
318. Servando, fray (Servando Teresa de Mier), *Memorias*, prologue d'Alfonso Reyes, Madrid, América, sans date.
319. Silva, José Asunción, *Prosas y versos*, prologue de Carlos García Prada, Madrid, Eisa, 1960.
320. Silva Santisteban, Fernando, *Los obrajes en el virreinato del Perú*, Lima, Museo Nacional de Historia, 1864.
321. Simpson, Lesley Byrd, *Muchos Mexicos*, Mexico, FCE, 1977.
322. Solano, Francisco de, *Los mayas del siglo XVIII*, Madrid, Cultura Hispánica, 1974.
323. Soler, Ricaurte, « Formas ideológicas de la nación panameña », in *Tareas*, Panamá, octobre/novembre 1963.
324. Sosa, Juan B. et Arce, Enrique J., *Compendio de historia de Panamá*, Panamá, Editorial Universitaria, 1977.
325. Souza, Marcio, *l'Empereur d'Amazonie*, Paris, Lattès, 1983.
326. Sozina, S.A., *En el horizonte está el Dorado*, La Havane, Casa de las Américas, 1982.
327. Stein, Stanley J., *Grandeza e decadênza do café no vale do Paraiba*, São Paolo, Brasiliense, 1961.
328. Stern, Milton R., *The fine Hammered steel of Herman Melville*, Urbana, University of Illinois, 1968.
329. Stewart, Watt, *La sevidumbre china en el Perú*, Lima, Mosca Azul, 1976.
330. Syme, Ronald, *Fur trader of the north*, New York, Morrow, 1973.
331. Taylor, William B., *Drinking, homicide and rebellion in colonial mexican village*, Stanford, Stanford, University, 1979.
332. Teja Zabre, Alfonso, *Morelos*, Buenos Aires, Espasa-Calpe, 1946.
333. Tibol, Raquel, *Hermenegildo Bustos, pintor de pueblo*, Guanajuato, Gobierno del Estado, 1981.
334. Tocantins, Leandro, *Formacão histórica do Acre*, Rio de Janeiro, Civilização Brasileira, 1979.

335. Touron, Lucia Sala de, de la Torrè, Nelson et Rodriguez, Julio C., *Artigas y su revolución agraria (1811-1820)*, Mexico, Siglo xxi, 1978.
336. Trias, Vivian, *Juan Manuel de Rosas*, Montevideo, Banda Oriental, 1970.
337. Tristan, Flora, *les Pérégrinations d'une paria*, Paris, Maspero, 1979.
338. Tulard, Jean (chercheur), *l'Amérique espagnole en 1800 vue par un savant allemand : Humboldt*, Paris, Calmann-Lévy, 1965.
339. Tuñon de Lara, Manuel, *La España del siglo xix*, Barcelone, Laia, 1973.
340. Turner III, Frederick W., *The portable north-american indian reader*, Londres, Pinguin, 1977.
341. Twain, Mark, *Un yankee à la cour du roi Arthur et autres nouvelles*, Paris, Nathan.
342. Un Anglais anonyme, *Cinco años en Buenos Aires (1820/1825)*, Solar/Hachette, 1962.
343. Uslar Pietri, Arturo, *La isla de Robinson*, Barcelone, Seix Barral, 1981.
344. Valcárcel, Carlos Daniel, *La rebelión de Túpac Amaru*, Mexico, FCE, 1973.
345. (Recueil et commentaires), *Colección documental de la independencia del Perú*, tome II, vol. 2, Lima, Comisión Nacional del Sesquicentenario, 1971.
346. Valle-Arizpe, Artemio de, *Fray Servando*, Buenos Aires, Espasa-Calpe, 1951.
347. Vargas, José Santos, *Diario de un comandante de la independencia americana (1814-1825)*, Mexico, Siglo xxi, 1982.
348. Vargas Martínez, Ubaldo, *Morelos, siervo de la Nación*, Mexico, Porrúa, 1966.
349. Velasco, Cuauhtémoc, « Los trabajadores mineros en la Nueva España (1750-1810) » in *La clase obrera en la historia de México*. 1 ; *De la colonia al imperio*, Mexico, Siglo xxi, 1980.
350. Vidart, Daniel, *El tango y su mundo*, Montevideo, Tauro, 1967.
351. Vieira, Antonio, *Obras várias*, Lisbonne, Sá da Costa, 1951-1953.
352. Villarroel, Hipólito, *Enfermedades políticas que padece la capital de esta Nueva España*, Mexico, Porrúa, 1979.
353. Viñas, David, *Indios, ejército y frontera*, Mexico, Siglo xxi, 1983.
354. Vitier, Cintio, *Temas martianos*, La Havane, Centro de Estudios Martianos, 1969 et 1982.
355. Von Hagen, Victor W., Culturas preincaicas, Madrid Guadarrama, 1976.
356. Walker, William, *La guerra de Nicaragua*, San José de Costa Rica, Educa, 1975.

357. WESTHEIM, Paul et d'autres, *José Guadalupe Posada*, Mexico, Instituto Nacional de Bellas Artes, 1963.
358. WHITMAN, Walt, *Feuilles d'herbes*, Paris, éd. Roger Asselineau.
359. WILLIAMS GARCÍA, Roberto, *Mitos tepehuas*, Mexico, Sep/Setentas, 1972.
360. WISSLER, Clark, *Histoire des Indiens d'Amérique du Nord*, Paris, Laffont, 1965.
361. ZIEGLER, Jean, *les Vivants et la mort*, Paris, Le Seuil, 1975.

Cet ouvrage a été reproduit par procédé photomécanique et
Imprimé par la SOCIÉTÉ NOUVELLE FIRMIN-DIDOT
Dépôt légal : septembre 1985
N° d'édition : 11369 - N° d'impression : 26336